编写组其他成员：

蒋炜康　夏寒

德昂族文化与社会变迁

Cultural and
Social Changes of De'ang People

姜科 编

社会科学文献出版社
SOCIAL SCIENCES ACADEMIC PRESS (CHINA)

序　言

德昂族作为我国人口较少的少数民族之一，其文化传承与社会历史变迁一直都是学界关注的焦点。本书通过对德昂族概况的整体介绍，为读者呈现云南德昂族宗教信仰、风俗习惯、婚姻家庭、道德规范、教育发展、民间文化、历史文化遗址与遗物、乡村政治与社会经济发展等的全貌。

本书以国内外德昂族的最新研究成果为基础，结合实际问题，将德昂族文化传承与社会变迁这一主题融入全书之中。在对德昂族民族风貌进行阐述的同时，针对目前的热点问题，即德昂族传统文化的传承与保护、德昂族脱贫问题等进行系统研究。

本书主要包括以下几个方面的内容：第一章从历史沿革、人口分布与地理环境、语言文字、族徽与标志四方面介绍了德昂族的概况；第二章对德昂族宗教信仰进行了阐述，涵盖德昂族原始宗教、南传上座部佛教、哲学思想及宗教信仰与社会生活；第三章介绍了德昂族传统节日以及丧葬、居住、服饰、饮食等传统习俗；第四章从婚姻家庭视角出发，介绍了德昂族婚姻习俗、家庭、生育习俗、姓氏与取名、传统火塘文化及伦理道德观念等内容；第五章对德昂族的教育发展情况进行了梳理；第六章介绍了德昂族民间体育、民间文学、民间医药、民间舞蹈、民间乐器及器乐文化等特有的民间文化；第七章介绍了德昂族遗址、遗物、历史档案和传统文化保护情况；第八章介绍了德昂族政治、社会、经济发展状况；第九章介绍了德昂族贫困成因、扶贫历程、新时期的扶贫工作进展以及当前扶贫过程中存在的问题，并提出相应的对策建议。

本书在编写过程中，参考和引用了国内外学者的大量研究成果，并得到了社会科学文献出版社编辑的热情帮助，再次表示衷心感谢。由于编者水平有限，书中难免存在不少疏漏和不足之处，敬请广大读者批评指正。

编　者

2017 年 1 月

目 录

第一章

德昂族概况

第一节 历史沿革

德昂族是西南边疆古老的民族"濮人"的后裔,早在公元前2世纪就居住在怒江两岸,是较早开发保山、德宏一带的民族,人口2万多人,其中,德宏州境内1.44万人。德昂族主要分布在云南省德宏傣族景颇族自治州的芒市和临沧地区的镇康县,其他散居在盈江、瑞丽、陇川、保山、梁河、龙陵、耿马等地。民族分布是人类能动地适应自然环境的结果,是民族关系在地域空间上的反映。德昂族在其历史发展进程中,创造了灿烂的历史文化。①

一 起源的传说

(一)葫芦说

据传说,远古的时候,地球上没有人类,全是无边无际的荒山、草原和汪洋大海。天上的神仙下到凡间,看到凡间无比荒凉,认为需要人类来管理凡间。神仙返回天界后,派了兄妹二人下凡寻找人类。七天后,神仙再次来到凡间,他把自己装扮成一位白发老人,问兄妹二人世界上还有多少人,兄妹二人回答说除了他们俩没有发现其他的人。老人说,世间这么大,只有你们二人可不行啊,你们二人可以结为夫妇来繁衍人类。二人是

---

① 丁菊英:《德昂族的传统文化》,云南大学出版社,2012,第11页。

一母所生的亲兄妹，不愿结成夫妻。老人想了想又说，你们二人同时手持石磨，一人持底子，一人持盖子，各上一个山头一起把石磨放下山，如果滚到山脚后，石磨能够自然合拢，你们二人就可以配为夫妻。兄妹二人心想，试就试吧，磨不可能自然合拢。没想到石磨滚到山脚后自然地合拢了，于是二人只好结婚。婚后的第二年，妻子怀孕生下一粒葫芦籽，夫妇俩把它种到土里。经过精心的培育，种子很快萌芽、生长、开花、结果。成熟后的葫芦长得像一座大山，里面有很多很多的人在喊叫，夫妇俩赶快把葫芦打开一个口子，里面的人一拥而出，有的往高处走，有的往平坝奔，有的往空中飞，有的往岩石上行。他俩只好把往高处走的用布条缠住足掌，这就是后来的汉族；拿扁担、箩筐放在往平坝奔的人肩上，这就是后来的傣族；对往空中飞的只好拿藤篾圈把腰部拴住，让他们停落在大岩石上，称他们为"纳地安"，其中的女人称"核奔"，就是能飞的意思。这些被称为"纳地安"的人就是后来的德昂族。

兄妹成婚和葫芦育人，反映了德昂族先民在历史上存在过血缘婚。①

（二）岩洞说

岩洞起源说来源于德昂族龙阳塔的传说。传说，古时候在原始森林里居住着一位德高望重的大法师苏皖那碟那及其徒弟居木德瓦哈那。后来，居木德瓦哈那继承了师傅的衣钵，善于飞翔。有一天，他外出见到一只小鹿，就追随在小鹿后面。途中，居木德瓦哈那听到美妙动听的歌声从远处传来。他四处张望，不见人影，只觉得奇怪。他朝歌声传来的地方寻找，走到媚达瓦湖畔，见到湖中有七个姑娘在洗澡。她们有说有笑，唱着动听的歌曲。眼前的情景让居木德瓦哈那惊喜不已。他情不自禁地与湖中洗澡的姑娘们寒暄起来。当姐妹们发现大姐与居木德瓦哈那亲密交谈时，便悄悄地消失在湖中。夜幕降临了，大姐与居木德瓦哈那依依不舍，相约在湖对面的"町卡茹那"岩洞里住下，从此岩洞成为他俩栖身的地方。数月后，姑娘有了身孕。有一天，居木德瓦哈那对姑娘说："你好好休息，我到外面去找点吃的。"当他离开岩洞后，姑娘一时不注意在洞中现了原形。当居木德瓦哈那返回岩洞时，发现洞中躺着的是一条青龙，犹如晴天霹雳，晕倒

---

① 丁菊英：《德昂族的传统文化》，云南大学出版社，2012，第 11 ~ 12 页。

过去，醒来时却发现自己躺在姑娘身边。居木德瓦哈那追问姑娘刚才发生的一切，姑娘含泪亲了亲居木德瓦哈那，没有说出自己的身世。居木德瓦哈那感到十分恐惧，离开龙女，朝着太阳升起的地方飞去。几个月后，龙女生下了三男三女，独自抚育他们16年，并将三个男孩分成三个姓氏，老大叫"昂格党"，老二叫"昂格动"，老三叫"昂格迭"。然后龙女把自己的身世告诉了六个孩子，嘱咐孩子们一定要记住："你们的父亲是太阳，叫居木德瓦哈那；母亲是龙女，叫青龙。"说完，龙女就离开了岩洞，消失在媚达瓦湖中。后来，人们就把居木德瓦哈那与龙女的故事称为《衮思哎、玛腊嘎》，即"太阳父亲、青龙母亲"。

《衮思哎、玛腊嘎》的传说告诉德昂族后人，他们的祖先起源于岩洞中的龙，而龙又是中国文化的象征，证明了德昂族与中原其他民族之间存在文化上的渊源，德昂族是中华民族多元一体结构中的一元。德昂族把太阳和青龙作为本民族的标志。云南德宏傣族景颇族自治州陇川县户弄乡建有龙阳塔，龙阳塔上青龙腾升、艳阳高照，象征德昂族人民奋勇向上、追求光明和幸福的精神。①

（三）茶树说

茶树起源说来源于德昂族的创世史诗《达古达楞格莱标》的记述。传说，茶树是万物的阿祖，天上的日月星辰，都是由茶叶的精灵化出。当大地一片混沌时，天上却美丽无比，到处都是茂盛的茶树。天空中的一株茶树为了大地长青，愿意离开天界到大地上生长。万能之神帕达然为了考验茶树，让狂风撕碎它的树干，吹落了它的102片叶子。茶树叶在狂风中变化，单数叶变成51个精干的小伙子，双数叶变成51个美丽的姑娘。茶叶兄妹与红、白、黑、黄四大妖魔打斗九万年将其消灭，之后，割下自己的皮肉搓碎变成大地上的花草树木，并把自己鲜美的颜色洒给白花，只留下普通的颜色。从此，这些姑娘和小伙子便在大地上生息，繁衍人类。

这个创世神话使现实世界与茶神世界有了一种亲缘关系：人与日月星辰、江河大地、花草树木都是兄弟姐妹，同祖同源。现实中的茶树顺理成章地成为德昂族先民崇拜的对象和祖先，而且他们使自然崇拜与祖先崇拜

---

① 周灿、赵志刚、钟小勇：《德昂族民间文化概论》，云南民族出版社，2014，第7~8页。

交相融合，在与生活密切相关的茶叶中寻找到了自己族群的识别标志。

从历史学的角度来看，当德昂族先民的采集经济解体以后，因受自然地理条件的限制，他们转向种植经济。根据德昂族先民居住的自然环境可以推测，茶树成为较有特色的标志性的植物，茶成为人们喜爱的主要饮品，茶树成为他们种植业的主要选择。随着生产与商品的专门化，这种特有的植物成为该族群的识别标志，因而产生了茶树为万物之源的传说，这与德昂族是"古老的茶农"相呼应。

德昂族起源于葫芦、岩洞、茶树的传说，与其他民族有关人类起源的神话传说有相似之处，从中可看到德昂族先民与其他民族之间所形成的一种多元一体的关系。这些神话传说在一定程度上反映了远古时期德昂族先民的生产、生活状况，特别是他们从氏族到民族的演化过程，以及从血缘婚到对偶婚再到一夫一妻制婚的发展历程。

这些传说是德昂族历史发展的缩影。德昂族进入父系家庭阶段后，盛行的是父系大家庭公社制。虽然在德宏地区德昂族早已解体为小家庭了，但德昂族老人还是代代相传地说：古时候，德昂族是住在一条叫"拿木九"（傣语）的河的上游，当时是一大家人，因人多没有田种，以采集山茅野菜为生活的主要来源，故生活很苦；又说当时是一大家人共居，常因缺吃少用闹意见，后来才分成了小家。父系大家庭公社在德昂、布朗、佤这些孟高棉语族民族中都盛行过，而在镇康县军弄乡的德昂族中有的大家庭一直延续到 20 世纪初期。①

二 德昂族先民的历史文化源流

德昂族的族源较为复杂，学术界普遍认为德昂族源于古代濮人。濮人是居住在我国西南部中间地带的最早民族。其系属，既不属于氐羌，也不属于百越，自成一个族系。我国历代史书中其称谓有所不同，商周至先秦时期称为濮人，秦汉时期称为苞满和闽濮，三国两晋南北朝时期依然称为闽濮，隋唐及宋朝时期称为朴子蛮或金齿，元明时期称为金齿、蒲蛮、蒲人。

---

① 丁菊英：《德昂族的传统文化》，云南大学出版社，2012，第 13 ~ 14 页。

濮人在古代是人口众多的族群之一，也是较早开发云南西南部的古老民族之一，因此，一些江河、物产的名称上都留下了濮人的烙印。如现在的元江，古称"濮水"；永昌郡内的大龙竹则称为"濮竹"，曾是古代濮人朝觐中原皇帝时的贡品。文献记载及其他民族的传说故事，都反映了德昂族先民濮人是永昌郡内的古老民族。他们充分利用这里"土地沃腴，宜五谷蚕桑"的优越条件，种植水稻和纺织棉布。远在汉晋时期，他们的社会经济就有所发展。中原封建统治阶级，一方面积极发挥濮人的先进生产技术的作用，一方面大肆收敛濮人的财富，使濮人困苦不堪，不断起来反抗。永昌郡内的濮人虽多，但由于住地较辽阔，其发展极不平衡。交通沿线或自然条件较好的地区，社会经济发展则较快，文化水平也较高；有些地区社会经济发展缓慢，纺织业不发达，缺少衣饰，古代史学家把这部分濮人称为"裸濮"。德昂族在历史上曾有过兴盛的时代，过去他们有很多支系，如汝旺、汝果、汝峨、汝竟、汝本、汝波、汝别牙、汝买阿、汝昂、汝腊、汝可、汝布列、干得布列、汝布冬、汝孟丁、汝孟得丁、汝格若等。历史上的德昂族曾在滇西一带以武力称雄，特别是在 12～15 世纪时，德昂族的先民建立了金齿国，称雄一方；后来逐渐走向衰落，以致在很长时期只能靠租种别人的田地维持生活，直至新中国成立后，他们才拥有了自己的土地。

德昂族先民居住的滇西南，地理位置十分重要，是古代中国通往印度的道路——"蜀身毒道"的必经之地。远在公元前 4 世纪以前，以四川成都为起点，经西昌、会理、云南（祥云）、下关、保山、德宏至印度的中印古道就已开通，从这条道上输往印度的商品有蜀锦、生丝及铁器，因此人们又称它为"西南丝路"、茶马古道。

德昂族先民的各称谓经过历史演变，融合分化，到清代已分化成"布朗"和"崩龙"。此时"崩龙"作为单一民族出现，其余一部分在长期不断迁徙和发展过程中融合于傣族、佤族、汉族等各民族之中，还有一部分融进了饶卖支系及缅甸的克伦族。学术界一致认为今天的德昂、佤、布朗等族同源异流，他们同是操孟高棉语的民族，同属古代的濮人后代，有着共同的祖先和共同的历史，是近亲民族。①

----

① 周灿、赵志刚、钟小勇：《德昂族民间文化概论》，云南民族出版社，2014，第 10～11 页。

三 德昂族先民的历史演变

（一）先秦时期云南的濮人

濮人是商周西南地区一个人口众多并有较大影响的民族，与华夏族的关系密切。据《尚书·牧誓》载："王曰：嗟！我友邦冢君，御事、司徒、司马、司空、亚旅、师氏、千夫长、百夫长，及庸、蜀、羌、髳、微、卢、彭、濮人。称尔戈，比尔干，立尔矛，予其誓。"濮人参加了武王伐纣的战争，此后濮人首领受封，濮成为周王朝在南方的方国。所以，《左传》"昭公九年"（公元前533年）记载周景王使詹桓伯辞于晋曰："我自夏以后稷、魏、骀、芮、岐、毕，吾西土也。及武王克商，蒲姑、商奄，吾东土也。巴、濮、楚、邓，吾南土也。"据《逸周书·王会解》载，西周成王时，大会诸侯于东都洛邑，濮人以丹砂贡献。濮与巴、楚、邓都是周王朝在南方的方国。云南民族大学龚荫教授认为，"濮人乃是自殷商至秦汉时期的一个古族，氏族部落众多，分散居住在我国西南部的中间地带"。这说明濮人是我国云南省西部和西南部的古老居民，其历史可直接溯源到商周时期。

德昂族先民在商周时期称为濮人。商周时期云南的濮人很多，居住分散。杜预《春秋释例》说："濮夷无君长总统，各邑落自聚，故称百濮也。"此时，濮人尚未形成一个统一的民族，也没有统一的权力机构，居住分散，互不统属，是各自独立发展的群体；氏族部落众多，主要分布在江汉流域，后有部分向南、向西迁移到我国的西南地区，散居在我国西南部的中间地带，所以人们称之为"百濮"。

濮人的地域分布特点，决定了其社会发展的不平衡。居住在自然条件较好地区的濮人，如江汉、川东、牂牁、滇池等地的濮人，其社会比较发达；而居住在自然条件较差地区或山地的濮人，则相对落后。在史籍中，仅记载了一些发达或比较发达的濮人部落，而众多落后部落则被湮没。濮人较为发达的部落按地域划分，主要有江汉地区濮人（或称"江汉支濮人"）、沅水地区濮人（或称"沅水支濮人"）、川东地区濮人（或称"川东支濮人"）、邛都（今西昌）地区濮人（或称"邛都支濮人"）、川南地区濮人（或称"川南支濮人"）、夜郎（今贵州西部）地区濮人（或称"夜郎支濮人"）、滇池地区濮人（或称"滇池支濮人"）、滇东南地区濮人（或称

"滇东南支濮人")、洱海地区濮人（或称"洱海支濮人"）九支，而分散在各地的、发展较缓慢的支系，因无史籍记载，不为世人所知。云南的濮人主要有"滇池支濮人"、"滇东南支濮人"和"洱海支濮人"。清人纂《派系·疆域系》记载，云南布政使司"殷、周时为蛮夷所居，或曰：即百濮之国也"。这说明在商、周时云南的濮人是很多的，而且是百濮族群中较为发达的部落。濮人与商有联系，《逸周书·商书·伊尹朝献》和《逸周书·王会解》记载，濮人曾向商王朝献短（或曰矩）狗。《史记·周本纪》载，周武王在公元前1066年率领南方庸、蜀、羌、髳、微、纑、彭、濮八个小国讨伐纣王，其中以濮族人数最多。濮族祖居云南，分布面广，长期处于分散的部落状态，其后裔分支很多，曾被称为"朴子"。

关于濮人的演变，史学界有三种观点：其一，认为濮人在战国以后演变为百越，发展为汉藏语系壮侗语族各民族；其二，认为百濮与百越是两个不同的族体，元代以后称"蒲人"，后发展为南亚语系孟高棉语族各民族；其三，认为前期之百濮与百越有密切关系，后期即为孟高棉语族各民族。笔者认为，德昂族先民百濮与百越是两个不同的族群，而且在商周时期就称为"濮人"。①

（二）秦汉时期云南的濮人

秦汉时期，德昂族先民从濮人中逐渐分化出来，西汉时称为"苞满"，东汉时称为"闽濮"，此时尚未成为一个独立的单一民族。

西汉时期，滇西哀牢地区分布着被称为"苞满"的濮人部落，其居住的区域范围十分辽阔，大致为今保山、德宏、临沧、普洱、西双版纳地区，司马迁在《史记·司马相如列传》中载：汉武帝开"西南夷"之时，"定筰存邛，略斯榆，举苞满"。司马贞在《史记·索隐》中说苞满"服虔云，夷种也"，说明苞满是一个少数民族，他们与哀牢人的祖先（昆明族的一部分）相互联系，这也为后来东汉初年设置永昌郡提供了条件。

常璩《华阳国志·南中志》说："南中，在昔盖夷越之地，滇濮、句町、夜郎、叶榆、桐师、嶲唐侯王国以十数。编发左衽，随畜迁徙，莫能相雄长。"滇濮即滇池地区的濮人，在汉晋时这一地区的濮人仍然不少。这

---

① 丁菊英：《德昂族的传统文化》，云南大学出版社，2012，第15～16页。

支濮人在汉代的情况，从晋宁石寨山出土的器物中可以得到一些信息。在晋宁石寨山出土的贮贝器上有一幅上籍田出行图："一端坐'滇'人女奴隶主一人，而以四个衣后拖一长幅的男子抬之，前后随行多人（其中多为妇女），或拥带具，或头顶箩筐。"这表现的是滇濮奴隶制社会的女奴隶主带领群众前往田地里进行播种的情形。在贮贝器上有幅纺织图："有十八个人……中间有奴隶主一人，身材高大，其周围有人侍奉，外围有妇女多人（奴隶）从事织布、理线等工作。"这是滇濮奴隶制社会的奴隶们在进行手工纺织。贮贝器上有一幅战争图："表现'滇'人奴隶主贵族阶级对外进行掠夺战争的情景，凡与'滇'人作战的对象，均头梳双辫。有人已被杀死在地，有人则两手被缚，成了俘虏，'滇'人一方有少数骑马指挥作战，很明显属于贵族阶级。"这反映了该时期滇濮是常与周围各族进行战争的。贮贝器上有一幅杀人祭祀图："此场面人数多，残缺者不计外尚有一百二十七人。场面之中有一柱，对面有'干栏'式房屋一座。房屋上层坐着主持仪式的'滇'人统治阶级数人，正在进食。房屋周围有一些衣后拖一后幅的'滇'人奴隶，正在杀马杀羊，为坐在房屋上层的统治阶级准备食物。另有一人被捆缚在木牌之上，似为待杀的牺牲。此外，又有多人（其中大多数为妇女）携带箩筐，内盛货物，相对交谈或俯身取物，似为利用宗教集合的时机作交易者。"这反映了这支濮人已发展到了奴隶制的较高阶段，有杀人祭祀的行为，并有了商业交往。滇濮约是战国末期形成的国家，西汉初叶是它最强盛的时候，故汉武帝派王然于等人至滇，滇王问汉使："汉孰与我大？"关于滇濮的分布，在《史记·西南夷列传》中有记载："元封二年（公元前109 年），天子发巴蜀兵击灭劳浸、靡莫，以兵临滇。滇王始首善，以故弗诛。滇王离难西南夷，举国降，请置吏人朝。于是以为益州郡，赐滇王王印，复长其民。"以记载的滇王"举国降"为"益州郡""复长其民"看，益州郡即原滇国境域，滇濮就分布在这些地方。①

（三）三国两晋南北朝时期云南的濮人

三国至南北朝时期，云南的濮人称闽濮。闽濮处于南中"大姓""夷帅"的统治之下，一度脱离封建中央政权，闭关自守。这种闭关自守的状

---

① 周灿、赵志刚、钟小勇：《德昂族民间文化概论》，云南民族出版社，2014，第13～14 页。

态加剧了该地区的民族同化，一部分自秦汉以来先后进入该地区的汉族人口逐步融入了德昂族先民闽濮之中。

三国时期，刘焉父子与刘备先后割据于蜀，他们继承了两汉时期以蜀郡为中心的益州对整个西南地区各郡县的统治权，但由于他们忙着应付其他军阀势力的进攻及巩固在四川地区的统治，无暇深入南中进行统治，"大姓"和"夷帅"成为南中事实上的统治者，如闽濮居住的永昌郡就为"大姓"吕凯与部分汉族官吏所统治。

蜀汉章武三年（223年），刘备死后，孙吴势力支持"大姓"雍闿向永昌郡发展势力，吕凯联合郡丞王伉共守永昌郡，抵抗雍闿的进攻，拥护蜀汉政权，以此保全自己。随后在蜀汉建兴三年（225年），诸葛亮平定南中时，"大姓"吕凯与部分汉族官吏仍然在永昌郡闭关自守，拥护蜀汉政权。诸葛亮平定南中后，将永昌郡东部之地划归云南郡，永昌郡仍辖有今大理白族自治州的永平、云龙二县和保山地区、怒江地区、德宏地区、临沧地区、思茅地区、西双版纳地区及缅甸境内的一部分，首府在今保山市。此时的永昌郡归属庲降都督管辖，仍然是闽濮的居住区。

自蜀汉建兴三年诸葛亮平定南中到263年蜀汉为魏所灭，在诸葛亮所采取的民族政策的影响之下，永昌郡政局稳定、民族团结，闽濮因此有更多的机会与汉族接触，其经济文化生活有所改进。常璩在《华阳国志·南中志》中记载，庲降都督李恢曾从永昌"迁濮民数千落于云南（今大理地区）、建宁（今滇中地区）界，以实二郡"，这对于洱海与滇池地区的经济发展起到了促进作用。

两晋至南北朝时期，南中或宁州为"大姓""夷帅"势力所辖据，两晋王朝以及成蜀政权企图以改变行政区划的办法削弱"大姓""夷帅"的势力，闽濮所居住的永昌郡就在多次的行政区划变更中从南中或宁州分割出来。闽濮各部落的反抗也是造成永昌郡从南中或宁州分割出来的原因之一。闽濮各部落对晋王朝的反抗见于常璩的《华阳国志·南中志》："（吕）祥子元康末（299年）为永昌太守，值南夷作乱，闽濮反，乃南移永寿（今耿马傣族佤族自治县），去故都（驻不韦县，今保山市）千里，遂与州（宁州）隔绝。"

南北朝时期，闽濮各部落仍不断进行反抗活动。《爨龙颜碑》记载："岁在壬申（南朝刘宋元嘉九年，432年），百六遘变，州土扰乱，东西二境，凶竖狼暴，缅戎寇场。"尤中先生认为，这里的"缅戎"就是"闽濮"。

在永昌郡从南中或宁州分割出来前后，吕、陈、赵、谢、扬等大姓先后统治过永昌郡。闽濮在这些"大姓"势力的影响下，其生产有所发展，但原始的部落界限尚未被最终突破，部分部落开始出现阶级分化，徘徊在奴隶社会的门槛。[①]

（四）隋唐宋时期云南的濮人

隋唐宋时期，德昂族和布朗族的先民从闽濮中分化出来，被称为朴子蛮、金齿。

郭净先生在《云南少数民族概览》一书中认为，德昂族先民是唐代的朴子蛮。隋朝时期，朴子蛮所居住的永昌郡独立于南宁州总管府之外，始终不曾被隋王朝所统治。这种状况直至南诏"西开寻传"后才被改变。

唐宝应元年（南诏赞普锺十一年，762年），阁罗凤率南诏军队"西开寻传"，一直攻打到今伊洛瓦底江西岸的祁鲜山（今甘高山）一带，征服了金齿、银齿、绣脚、绣面、寻传蛮、裸形蛮、朴子蛮、望蛮、外喻部落等。被征服的朴子蛮和金齿中的一部分便是德昂族的先民。樊绰在《蛮书》卷四《名类》中写道：朴子蛮在"开南、银生、永昌、寻传四处皆有，铁桥西北边延澜沧江亦有部落"。这说明德昂族先民朴子蛮主要分布在开南节度、银生节度、永昌节度、寻传地区、铁桥城西北边沿澜沧江之地。

唐贞元年间（785~804年），异牟寻曾迁成千上万的朴子蛮、汉裳蛮、施蛮于滇池地区。这次迁徙使得朴子蛮、汉裳蛮、施蛮的经济文化水平得到了提高。此外，在南诏进攻古代中印半岛各国的过程中，中印半岛各国的一部分德昂族先民有可能被迁到南诏境内。例如，唐大和六年（832年），南诏攻骠国（今缅甸中部），掳其国人3000置于拓东城（今昆明市），这3000人中有一部分可能就是德昂族的先民。又如，唐大和九年（835年），南诏攻弥诺国（今缅甸北部钦敦江流域）、弥臣国（今缅甸南部伊洛瓦底江入海口一带），也将这两国的二三千人掳到丽水（今伊洛瓦底江上游）淘金，这二三千人中有一部分可能就是德昂族的先民。与此同时，一部分白蛮也被

---

① 丁菊英：《德昂族的传统文化》，云南大学出版社，2012，第18~20页。

迁入永昌地区，相关记载见于樊绰的《蛮书》卷四《名类》，"阁罗凤遣昆川城使杨牟利以兵围胁西爨，徙二十余万户于永昌地"，白蛮的到来直接推动了朴子蛮所生活的永昌地区的社会经济面貌迅速改观。

南诏统治者采用羁縻政策统治朴子蛮，即任由其居于原地，并保留部落原有的政治、经济结构不变，南诏统治者通过征收贡纳、征调奴隶兵来实现统治。例如，唐咸通四年（863 年）正月初三，唐朝军队在安南都护府战场上俘虏了南诏的一些朴子蛮奴隶兵。樊绰在《蛮书》卷四《名类》中记载，这些朴子蛮奴隶兵，"拷问之并不语，截其腕亦不声"。南诏时期，"朴子蛮，勇悍矫捷，以青婴罗段为通身挎。善用泊箕竹弓，深林间射飞鼠，发无不中"。这说明当时朴子蛮的纺织手工业已有一定程度的发展，狩猎仍然在经济生活中占有较重要的地位，他们尚未最终脱离原始社会阶段。

后晋天福二年（937 年），段思平建立大理国后，朴子蛮仍居于原地，其内部的政治、经济结构仍然不变。大理国政权解除朴子蛮在南诏时期的集体奴隶身份，免除其奴隶性质的徭役，即不再征调他们充当奴隶兵，而主要通过征收贡纳来实现统治。

大理国末期，朴子蛮的主要居住地永昌府和腾冲府陷入以白族封建主为首的诸侯间的纷争，一度成为高氏诸侯的领地。与此同时，朴子蛮也不可避免地陷入了地方的争夺战争。①

（五）元明时期云南的濮人

德昂族先民濮人在元明时期称为金齿、蒲蛮、蒲人。明朝钱古训的《百夷传》载："蒲蛮、蒲人与阿昌（阿昌族的先民）、哈剌（佤族的先民）、哈杜（佤族的先民）、怒人（怒族的先民），皆居山巅，种苦荞为食，余则居平地或水边也。语言皆不相通。"

元朝以后，中原王朝统治力量的加强，傣族土司、领主势力特别是麓川傣族土司势力的扩张，明王朝"三征麓川"，以及清嘉庆年间潞西（今芒市）以塔岗瓦为首的德昂族先民起义的失败，迫使云南境内德昂族先民大量迁往缅甸，少数没能逃离的则成为傣族土司、领主的属民。

元朝的李京在《云南志略》中说："蒲蛮，一名朴子蛮，在澜沧江以

---

① 丁菊英：《德昂族的传统文化》，云南大学出版社，2012，第 20～21 页。

西。"方慧先生在《明代云南广邑州建置考·蒲人历史新探之一》一文中也认为,在元代之前,澜沧江以西的地区广泛地分布着蒲人,即现代德昂族和布朗族的先民。《元史》卷六十一《志第十三·地理四》说,开南州(今景东)、威远州(今景谷)自唐代以来即为朴(即朴子蛮)、和泥(哈尼)、金齿百夷的共同杂居区,而开南州、威远州之地在澜沧江以东。这说明蒲蛮既分布在澜沧江以西,又分布在澜沧江以东,而且分布在澜沧江以东的蒲蛮自唐朝至元朝都与和泥、百夷杂居。

明朝初年,顺宁府仍然是蒲蛮的主要居住区。顺宁府中心区的蒲蛮已跨入了封建社会,但边缘区的蒲蛮还比较落后。据万历《云南通志》卷四《顺宁府》记载,其"境内男耕女织,渐习文字"。而顺宁府境内民族又是以蒲蛮为主体,所以"男耕女织,渐习文字"指的就是顺宁府境内坝区或半山区的蒲蛮。这部分蒲蛮在顺宁府建立后,与汉族之间的经济文化交流日益加强,其中有一部分逐渐习用汉语、汉文。他们在农业和纺织手工业方面普遍发展,经济文化水平迅速提高。

明万历二十五年(1597年),顺宁土知府猛廷瑞与其兄猛思贤争夺土官职位,大侯土知州奉赦与其弟奉学也争夺世袭职位。顺宁猛氏与大侯奉氏世为姻亲,奉学乃猛廷瑞之婿,于是,廷瑞兴兵攻思贤时,奉学从旁相助。这是土官之间的相互争夺,但明王朝借机将顺宁土知府改流。对此,《明史》卷三百一十三《列传第二百一·云南土司》写道:"然廷瑞实无反谋,以参将吴显忠觇其富,诬以助恶,索金不应,遂谮于巡按张应扬,转告巡抚陈用宾。廷瑞大恐,不得已斩奉学以献。显忠益诬其阴事,博以反状,抚按会奏,得旨太剿。廷瑞出,献印献子以候命,不从。显忠帅兵入其寨,尽取猛氏十八代蓄赀数百万,诱廷瑞至会城执之,献捷于朝。"在顺宁土知府改为流官的同时,大侯改为云州(今云县),也设流官,隶属顺宁府,南部的勐缅长官司(驻今临沧)也划归顺宁府流官管辖。至此,顺宁府与永昌府的流官政权的势力联结起来,加强了对孟定(今耿马傣族佤族自治县西部)、孟连、耿马、勐卯(今瑞丽)、陇川、干崖(今盈江)等边境土司地区的联系和控制,从而稳定了云南南部和西南部边境。

永昌府及其西南的"百夷"土司地区也分布着不少蒲蛮,其内部仍然有所差别,这些差别从不同史籍的记载可看出。据万历《云南通志》卷二《永昌府·风俗》的记载："蒲蛮,一名蒲子蛮,其衣食好尚与顺宁府者同。……今近城居者,咸秦汉俗,而吉凶之礼,多变其旧。"这部分蒲蛮主要分布在今保山市附近的平坝区,其在万历年间的经济文化生活已经与当地汉族非常接近,汉化的倾向很明显。

景泰《云南图经志书》卷六《永昌府》写道："蒲蛮,其衣食好尚与顺宁府者同。居澜沧江以西者,性勇健,誓插弩箭,兵不离身,以采猎为务,骑不用鞍,跣足,驰走如飞。……有罪无分轻重。酋长皆杀之。有战斗,杀犬分肉为令,击木为号,讲和则斫牛为誓,刻木为信。争酋长位则父子兄弟相攻,邻里不救,受贿乃救。"这部分蒲蛮主要分布在澜沧江中下游以西之地,即今德宏傣族景颇族自治州、临沧市南部、普洱市的澜沧和西双版纳傣族自治州西部一带。他们生性勇健,以采集和狩猎为生,尚未跨越原始社会末期的界限。

此外,从考古发掘可知,明朝时期德昂族先民已具备了较高的烧陶和烧砖瓦的技术,他们靠着这些技术修建了女王宫和德昂城。女王宫遗址在今德宏州陇川县城附近,是座仿中原的明代砖瓦结构建筑。德昂城遗址在今德宏州陇川县城东约 5 公里。这些遗址反映了德昂族先民与汉族之间的经济文化交流。[①]

(六) 清朝时期云南的濮人

清朝时期崩龙从蒲蛮中分离出来,成为单一民族。其分布见于周裕《从征缅甸日记》："蒲人即蒲蛮,今顺宁、徽江、镇源、普洱(包括今西双版纳地区)、楚雄、永昌、景东七府有此种。"他们是今天布朗族的先民。与此同时,永昌府西南的摆夷土司地区(今德宏地区)的蒲蛮不再见于记录,他们中的一部分已分化成崩龙。方慧先生在《明代云南广邑州建置考·蒲人历史新探之一》一文中也认为,清初在今德宏州境内的蒲人分化形成了新的单一民族——崩龙。可见,崩龙是清朝时从蒲蛮中分化出来的。这部分蒲蛮与其他地区的蒲蛮长期缺少密切的联系,产生了地方性差别,以至于最终成为一个新的单一民族。

清朝时期,崩龙是傣族土司、领主的属民,其头人多由傣族土司、领

---

① 周灿、赵志刚、钟小勇:《德昂族民间文化概论》,云南民族出版社,2014,第 15~18 页。

主委任而世袭。傣族土司、领主一方面通过崩龙头人向崩龙征款收税，并对外利用崩龙的力量抗击以景颇族山官为首的侵扰势力；另一方面奉行民族压迫政策，无理撵走芒牙、芒棒的崩龙，把他们开垦并世代承袭耕种的水田赏给傣族头人，引起了崩龙的极大愤慨。为了反抗傣族土司的剥削和压迫，潞西崩龙曾于嘉庆十九年（1814 年）冬，以塔岗瓦为首起义，一度夺取了潞西土司衙门，控制了潞西土司所辖全部地区。到嘉庆二十年（1815 年）夏天，潞西傣族土司在清朝政府、景颇族山官和其他地区土司及汉族地主武装的支持下，镇压了这次起义。崩龙被迫从芒市迁至缅甸，若干年后才陆续迁回。

清朝时期，与崩龙有关的记载见于光绪《永昌府志》卷五七《种人》："崩龙类似摆夷，惟语言不同。男以背负，女以尖布套头，以藤篾圈缠腰，漆齿文身，多居山巅。土司地皆有。"这说明当时的崩龙是居住在永昌府摆夷各土司地区，即今芒市、盈江、瑞丽、陇川、梁河、镇康、耿马、孟定等地区的少数民族。他们居住在山区，女子以藤篾圈缠腰，漆齿文身，没有自己独立的经济区域和本民族单独的政治组织，依附于居住在坝区的傣族。当然，崩龙内部也有自己的头人，尹梓鉴在《缅甸史略弁言》中说："大山一司又为崩龙种。"

此外，德昂族还以波龙、波奄的名称出现于汉文史籍中。《清史稿》卷五二八《缅甸传》说："永昌之盏达、陇川、猛卯、芒市、遮放，顺宁之孟定、孟连、耿马，普洱之车里，数土司外，又有波龙、养子、野人、根都、佧佤、濮贞杂错而居，非缅类，然多役于缅。"清朝《乾隆东华录》载，乾隆三十二年（1767 年）十二月，"明瑞奏：大兵出木邦交界，经过大山所属波龙等处，土司头目均极恭顺，并称伊等被缅蹂躏，不能为敌，今大兵一到，各部落均享太平"；乾隆三十四年（1769 年）四月，"永昌、顺宁所属十四土司……其边外波龙、养子、野人、摆夷等，如有实行投顺者，亦可供向导之用"。这里的"波龙"实际就是从蒲蛮中分化出来的崩龙。崩龙还积极参与了乾隆时的清缅战争。王艇在《征缅纪闻》中说道："有波奄二名往官屯探听，知缅目那表布率兵一千四百名，以八月初十日过新街西岸而北。"这里的"波奄"也就是从蒲蛮中分化出来的崩龙。周裕在《从征缅甸日记》中也说道：崩龙土司"遣人贡土物，极为恭顺。至是，遣弟以牛米来迎犒，夷民咸相率来观"，崩龙"以米粮、腌鱼、盐烟等物至营货卖"，所居大山一带"商贾云集，比屋到肆，俨然一大镇"。吴楷在《征缅纪略》还写道：清军因崩龙地区"多积谷，乃往趋之。大山土司瓦喇遣弟罗旺育特来迎，且率其子阿陇从军"。这些记载说明当时崩龙地区农业经济已有一定规模，米粮甚丰，商品贸易已有所发展。

居住在中缅边境一线的崩龙人民，受到明末清初以来络绎不绝的以采矿为生的内地人的影响，经济生活发生了一些变化，如滇边波龙银厂曾名噪一时，赵翼在《粤滇杂记》中记载了当时的盛况："银厂极旺，而彼土人不习烹炼法，故听中国人往采，彼特官收税而已。大山厂多江西、湖广人……老厂新厂两处民居遗址各长数里，皆旧时江楚人怕居。采银者岁常四万人，人获利三四十金，则岁常有一百余万带回内地。"①

（七）近代以来的德昂族

近代，中国德昂族人口不到 1 万人，其分布区域基本上与清朝时期一致，即 75% 以上分布在潞西、盈江、瑞丽、陇川、梁河，龙陵、保山等县市，其余散居在镇康、耿马、澜沧等县。

德昂族在近代的社会生活状况与清朝时期相差不多，其中，临沧地区镇康县的德昂族仍保持着父系大家庭公社制度（德昂语称为"厚木当"），全体成员以血缘为纽带，过着集体生产和共同消费的生活。20 世纪三四十年代，商品经济的渗入、小家庭私有经济的发展、大家庭家长的谋私活动以及封建土司和国民党统治的加强等原因，促使这种父系大家庭公社迅速解体并向核心家庭过渡，最后一个 28 人的大家庭于 1952 年解体。在父系大家庭公社解体的过程中，出现了一种过渡性的家庭形态，德昂语称为"关格纠"，即经济独立的、有亲属关系的二三户或五六户小家庭仍同住在一幢大屋里。他们在生产上互相协作，在家务劳动中互相帮助，但随着私有制的发展，出现了阶级对立，这种协作关系转化为雇佣关系，这种过渡性的家庭形态也就很快瓦解了。

临沧地区镇康和耿马两个县的佤族、拉祜族经济社会发展状况与德昂族接近，很有意思的是，他们在新中国成立前夕，也保持着原始父系大家

---

① 丁菊英：《德昂族的传统文化》，云南大学出版社，2012，第 25～27 页。

庭公社制度的一些残余。据当地干部介绍，在新中国成立前夕，这些民族也有一些许多家住在一起的人房子。直到人民公社化时期，仍然有几户人家（一般都是亲戚）住在一栋房子里，这样便于协作，如劳动力出工时，有人在家喂猪和照看几家的孩子。当然那时收入和分配都是一家一户单独核算的。直到实行联产承包责任制，家家户户分田到户，大家庭的残余才完全消失，这时以一对夫妇为主的核心家庭在社会上才普遍起来。

德昂族在历史上是擅长农耕的民族，其水稻种植和茶叶栽培技术曾达到了很高的水平，与相邻民族相比曾在相当长的时间内处于领先地位。但清朝以后，特别是民国时期，在地主经济日益发展的过程中，德昂族逐渐丧失了赖以生存的水田，靠当佃户和打工生活，事实上已沦为一个佃耕民族，并且逐渐形成对其他民族的戒备和不信任的心理。

新中国成立以来，随着国家新的政治制度的建立和党的民族政策的贯彻执行，特别是20世纪50年代，崩龙（德昂）被识别为单一民族，成为中华民族大家庭中不可缺少的一员并顺利实施民主改革后，德昂族不仅获得了平等参与国家政治、经济和文化生活的权利，而且自己的历史得到了尊重，文化得到了保护和发展，经济得到了扶持。

1956年，德昂族分两个部分进行了民主改革，实现了向社会主义的过渡。一个部分是居住在坝区傣族土司、领主经济地区，即保山市、镇康县和德宏州坝区的德昂族，实行的是"和平协商土地改革"的政策；一个部分是居住在山区，即居住在德宏州潞西、瑞丽、盈江、陇川、梁河等县市的德昂族，实行的是"直接向社会主义过渡"的政策。在后一部分德昂族中，尚保留有原始社会形态的残余，阶级分化还不明显。从此，德昂族开展了轰轰烈烈的合作化运动，走上了社会主义道路，翻开了一个新的历史篇章。

党的十一届三中全会后，家庭联产承包责任制的实施给德昂族带来了新的发展机遇和挑战。例如，镇康县过去存在过"大家庭"，几户人家住在一起，习惯于集体生产和集体生活，一家一户的生产经营能力比较差。家庭联产承包责任制实施后，小家庭成为一个独立的生产经营单元，这对他们来说是个考验。许多群众表现出缺乏自主意识和竞争意识，生产和生活的计划性都很差。用当地人的话来说，就是"过日子不会算计"。党和政府针对这种情况，开展了卓有成效的工作，使家庭联产承包责任制真正成为德昂族人民致富的渠道，涌现出一批致富能手。

1985 年 9 月 21 日，德宏州的省人大代表提出了"崩龙"称呼的不合理性，经过征求本民族意愿，以及群众民主讨论，报国务院审批后，"崩龙"正式改为"德昂"。"昂"在德昂语里的含义是"山崖""崖洞"。这种族称的更改充分体现了党的民族政策，完全符合民族的利益和愿望。

总之，中华人民共和国成立以来，在各级政府的大力扶持下，德昂族的社会生产力得到提高，人民生活得到改善，接受国民教育的人数越来越多，涌现出一批干部、知识分子，他们在各行各业中发挥着日益重要的作用。在这样的背景下，德昂族与当地其他民族的发展差距正逐步缩小。[①]

第二节　人口分布与地理环境

新中国成立前从未对德昂族人口进行过统计，新中国成立初期才统计出中国境内的德昂族仅有 6000 余人。从 20 世纪 50 年代到 80 年代初期，德昂族人口的增长速度较快，从 6000 余人猛增到 1.2 万余人。90 年代以来，随着计划生育政策的贯彻执行，德昂族人口的发展较为稳定，从 1990 年的 15461 人（第四次全国人口普查数据）发展到 2000 年的 17935 人（第五次全国人口普查数据）。2010 年第六次全国人口普查统计，全国有德昂族 20556 人，其中德宏有 14436 人，占全国德昂族总人口的 70% 以上。多年来德昂族人口仅占全省总人口的 0.04%，是一个人口较少的民族。中国境外的德昂族有 88 万余人，其中缅甸有 70 万人，柬埔寨有 16 万 ~ 17 万人，老挝有 3000 多人，越南有 5000 多人，泰国有 1 万余人。

一　人口分布

德昂族主要居住在德宏傣族景颇族自治州的芒市、瑞丽、盈江、陇川、梁河等市县，其他分布在临沧市的镇康、耿马、永德等县及保山市的隆阳区、普洱市的澜沧县等地，分布面积达 3 万余平方公里，是一个典型

---

① 王铁志：《德昂族经济发展与社会变迁》，民族出版社，2007，第 52 ~ 54 页。

的小聚居大分散的民族。其中，德宏三台山德昂族乡、镇康县军弄乡和军赛乡是德昂族居住比较集中的地方，德昂族大部分的村寨与景颇、傈僳、阿昌、佤、布朗、傣、汉等民族相邻，分寨而居，有少数德昂族村寨处在坝区傣族村寨之间。由于历史上的迁徙和国境线的划分以及其他诸多原因，德昂族居住区被划归几个国家，即缅甸、泰国、越南、老挝，德昂族成为跨境而居的民族。德昂族有七个支系，即饶静、饶卖、饶扩、饶薄、饶竟、布列、梁。

德昂族人口的分布格局与其他人口较少民族基本一致，但有自己的特点，主要表现为与其他民族交错杂居、"大杂居，小聚居"、垂直立体分布，以及跨国界而居。德昂族人口的这种分布格局主要是在民族迁徙、边界变动、民族同化、生态环境的影响等因素的作用下形成的。

（一）人口分布格局的特点

元朝以后，德昂族的先民从坝区或山坝之交的连片聚居人群变成了大分散、小聚居的山区居民，有很大一部分迁到了境外，德昂族成为跨界而居的民族。由此可见，德昂族在历史上曾经历了从坝区到山区的空间转移。当前，德昂族人口分布格局具有自己的特点，主要表现在以下两个方面。

一是交错杂居、"大杂居，小聚居"、垂直立体分布。历史上，德昂族的分布虽然有一个大致的范围，但由于他们所居住的区域历来是一个多民族杂居的区域，所以他们与其他民族交错杂居，呈现出一种"大杂居，小聚居"、垂直立体分布的格局。如先秦时期，德昂族的先民濮人的部落就与百越系统的部落交错杂居在一起。时至今日，德昂族仍然与景颇、傈僳、阿昌、佤、傣、布朗、汉等民族交错杂居。

德昂族居住分散，但有一定的聚居区域。德昂族在大范围内居住是相当分散的，虽然仅有2万多人，聚居的自然村寨却分布在4个州市的10个县（市）；而在局部范围内德昂族有小片的聚居区，聚居的程度很高，德昂族虽然没有自治县，但是有1个民族乡和散布在28个乡镇的72个德昂族村寨。这些村寨中95%以上的人口都是德昂族，很少有其他民族混居其中。德昂族这种面上分散、点上集中，以自然村寨为基本单位聚族而居的分布特点是人口较少民族中相当普遍的现象。

德昂族与其他民族之间交错杂居、"大杂居，小聚居"、垂直立体分布的状态与其自我封闭、努力保持族群认同有密切关系。德昂族长期处在当地主体民族包围之中，却能顽强保持本民族的语言文化不被同化，这是非常值得我们注意的现象。德昂族在村寨内普遍讲本民族语言，儿童入学前不会讲汉语，老人和初中程度以下的青年大多不懂汉语。他们还不同程度地保存着传统社会组织网络，如有的地方仍由青年头、老年头等来操持"串姑娘""赕佛"等民间事务。他们仍保持着严格的族内婚，尽管与周围的其他民族村寨阡陌相通、鸡犬相闻，但极少互相通婚，有的甚至本民族的不同支系之间也不通婚。自给自足的传统经济和封闭的生态环境使他们严格保持族群界线，以此保持本民族的文化特色，使维系本民族的生存、繁衍成为可能。

二是跨境而居。德昂族的居住区域又是不断变动的，他们作为一个居住在陆地边境线附近的少数民族，在国界线两侧不断地迁徙流动，成为一个跨国界而居的少数民族。他们与境外的同一民族相邻而居，语言相通，风习相近，存在着血缘、文化等多方面的联系。

德昂族跨境分布的格局是数百年中持续迁徙流动的结果，其中也有历史上中央王朝控制区域改变或边界变动的原因。作为一个处于弱势的群体，他们极易受两国社会政治环境与民族关系的影响，流动性较大。历史上，德昂族与傣族、景颇族等民族之间发生过几次大的战争，因战争失利，大量德昂族多次被迫迁徙。总的趋势是向境外迁，如清朝德昂族起义失败后，部分德昂族外迁到缅甸。与向外迁徙方向相反的是，在不同历史时期由于各地征收的赋税不同，也有人员不断回流。在历史上，境内外德昂族关系密切，交往互动较多，他们之间不仅存在历史文化关联，还有直接的血缘纽带和姻亲关系，况且，德昂族村寨主要沿边境线两侧分布，山水相连，村寨紧邻，交往便利。最近的一次大规模迁移发生在1958年，当时部分德昂族受到国内政治运动影响及反动势力的煽动，逃往缅甸，20世纪60年代又开始回流，直至70年代末才基本稳定下来，形成了目前德昂族人口分布的格局。

（二）人口分布格局的形成原因

民族的形成需要一定的历史条件。对于什么是民族，人们有不同的理解。按照斯大林关于民族构成的四个要素来分析，如果没有一定的人口规模，要形成共同的语言、共同的地域、共同的经济生活以及建立在共同文化基础上的共同的心理素质是不可能的。一个人数很少的人类群体，能够形成民族，并且历经数百年乃至上千年的岁月洗礼仍然保持着本民族特色，是由历史、社会、自然等多种原因造成的。在历史上这些人口较少民族的人数不一定很少，现在成为人口较少民族，是民族迁徙、边界变动、民族同化、生态环境的影响等原因造成的。造成德昂族人口分布格局的原因主要有如下几个方面。

一是民族迁徙。民族迁徙是造成德昂族上述分布格局的一个重要原因。历史上，较大规模的民族迁徙主要是战争、灾荒等原因造成的。元明清时期，三次大的战争使德昂族的人口由多数变为少数，使其丧失了主体民族的地位。第一次是在元朝末年，麓川的傣族思氏集团日益强盛，逐渐征服了附近的地区和民族，德昂族先民有的成为麓川政权的属民，有的则被迫迁离家园。第二次是在明朝，由于"三征麓川"，长期战乱使滇西一带成为废墟，结果部分德昂族先民移居到缅甸北部。第三次是在清嘉庆十九年（1814年）冬，潞西（今芒市）的德昂族不满傣族土司的压迫，在其首领塔岗瓦的领导下造反起义，夺取了芒市土司衙门。后来起义失败，德昂族被迫举族南迁，此后芒市境内的德昂族几乎消失，只留下一些遗址和传说。

新中国成立前，德昂族地区的疾病流行也是造成德昂族人口迁徙流动的一个重要原因。如镇康县1942年秋季流行瘟疫，德昂族村寨有230余人发病，死亡100余人。1947年2~4月，这些村寨再次爆发瘟疫，共发病210余人，死亡125人。这两次大的疾病流行造成德昂族人口的急剧减少，不少人逃离家园。

二是边界变动。边界变动也是造成德昂族上述分布格局的一个重要因素。德昂族作为生活在祖国西南边疆的一个少数民族，在边界的不断变动中成为一个跨界民族。如明代王骥"三征麓川"以后，明王朝放弃了"丽水"（今伊洛瓦底江）以西的大片土地，把边境八关之外原来隶属于明王朝治下土司的土地，如蛮莫、猛密、孟养、木邦，乃至南部的八百等都抛给了缅甸洞吾王朝。这使得长期生活在这片土地上的德昂、怒、独龙等民族成为中缅两国的跨界民族。在近代帝国主义国家蚕食中国边疆领土的过程中，帝国主义国家对部分中国领土的占据也使得原本生活在中国国土的一部分德昂族成为境外民族。

三是民族同化。民族同化也是促使上述德昂族分布格局形成的一个重要因素。这里的民族同化指的是"丧失民族特性,变成另一民族"的现象。民族同化分强制同化和非强制同化两种。强制同化是历史上民族压迫的一种表现形式,统治民族借助暴力和政权,迫使被统治民族放弃自己的语言、文化、风俗习惯,消灭被统治民族的民族特点,达到一体化。非强制同化是欠发达地区民族吸收先进民族的文化,主动向先进民族转化。历史上,部分德昂族主要是经过非强制同化而变成另一个民族的。

德昂族没有大的聚居区,不可避免地要与其他民族交错杂居,在经济、文化等方面发生频繁交往,从而产生了民族同化的现象。德昂族作为一个人口较少民族,容易被周围人口较多民族的文化所同化,从而成为人口较多民族中的一分子。如芒市遮放镇的傣族寨子有一些家庭,年轻人都说傣语,不会说德昂语,他们填报的民族成分是傣族,但是他们家里的老奶奶却会说德昂语,并认为自己是德昂族。

德昂族同化于傣族或其他民族的情况在清朝民族大迁徙后不久就发生了。如20世纪50年代民族大调查的资料显示,德昂族同化于傣族的情况,在德昂族南迁后的许多地方都发生过。现列举一些资料:"据各地一致传说,崩龙是边六县(潞西、瑞丽、陇川、盈江、梁河、莲山)历史较早而分布较广的一种民族,后因受景颇族排挤,大部分迁往缅甸,一部分变为傣族";"盈江缅寺(即佛寺)沃古喇(一种最高级别的和尚)说:以前山上崩龙很多,景颇族来后,占了他们的山地,把他们赶走,所有未走的也都迁下坝子,变成了傣族";"陇川城与章凤街之间的户弄寨,原来全是崩龙族,现在有一部分已变为傣族。瑞丽、潞西、莲山、梁河也都有崩龙变为傣族的传说"。

四是生态环境的影响。生态环境的影响也是促使上述德昂族分布格局形成的一个重要原因。德昂族分布地区地形地貌的特点是山高谷深,山脉、河流、平坝交错,内部各区域间的海拔高度、气候条件和自然景观都有很大的不同。同在一个地区,往往山脚坝区气候炎热、雨量充沛,适合农耕;半山腰则气候凉爽,适合农业和林果等多种经营;而到了山顶,则气候寒冷,一般只适合发展畜牧经济。德宏州的民族分布格局为:海拔2000米以上为傈僳族居住区,景颇族居住区不超过海拔 2000 米,汉族和德昂族一般居住在海拔 1500 米左右的半山地区,而傣族和少量汉族则居住在海拔 1500 米以下的平坝地区。德昂族与其他民族垂直立体分布的状态也使得他们与其他民族处于一种"大杂居,小聚居"的分布状态之中。一方面,德昂族与同区域内的景颇、傈僳、阿昌、佤、傣、汉等民族一起为地方的经济社会发展贡献力量;另一方面,德昂族居住在边远落后的山区,交通不便,往往聚族而居,所处生态环境相对独立封闭,山川阻隔,使其以村寨为单位居住。

德昂族的人口规模并不是一开始就很小,而是在后来的发展过程中,由于民族迁徙、边界变动、民族同化、生态环境的影响等原因,在我国境内成为人口较少民族,并最终形成了与其他民族交错杂居、"大杂居,小聚居"、垂直立体分布,以及跨国界而居的分布格局。加上有聚族而居的习惯,大多数情况下一个村寨由一个民族居住,因此在文化上往往自成单元。尽管当今世界变得越来越像个地球村,现代化、信息化的发展日新月异,但这些现代的东西在当地影响比较有限,封闭的地理环境在客观上起到了保护民族传统文化的作用。因此,往往在那些最偏僻、欠发达、民族人口最为集中的地方,乡土气息最浓,传统文化保持得也相对完整一些。这种分布格局也是德昂族从古至今仍然比较完整地保持民族传统的一个重要原因。①

二 地理环境

德昂族居住在我国云南西南部。翻开地图就不难看出,云南的德昂族主要分布在东经 97°40′~100°和北纬 23°~25°。从区域位置看,德昂族聚居区大致位于祖国西南边疆的高黎贡山西南麓。

高黎贡山和怒山山脉蜿蜒伸展于德宏州、临沧市等地,山上覆盖着茂密的森林,生长着杉、松、柚、楠、麻栗、楸等优质树木,漫山遍野长着嫩绿的青草,是良好的天然牧场,具有发展畜牧业的广阔前景;野生药材如黄连、玉京、柯子、三奈、史君子等都有出产,还有不少野生植物是轻化工原料,有待开发和利用。在深山密林中,栖息着虎、豹、熊、鹿、麂

① 周灿、赵志刚、钟小勇:《德昂族民间文化概论》,云南民族出版社,2014,第 20~27 页。

子、野猪、蟒蛇等数十种野生动物。成群的猴子，翩翩起舞的孔雀，活跃于丛林蔓草之中。古时还有象群生活其间。

德宏州的德昂族聚居区位于横断山脉的极西区域，西靠伊洛瓦底江褶皱系的恩梅开江断裂带，东接三江褶皱系的怒江断裂带；保山市德昂族聚居区地处横断山脉滇西纵谷南端，系深邃的怒江峡谷区；临沧市镇康、耿马县的德昂族聚居区属深度切割的中山峡谷喀斯特地貌。这些区域内地质构造复杂，地层发育较全，从寒武系至第四系皆有出露。均属亚热带低纬度山地季风气候，四季温差小，干湿季分明，垂直变化突出。有丰富的热带资源，热带、亚热带土地面积占全区总面积的 33.3% 以上。区内分布有地带性亚高山草甸土、棕壤、黄壤、红壤及区域性石炭（岩）土、紫色土、潮土、沼泽土、水稻土等。森林与水资源、动物资源丰富，矿产资源种类繁多。

这里盛产大竹，干粗而长，直径一般在四五寸，有的直径达八九寸，在古代，它是濮人给封建朝廷的贡品，而现在则是德昂族建造竹楼的主要建筑材料之一，也是他们制作生产、生活用具的好原料。德昂族使用的水筒、饭盒、箩、篮、篾席、挑箩、扁担之类都是用大竹制作的。肥嫩的竹笋，是一种重要的副食品，除食用鲜笋外，还可加工为酸笋和笋干。总之，从古至今，大竹即是德昂人经济生活中一种不可缺少的经济物种，各家各户都在住宅周围或村寨附近种植数蓬，以供日常生产生活和建屋之需。

德昂族居住的德宏、临沧、保山等州市属印度洋季风影响下的季雨林区，具有夏无酷暑、冬无飞雪、无霜期长等热带和亚热带气候的特点。一般坝区年平均温度为 22℃，山区为 19.5℃ 左右，年降雨量约为 1500 毫米，80% 的雨量集中在 5～10 月，尤以七八月为多，气候明显地分为干、湿两季。由于气候湿热，雨量充沛，无论是低山、缓坡还是平坝，都土质肥沃，自然条件极其优越，是宜农、宜牧、宜居的美丽之乡。

辛勤的德昂族先民，很早就在这块肥沃的土地上垦殖旱地、开辟水田，很早就能种植水稻、旱谷、荞子、苞谷和薯类，也能够种植茶叶、核桃、甘蔗等经济作物。古代德昂先民的农田水利建设水平和经济作物的栽培技术较高，他们的园地除种蔬菜外，一般都要种几蓬芭蕉、甘蔗，植几株黄果、菠萝蜜、梨、芒果、石榴、番木瓜之类，四季均有鲜菜和水果。①

三 传统生态意识

（一）神话传说中的自然观及生态意识

德昂族村寨中流传着许多关于宇宙、人类、谷种起源以及其他一些野生动物的神话传说，这些神话传说集中反映了德昂族人朴素的自然观及传统的生态意识，对于德昂族人认识自然、保护生态环境资源发挥着尤为重要且不可替代的作用。

1. 宇宙及人类起源的传说

德昂族关于宇宙及人类起源的神话传说中，流传最广且最具代表性的当推《葫芦的故事》，其中对宇宙及人类起源又有着两种不尽相同的说法。

一说很古很古以前，天空一片黑暗，洪水泛滥，人和动物几乎都要被淹死了，只有少数的人和动物被天神卜帕法救在葫芦里，葫芦被封了口，漂在水面上，从而留下了人种和动物种。后来洪水退了，卜帕法要砍开葫芦，想砍这边，牛在里面喊："我在这里，砍不得。"要砍那边，也有动物叫："我在这里，砍不得。"砍这边，有动物叫；砍那边，也有动物叫——都说砍不得。后来兔子说："就砍这里吧！"说完兔子一把便将螃蟹推了过去，卜帕法一刀砍下来，就将螃蟹的头砍掉了。人和动物就从葫芦里走了出来。而螃蟹没有了头，只好横着走。洪水初退时，大地还像豆腐脑一样非常柔软，天神卜帕法便用扇子连扇了大地几下，大地才变硬，从天上落下来的石头则变成了高高矮矮的山峦。

一说远古时候，有一天到处烧起了大火，烧死了许多动物，世间的一切几乎都被烧光了。后来天上下起了大雨，雨滴有一个寨子那么大，于是天神就下来救这些动物，天神喊到谁，谁就能飞到葫芦里去。那时的猪、牛、鸡等动物都能听懂天神的话，天神叫到它们，它们就也都飞到那个能容得下千万个人、千万种动物的大葫芦里去了。那时，有只大蜘蛛飞到地上来结网，它到处飞，到处结网，在水上结的网就像织的布一样，灰尘落

---

① 《当代云南德昂族简史》编辑委员会：《当代云南德昂族简史》，云南人民出版社，2012，第6~7页。

在网上成了土，后来就变成了大地、变成了平原，凸出的大包则变成了大山和丘陵。大地上的土由于被火烧过，散发出一股沁人心脾的香味。这香味熏到天上，有几个天神闻到香味，便飞下来吃香土，然而吃了香土之后这几位天神就不会飞了，只好留在大地上生活，后来就变成了人。天上的一个大神将大葫芦的门打开，于是人和动物便走了出来，也都以香土为食。

2. 关于谷种起源的传说

据说远古时候，天上住着的二男二女下到凡间来，看到大地上只有大火烧过的灰烬，而没有任何食物，于是便抓起这种火灰来吃。他们在人间越玩越高兴，便不愿返回天庭。天神知道后就同意了，让他们留在人间居住，于是他们便结成夫妻。

当时，神仙看到他们只能靠吃灰土度日，没有粮食，生活过得很艰苦，便传旨让埃拢格角大佛下到人间，设法寻求谷种，但始终也找不到。神仙先后又命令角格桑、角腊贡、卡角巴、阿里米底牙等五位大佛来到人间寻觅谷种，还是找不到。眼看人类就要因饥饿而灭绝。后来，天神发现这些谷种原来藏在老鼠住的地方，于是就让角格桑去拿，可是角格桑怎么也拿不出来，只好央求老鼠。老鼠拿到谷种后，将其交给角格桑，角格桑在水牛、老虎、龙、小兔等的沿途护送下回到了人类居住的地方，把谷种交给了人类，同时教给人类种植稻谷的方法。从此，人类才学会了种植庄稼，得以一代代地繁衍起来。

3. 其他有关动物的神话故事

流传于德昂族民间的有关动物的神话故事有《金鱼姑娘》《金凤凰》《青蛙姑娘》等，这些神话故事大多将动物（如金鱼、青蛙等）人性化，甚至神化，认为它们与人类完全平等甚至比人类更尊贵、更富智慧。故事中，这些动物身上往往体现着正义、勇敢、勤劳、善良的品质。在德昂族群众的心目中，它们也是一种吉祥、美好的象征。

（二）受宗教信仰影响的生态意识

1. 受南传上座部佛教信仰影响的生态意识

部分德昂族群众信仰南传上座部佛教中的"多列"教派，该教派教规很严，严禁杀生，见杀不吃，闻声不吃，且不能养猪及母鸡，每户仅有一只公鸡报晓。信仰"多列"教派的德昂族群众长期以来在思想上形成了这样一种观念：人是生命，鸟、虫、鱼、兽也是生命，杀死任何生命都是有罪的。该教派戒律"五戒"中的首戒就是要求信徒"不杀生"，其教义认为天地间有三个世界，即西方极乐世界天堂（勐亮）、人世间红尘世界（勐陆依）和阴间地狱（勐戛林）。凡是虔诚信佛、积德行善、一切恶行（包括杀生）不能动摇其心旌的信徒，死后方能被佛引入西方极乐世界。现在情况有所变化，大部分德昂族村民已不再受这条戒律约束，饲养家畜、宰杀动物、食用肉食的现象在当地十分普遍。只有村中的老人到奘房听佛念经的时候才偶尔纯粹食用素食。

2. 受原始宗教信仰影响的生态意识

德昂族群众在信仰南传上座部佛教的同时，还保留着对原始自然神的崇拜，如对大青树及水的崇拜。

大青树（大恩肖）是德昂族人心目中的神树，是一种吉祥的象征。勐丹村的每个德昂族寨子里都有大小不一的大青树，有的树身得要数人合抱方能围拢，足见其年代的久远。德昂族群众对大青树有着一种崇拜观念，他们认为，大青树勃发的枝叶象征着村寨的昌盛，它枝繁叶茂、蓬勃生长，就意味着儿孙满堂、村寨兴旺。村寨不能没有大青树，人的生活也不能没有大青树。"有了大青树和竹子，就有了村寨和人家。"因此，每新建一个村子时，都要栽种一些大青树，且只准栽，不准砍。在德昂族人的观念中，大青树是绝对不能砍的，即便是被风刮倒或是被雷击倒的大青树也万万不可拿回家用，而要送到奘房去，否则，就会给家庭带来不幸。栽种大青树时，还要举行仪式，构筑高台种植，并围绕竹栅栏，以确保大青树成活。据某村中奘房先生李腊补讲述：在很久以前，天上下起了大雨，活佛无处藏身便躲到大青树下避雨，从此以后，德昂族群众不仅到奘房去拜佛，而且还将大青树视为神圣之物。每当家人生病或要出远门都要去祭一下大青树，祈求树神的保佑。

此外，德昂族的心目中还有对水的钟爱和敬畏。德昂族这种基于原始万物有灵思想而对大青树和水的珍视，不仅表现为一种信仰，更体现了他们对待自然万物的一种平等乃至敬畏的态度。这种敬畏万物的传统生态意识，自发地调节着人与自然界的关系，促成了德昂族人对自然万物的保护。

（三）　日常习俗中蕴含的生态意识

1. 丧葬习俗中的生态意识

德昂族各寨子均有一块大小不等的公共墓地，一般设在半山坡上，德昂族称其为邪树林或是坟山森林。寨中人死后集中埋葬于此处，不得占用耕地。死人埋葬后家人及亲友再也不去上坟祭祀，两三年后家人便很难记得原先的坟址。四五年过去，便可在公共墓地上开荒、造林。这种丧葬习俗对于提高土地利用率、节约资源意义重大。

另外，在德昂族群众的传统意识中，邪树林中的树木是不能任意砍伐的，否则，会被认为是很不吉利的。因而，在这种传统意识的制约下，坟山森林植被得到了有效的保护，这对防止水土流失、维护生态平衡起到了至关重要的作用。

2. 农业生产习俗中的生态价值取向

在德昂族人农业生产习俗中最有生态价值取向的是"尝新"活动，即收割稻谷前，寨中各家各户都要举行尝新仪式。尝新首先要喂牛，感谢牛为人类付出的辛勤劳动；然后，才由老人吃；最后全体家庭成员吃。谷子进仓时，要先将最大的谷穗挂在仓库里，象征着谷物丰收和耐吃。[1]

四　种质资源

德昂族的农业生产活动与大自然资源禀赋相关。2008～2009年云南省农业科学院对德昂族聚居的村寨进行了农业生物资源的调查和研究，对德昂族特有、特异、特优相关的农作物、蔬菜、果树、药用植物等进行取样，结果表明，德昂族所拥有的特有及特异资源占收集总资源数的36.96%。有的资源在德昂族地区具有较长的种植历史，是在品质、抗性等方面比较优质的地方品种。如此丰富的资源，为德昂族的农业发展奠定了基础，也充分体现了他们利用自然资源的能力。

（一）　地缘优势

进行选点调查的德宏州三台山德昂族乡是全国唯一的德昂族乡，位于芒市中部，东经98°8′52″～98°28′07″、北纬24°14′30″～24°24′05″，境内最

---

① 唐洁：《中国德昂族》，宁夏人民出版社，2012，第32～35页。

高海拔 1473 米，最低海拔 800.5 米，为南亚热带低丘陵立体气候，年平均气温 16.9℃，年日照时数 2000~2400 小时，年降雨量 1700~2200 毫米。一般年平均气温坝区为 22℃，山区为 19.5℃ 左右，年降雨量约为 1500 毫米，80% 的雨量集中在 5~10 月，尤其以 7 月、8 月为多，气候明显分为干、湿两季，德昂族聚居区的生态环境总体状况比较好。

（二）粮食类种质资源

所调查并收集到的与民族生活、生产及文化密切相关的粮食类种质资源包括禾本科（Gramineae）、蓼科（Polygonaceae）、豆科（Leguminosae）、苋科（Amaranthaceae）4 个科，11 个属，83 种作物。德昂族以水稻为主食，在收集到的 16 个稻属（Oryza）地方品种中，有 8 个为糯性，占 50%，虽然糯稻产量较低，但适口性好。收集到的特有种质资源哈里紫谷，较抗病，虫害较少，较耐贫瘠，另外煮食后对骨折有治疗作用；哈里糯谷，糯性较好，病虫害较轻，较耐肥，泼水节时制作成供品粑粑。从收集到粮食类种质资源分析，一些具有优质、抗逆、抗病虫特征或具有特殊利用价值的地方品种的产量较育成品种低，如深受德昂族群众喜爱的稻属特异品种考皮糯，抗稻瘟病、抗螟虫，具有软、糯、清香的特性，可做成粑粑食用、祭祀用，可在水田及旱地种植，产量为每公顷 3750~4500 千克，株高 160 厘米，穗长 16 厘米，籽粒中等。

玉蜀黍属（Zea）品种硝厂沟小八路已种植 100 多年，产量每公顷仅 1125 千克，具有甜、糯、清香的特点，除青玉米煮食外，还可制成粑粑食用，该品种得以保存的另一个原因是爆粒性好，用干籽炸成的玉米花是德昂族开门节佛事活动中的祭祀供品。

（三）蔬菜类、野菜类种质资源

德昂族种植的蔬菜品种相对较少，但野菜类种质资源较丰富，共调查并收集到 67 份蔬菜类、野菜类种质资源，其中蔬菜类 14 个属，38 份；野菜类 29 份。主要栽培茄科辣椒属、十字花科芸薹属芥菜类、葫芦科南瓜属，主要用于自家食用，少量出售，也作为饲料，如南瓜属的南瓜。收集到辣椒属 8 种，以涮涮辣、小米辣最为辛辣，在当地已种植百年以上。姜属 2 种，其中特优资源地方品种香姜，栽培历史 50 余年，当地常切成丝凉拌食用，或在煮排骨、烧汤时放入切好的块根或姜叶，可增加肉或汤的辛辣味，具有健胃、散寒的作用。

野生蔬菜、食用菌以羽叶金合欢、木瓜榕、吉龙草、帕滚菜、染饭花、野生木耳等为主,除采集自家食用外,在当地集市也常有出售。通过入户调查了解到,这些野菜、食用菌的野生蕴藏数量较20～30年前有不同程度的减少。收集到的特异、特用资源如羽叶金合欢,3～9月采食嫩尖,做汤菜或加蛋炒,煮鱼或螺蛳可除腥味,德昂族采集其枝条和金刚钻挂在门头,据说可以起到驱邪和辟邪的作用。羽叶金合欢驯化栽培表现出生长速度快、病虫害较少的特征,是很有发展利用前景的野生蔬菜。吉龙草为唇形科一年生草本植物,主要取其茎叶、花序做肉食菜的加香配料,或作为调料,芳香可口。

(四) 果树及多年生经济作物类种质资源

德昂族生活的地区果树较多,调查、收集到果树类种质资源35份,主要包括芭蕉属、芒果属等9个属及需进一步分类、鉴定的三莸果等种质资源。特优或具有特殊用途的果树,如芒果属的三年芒(当地称为金芒果、香芒果),在德昂族地区具有较长的半庭院栽培历史,具有产量较高、汁多、酸甜可口、有芳香味等特性,是深受欢迎的果树之一。蛇皮果属的藤蔓除果实可食用外,德昂族利用其藤条做民族饰物——腰箍。腰箍是德昂族妇女最具特色和最重要的服饰之一,目前德昂族不但在田间地头种植藤蔓,而且对野生的藤蔓也非常重视保护。芭蕉属的粉蕉类有12种,果实鲜食,还可用来治疗腹泻,也有晒干食用的习惯,其假茎是重要的养猪饲料。象腿蕉属的象腿蕉果实不堪食用,但其粗壮的茎也用作养猪饲料。

(五) 药用植物种质资源

德昂族历史上就有食药同源的习俗,可食用的药用植物资源也比较丰富,调查和收集与德昂族日常生活密切相关的具有药用价值的植物共计70份,这些植物名多为当地俗称或民族称谓,还需要进一步分类、鉴定。初步鉴定分属禾本科、姜科、豆科、百合科、茜草科、蓼科、野牡丹科、苋科、兰科、石蒜科、大戟科、忍冬科、唇形科、马鞭草科、茄科、毛茛科、菊科、伞形科,共18个科。调查中发现当地德昂族群众用薏苡的根煨水治疗结石,具有消炎、降火功效,将其野生种驯化栽种于庭院。金刚钻除治疗胃疼、腹热外，还悬挂在门上用于避邪。大理肺散（灯台树）治疗咳嗽、哮喘有特效，嚼鲜叶或将树皮晒干磨粉后吞服。一种待考证、当地称为宾吡冷（德昂语）的植物，具有消肿止痛、活血化淤的功效，是治疗跌打损伤的特效药。[①]

第三节　语言文字

语言是思维的载体，也是文化的载体，少数民族语言是少数民族文化的重要方面。如今，相当一部分生活在城镇的少数民族已经不会说本民族语言。语言是人们表达思想和交流思想的工具，同时也是传承民族文化的载体。语言也是民族特征的重要外在标志，民族语言能准确地反映一个民族的文化经历和价值观，因此研究少数民族文化和发展，往往离不开语言研究。

一　谱系情况

德昂语属南亚语系孟高棉语族佤德语支，国内同语支的民族还有佤族、布朗族，德昂族还与缅甸东北山区的克伦族是近亲，与柬埔寨的高棉族是远亲。德昂族人口虽少，但有自己的语言，只是没有书写本民族语言的通行文字。德昂族常用的文字是傣文，也有使用汉文的，部分人还通傣语、汉语和景颇语。

德昂族村寨虽多为本民族单一聚居，但分布地域广，散居于其他民族之间，因而在语言上形成了各自的方言。不同方言语音差异大，说话难以沟通。德昂语方言的差异主要表现在语音上，其次是词汇，语法则是基本相同的。所以，德昂语的方言划分，主要是根据语音情况。根据语音的异同，可以把德昂语划分为布列方言、饶卖方言、梁方言。德昂族各方言使用的人数，以布列方言为最多，约占总人数的50%；其次是梁方言，约占总人数的30%；最少的是饶卖方言，约占总人数的20%。[②]

---

① 王晓艳、莫力、秦莹：《德宏德昂族民间科学技术》，德宏民族出版社，2014，第 7 ~ 14 页。
② 周灿、赵志刚、钟小勇：《德昂族民间文化概论》，云南民族出版社，2014，第 29 ~ 31 页。

二 语言特征

德昂语发音难度大，卷舌音多。传说，德昂族的语言源于敲打石头和火烧草木爆炸的声音，故发音较重。古时候，语言联系方式先以手势和敲打石头为暗号，紧接着发出声音。为此，讲话声音似敲打声，唱歌节奏似海浪澎湃。其他民族难以学会德昂族语言，除非从童年开始学。一旦学会了德昂语，学其他民族的语言就容易多了。因此，德昂族常常会许多其他民族的语言，被誉为有语言天赋的民族。德昂语语言结构复杂多样，同音字少，基本形成一物一个音。

德昂语方言从地域上划分比较困难，有的两寨相邻，但很难通话；有的两寨相距很远，却语言相通。如果以民族支系来划分，则一目了然。凡同一支系的德昂族，尽管居住分散，语言却相当一致；不同支系的德昂族，尽管居住在同一地区，语言却迥然不同。各方言的分布情况和民族支系分布情况一致。

从语音来看，德昂族三个方言（布列方言允欠话、饶卖方言茶叶箐话、梁方言硝厂沟话）的主要特点表现在以下几个方面。

（一）语音

从语音结构看，德昂语的音节可以分为两类：一类为一般音节或叫主要音节；一类为附加音节或叫次要音节。德昂语有声母44个，其中单声母为31个，复合声母13个；韵母共有185个，其中单元音韵母10个，复合元音韵母19个，带鼻音、塞音、颤音和擦音的韵母156个。

（二）词汇

德昂语的词，根据它所表达的意义和构成方式，可以分成单纯词和合成词两大类。

第一，单纯词：指的是表达的意义单一的词，而语音则可以是单音节也可以是多音节的。一个音节表示一个意义的是单音节单纯词，几个音节共同表达一个意义的是多音节单纯词。如果将多音节单纯词中的音节分离开来，那么它们既不能独立运用，也不能表达任何意义。德昂语的单纯词以单音节的居多。

第二，合成词：德昂语的合成词可以分为两类，一类是附加式合成词，一类是复合式合成词。附加式合成词由一个有意义的语素加上附加音节构成，复合式合成词由两个或两个以上有意义的语素构成。合成词的意义和构成合成词的各语素之间的意义虽有联系，但合成词毕竟是一个新词，它表示一个新概念。[①]

德昂族中不少人通晓邻近民族的语言，并借用了不少傣、汉语词，从而大大丰富了自己的语言。新中国成立前，德昂族与傣族、景颇族、佤族、汉族交往密切，成年男女一般都兼通周围民族的语言，以懂傣语的人为多。新中国成立后，德昂族在政治、经济、文化方面与汉族联系密切，会说汉话、识汉字的人迅速增加。当前，德昂语中的借词已由过去的借用傣语词为主转为借用汉语词为主。

新中国成立前，德昂语主要是吸收傣语，不仅表现在语音上，而且在基本词汇中也存在着大量的借词现象，如 thu（筷）、thai（犁）等。在借词中，一般是借名词，其次是借动词、形容词、量词等实词，很少借用虚词。借词多为生活用词，政治借词不多。比如数词，1~29 系德昂语固有词，30~99 则借用傣语数词。另外，有些数词则是德昂语、傣语混合使用。

新中国成立后，德昂语主要是借用现代汉语词，其特点是以借音为最多。德昂语的汉语借词借入后，绝大多数的语音适应了德昂语语音，只有个别保留了汉语特点，增加了音位，如复元音 yu，就是借汉语词而增加的。

（三）语法

德昂语的词可以根据它们的意义、结构形式、词与词结合的情况及在句子中的作用，分为名词、动词、形容词、数词、量词、代词、副词、介词、连词、助词、象声词 11 类。修饰语一般在被修饰语之后。句子成分有主语、谓语、表语、宾语、补语、定语和状语 7 种。基本语序是：主语 - 谓语 - 宾语。[②]

三　文字

在远古时代，德昂族先民就对宇宙的起源、人类的来源、万物生长、

---

① 俞茹：《德昂族文化史》，云南民族出版社，1999，第 45 页。
② 周灿、赵志刚、钟小勇：《德昂族民间文化概论》，云南民族出版社，2014，第 29~31 页。

民族的形成、历史的变化等进行过思考，并将他们检验的成果、思考的结果和思考中的困惑，用一种幻想生动形象地表达出来，并以口头和物品方式代代相传，这就是古代德昂族的创世神话与文化。传说中，几千年前德昂族曾经有过自己的文字，仅用于记载本民族的历史、法规和历法等。但这种文字只有部分佛寺里的召吉、比丘认识，流传使用不广，而且现在已经失传，"有的说是被火烧掉……或是被水冲走……或是被大雁叼走"。

　　由于没有文字，几百年来德昂族的历史文化和日常记事只能用心记，或"刻木""刻画"记，或用神话代代相传。在德昂族远古创世神话中流传最广、最有影响力的是《祖先创世纪》《父母创世纪》，以散文体的形式在德昂族民间广泛口头流传；另一种是神话《达古达楞格莱标》《衮妈达娅格莱标》，都是以说唱的形式在民间长老和民间艺人中广泛流传至今。由于没有文字，只能借用其他民族文字来记载德昂族的历史文化。德昂族的文化传承中用得最早、最多、最有影响力的文字是傣文，因德昂族、傣族大多信仰南传上座部佛教，一般男孩从小就进佛寺当和尚，念傣文经书，故学会傣文。①

　　新中国成立后，曾经有学者借用缅文、拉丁文等字母创造出德昂文，但因德昂族居住分散，人口较少，因此德昂文没有被推广使用。当年在三台山德昂族中进行扫盲时仍采用傣文，这也适应他们原有的基础和特点。

　　改革开放以来，随着德昂地区社会经济的发展，教育事业也取得了长足的进步。党和政府在德昂地区开办村小、完小、中学等，使适龄儿童普遍进校读书，学习汉文。目前，汉文已成为德昂族对外交流、交际的主要文字。在德昂族中，凡上过学的都能识汉文、写汉字，而且现在村公所及各村寨的文书和统计报表等也大都是采用汉文。②

四　语言的应用

　　语言使用是一个非常复杂的社会现象，通过语言可以反映一个民族的许多特点，如民族语言的基本词汇能反映生计类型及生态环境，借词能反映文化或族群接触，地名能反映文化或族群的历史分布，人名能反映信仰、

---

① 周灿、赵志刚、钟小勇：《德昂族民间文化概论》，云南民族出版社，2014，第31~32页。
② 《德昂族简史》编写组、《德昂族简史》修订本编写组：《德昂族简史》（修订本），民族出版社，2008，第123~124页。

追求和价值取向，语言谱系能反映族群之间的历史渊源，等等。通过对德昂族语言的研究，可以揭示出德昂族丰富的社会文化内容。

（一）语言的划分

德昂族方言体现了民族的内部差异及社会整合程度。德昂族内部语言极不统一，在语音方面差异较大，这往往与民族支系相关，从地域上划分方言很困难。若按照民族支系划分方言，则比较清楚。中国德昂族语的三种方言，分别称为布列方言、饶卖方言和梁方言。其中操布列方言的人数最多，约占中国德昂族总人数的50%，布列方言主要在芒市、盈江、梁河等县市的德昂族居住区使用，它对应的民族支系根据其妇女的服饰特征，一般称为"红德昂"；饶卖方言主要在瑞丽、陇川等县的德昂族居住地，以及芒市少数几个德昂族村寨中使用，其对应的民族支系称为"黑德昂"，约占中国德昂族总人数的20%；梁方言主要分布在镇康、耿马、永德、保山等县市及芒市个别村寨的德昂族人群中，其对应的民族支系称为"花德昂"，约占中国德昂族总人数的30%。在这三种方言之中，布列与梁比较接近，彼此之间虽不能沟通无碍，但可以大致相互理解；而饶卖与另外两种方言的差别比较大，很难直接沟通。然而，每一种民族方言在境外都有大量的人群使用着，而且往往与中国德昂族中使用同一方言的人群相邻，这给民族之间的跨境交流提供了天然的便利。

德昂族同一地区使用不同方言的情况，是与德昂族的历史和社会特点分不开的。民族和语言的形成，需要有统一的地域和稳定的社会环境，德昂族从蒲人中分化出来形成单一民族始于明末清初。在民族形成初期，其语言和方言分布与民族及其支系分布在地域上应是一致的。但是，后来受战争和人口迁徙的影响，这种一致性便被打破。从民间传说上看，黑德昂是芒市的土著居民，他们自古就居住在芒市河两岸，曾开辟了大量水田。但后来由于清嘉庆年间反抗傣族土司失败，黑德昂大部分被迫逃离芒市地区，一部分迁往缅甸，留下来的有一部分融合在傣族之中，一部分迁往勐嘎山区建立茶叶箐寨子生活至今。据民间传说，芒市的红德昂和花德昂原来居住在缅甸大山（今缅甸北掸邦），后来由于与当地统治者争夺茶山发生战争，战争失败后部分逃到深山老林，部分沿陇川江而上，经瑞丽，在陇川、盈江、梁河等地定居下来；部分沿龙江而上，渡过芒市河，在遮放被土司收留，后来部分又迁往芒岗、芒边、窝子寨，再迁往允欠、邦外、勐丹、勐么、南虎等地定居下来，因此形成了芒市现今的德昂族分布状况。保山地区的花德昂也传说他们最早起源于缅甸，后来迁往云南德宏、保山、临沧地区。由于这些德昂族迁徙过来定居的时间比较短，加上过去在封建土司统治下各部分互不统属，社会交往主要在本寨子和本民族的支系内部，社会整合力量比较弱，因此没有形成统一的力量把语言规范起来。

（二）民族语言的相互影响

德昂族的分布特点决定了该民族不可避免地会受到来自相邻民族的影响，语言也不例外。德昂族的语言在词汇上有借词现象，通过借词能反映德昂族语言与其他民族语言接触和影响的程度。民族文化要发展，必然要不断吸收其他民族文化的有益成分来丰富自己。在民族文化传播过程中，不同文化的互相影响和采借是经常发生的，这反映了民族关系以及语言开放的程度。一般来说，开放程度大的语言容易受到别的语言的影响；无文字的语言容易受到有文字的语言尤其是书面语发达的语言的影响；有亲缘关系的语言相互影响的特点不同于无亲缘关系的语言；政治、经济、文化力量强大民族的语言对其他语言影响力更大；人口较少民族的语言常常受人口多的民族语言的影响；民族关系融洽时，语言影响的速度比民族关系紧张或恶化时更快些。

对于德昂语来说，由于本民族人口较少，国内仅有2万多人（第六次人口普查数据），新中国成立前其政治、经济、文化发展长期处于滞后状态，因此受其他民族的影响比本民族对其他民族的影响要大一些。历史上，由于德昂族在政治上受傣族土司统治，在经济上集市贸易都在傣族地区，在文化上许多人使用傣语和傣文，因此在德昂语中自然会借用大量的傣族语音和词语。新中国成立后，民族关系发生了根本改变，国家派遣大批汉族干部和科技人员支援边疆，德昂族与汉族的交往日益增多，关系也越来越密切。由于汉族人口众多，在经济文化发展方面处于领先地位，因此德昂语就从主要由傣语借词转向主要由汉语借词。虽然德昂族在新中国成立前后都有从外民族借用词语的现象，但是两个时期的影响力并不相同。

借用汉语词的速度比借用傣语词的速度快，借用傣语词的历史已经有几百年；借用汉语词仅仅几十年，但借入的词数量已经超过了从傣语借用的词数量，汉语借词面要比傣语借词面宽。傣语借词多集中在名词，其次是动词、形容词，很少借用虚词；多借用日常生活用词，很少借用政治性词。德昂语借用汉语词，不仅借用日常生活用词，借用的政治性词语也比较多；不仅借用了大量名词，也借用了虚词、连词。借用的傣语词一般是德昂语中缺少的词，如"革命""共产党""解放"等，借入新词表达新的概念。但是在借用的汉语词中，一部分词德昂语原来就有，如"开会""讨论"等，借入汉语词后两种语言并用，甚至有一些汉语词挤掉了德昂语原有的词。

（三）德昂族语言与佤族、布朗族语言的关系

德昂族和佤族、布朗族都源于古代居住于永昌的濮人，在语言上他们有着密切的同源关系。王敬骝在《德昂语简志》中对德昂语与佤语、布朗语的共同特点进行了归纳。在语音方面，除了声母、韵母都比较复杂外，塞音、塞擦音声母都分清音和浊音两套，鼻音、边音、颤音都分吐气和不吐气两套，双唇和舌根塞音等都能和边音、颤音等结合，都有辅音韵尾。在词汇方面，德昂语、佤语、布朗语都有相当数量的同源词。在语法方面，这三种语言相当一致，主要表现在：都缺乏形态变化，单音节词根是构成复合词的基础；都有以声母的清浊或前加成分的有无构成动词与名词、以元音的曲折构成人称代词单数与复数的现象；主要的语言结构词序都是一样的；语序和虚词的使用都是语法的主要手段；句子内各成分的排列次序都是主语－谓语－宾语。

（四）德昂语的应用

中国的德昂族有自己的语言，但没有本民族文字。因此，德昂族的语言只限于在本民族日常生活领域中应用，无法在更广阔的领域传播，制约了民族文化的发展。

在德昂族村寨内部，母语使用的程度相当高。德昂族在国内只有2万多人，人口分布又特别分散，在这种情况下，其母语使用的程度却令人惊奇。进入德昂族村寨等于进入德昂语世界，你所接触的男女老少都讲德昂话，用汉语与他们交谈非常困难。老年人、中年妇女和入学前的儿童基本不会讲汉语，没有读过书的年轻人也基本不会讲汉语，甚至有的初中毕业生原来汉语讲得还可以，但回乡几年后受社区文化环境的影响，再与外界进行汉语交流都很困难。

从德昂族语言使用的外部环境看，德昂族没有村寨相连的大片聚居区，每个村寨都不大，小的二三百人，大的五六百人，而且周围都紧挨着汉族、傣族或景颇族村寨，相距不到 500 米，鸡犬相闻，与其他民族交往非常方便。现在村村都通了电，可以听广播、看电视，受外界的影响很大。在这种环境下，德昂族语言在本民族中的使用仍然那么普遍，有着顽强的生命力。

影响德昂族语言使用的因素有很多。一种语言能够通行，首先在于有用。语言的首要功能在于交流信息，目前德昂族语言仍然是德昂族家庭交流和民族内部交流的主要用语，是在德昂族村寨通行的语言，如果离开了这种语言，有相当一部分德昂族就无法进行有效的交流。语言也是维系民族情感和传承民族文化的有力纽带，德昂族生产生活中的一些特有经验，只有用本民族语言才能恰如其分地表达。因此，尽管现在世界上的语言数量在以惊人的速度消失，但是德昂族语言仍然借助其历史发展的惯性，在德昂族社区交流中发挥着主导作用。

德昂族语言能够保留至今，在很大程度上与德昂族的语言态度有关。语言的使用除了与其功能有关外，还与语言态度有关。语言态度一般包括语言认识、语言情感、语言行为三个方面。在多民族人员聚集的场合，只要有两个德昂族人，他们之间谈话必然用德昂语。使用母语比较习惯，能够准确、顺畅地表达话语含义，拉近人们之间的情感距离。不仅德昂族如此，其他民族也是如此。在某些场合，使用民族语言是维护民族权益的一种方式。

在德昂族村寨，人们把使用本民族语言当作保持其民族特性和民族认同的一种手段。在实际生活中，不论民族识别还是普通百姓的民族身份认同，其主要依据都是语言。许多学者认为，语言是构成民族的最重要条件，如果失掉了本民族语言，民族就有可能不存在了。在本民族内部，有些人也把是否会讲本民族语言作为一种划分群体界限的标准，那些不会讲本民族语言的人往往会被视为不"纯正"的少数民族。如今，一些民族地区的公务员考试，专门设置民族岗位，体现民族优惠政策。但是，要求报民族岗位的考生，不仅应是少数民族，还需会讲本民族语言。那些不会本民族语言的考生，在公务员的民族岗位面前，并没有被视为"真正"的少数民族。

因此，语言的使用，也有某种程度的象征含义。语言专家指出："决定是否使用某种语言文字所依据的不仅是它的实用价值，还有它的象征价值。"

语言使用状况一定程度上体现了民族内聚力，往往越是人口少的民族内聚力越强，否则他们早已淹没在大民族的汪洋大海之中，是无法将文化传统延续至今的。因此，为了保持传统，维护民族生存，人口较少民族往往在使用本民族语言方面有更加强烈的意识。在德昂族村寨，德昂族人似乎有一种自信，只要在德昂族寨子就会讲德昂话，只要见了本民族的人就会讲德昂话。因此，尽管他们之中许多人也会一点汉语，但是他们在家里和邻里之间交谈都用德昂话，以至于绝大多数的小孩子在上学前一句汉话也不会说。这种比较单纯的语言环境不仅保证了德昂族语言能够代代相传，德昂族也没有被其他民族同化，而且也使一些外来人不得不学习德昂族语言，如婚嫁过来的其他民族人员、外来承包土地或工程的农民，都不得不学习一些德昂族日常用语。在全球化浪潮冲击下，一些小语种以惊人的速度消失，但德昂语在历史惯性的支持下，仍然能保持它顽强的生命力。

（五）双语现象

研究德昂族的语言，不可避免地会涉及德昂族的双语问题。双语是个人或群体使用两种语言的现象。德昂族双语现象的广泛存在有利于德昂族的发展和社会进步。

在德昂族聚居区，由于各民族之间交往密切，一个人能熟练地使用两三种语言不足为奇。使用母语人口多的民族，往往兼用语言的能力比较弱，而使用母语人口少的民族，往往兼用语言的能力比较强。德昂族由于本民族内部交往空间有限，为了生存，就需要更多地与其他民族打交道，学习其他民族的语言，因此在他们中间许多人都是精通多种语言的"语言专家"。许多德昂族在运用本民族语言的同时，还能不同程度地掌握汉语、傣语或景颇语。

新中国成立前，傣族是当地居于统治地位的第一大少数民族，因此傣语是当地的通行语言。如在集市贸易中，不论傣族、汉族还是其他的民族，人们之间沟通都使用傣语而不是汉语或其他民族的语言，因此傣语的使用在当地具有优势地位。由于这个缘故，过去德昂族兼通的语言，首先是傣语，其次才是汉语或其他民族的语言。近年来，由于学校教育的发展和广播电视的普及，以及边疆地区与内地的交往越来越密切，汉语越来越普及，傣语在地方上的族际交流共同语的地位逐步让位于汉语，因此目前在多数地方德昂族群众兼通的语言首先是汉语，但在局部地区傣语的传统优势地位仍然保持着。

一些在傣族聚居区生活的德昂族甚至也有转用傣语的，如芒市遮放镇的芒棒村和贺焕村有 152 户 735 名德昂族人，由于他们与傣族共同住在平坝地区，使用的第一语言是傣语，其次是汉语，而德昂语只有部分老年人会讲，排在了第三位。①

第四节　族徽与标志

一　龙阳徽

龙阳徽是德昂族族徽。龙阳徽是根据德昂族的传说和古老茶农的文化，以龙和太阳为主题设计而成的标志性族徽，族徽充分体现了德昂族是龙和太阳的传人，反映了德昂族的农耕文化和传统美德，得到绝大多数德昂族的认同，并作为德昂族标志性徽章被人们广为佩戴。

族徽为盾形图案，以天蓝色为底色，分为两部分，上半部分为一轮升起的红太阳，光芒四射；下半部分为阳光照耀下威严、祥和盘踞的龙，两边为茶树叶和雪白的茶花。

太阳是万物之源，是传说中德昂族人的圣父的化身，它照耀和沐浴着在金色阳光下的德昂族，使德昂族充满光明、力量、希望和生机。龙是德昂族传说中的圣母，是德昂族母亲的化身，表现了德昂族对母亲的敬仰和爱戴，代表着德昂族尊重妇女、尊老爱幼的传统美德。底色天蓝色是德昂族和平的颜色，象征着和平、吉祥，它体现了德昂族期盼和平、安定的愿望。茶树叶和茶花环抱着德昂族人的神圣母亲——龙女，象征着作为古老茶农的德昂族和德昂族的农耕文化、茶叶文化，茶花象征着人们生活在春暖花开的地方，播种有成，代表着德昂族的希望和未来。

---

① 丁菊英：《德昂族的传统文化》，云南大学出版社，2012，第 69~74 页。

二 龙阳塔

龙阳塔（喇定塔）是德昂族的标志和灵魂，它来源于德昂族视太阳为父、龙女为母的传说，世代流传在德昂族人的心中。德昂族自认为是龙的传人。

目前，德昂族的标志塔——喇定塔在全世界共有三座：云南省陇川县章凤镇户弄村一座、昆明市民族文化村一座、缅甸南坎地区布滇镇一座。户弄村的喇定塔树立在被称为"太阳城"的陇川（"陇川"德昂语为"太阳城"之意），被称为"父塔"。布滇的喇定塔树立在缅甸，而缅甸的德昂族人都来自中国，都是龙的传人，因而称之为"母塔"。

喇定塔底座为梯四方形，分四级，四面记载着德昂族的事迹，以及德昂族文字的字母和韵母及结构，顶部为盘龙和太阳，龙的背景为茶叶和茶花，龙代表圣母，太阳代表圣父，茶叶代表古老茶农文化，茶花代表对春暖花开的地方的向往。龙体上部为浅黄色，下部为浅蓝色，代表太阳照耀下的德昂族人希望和平、祥和与美好。每年8月30日为德昂族的盛大节日——喇定节。①

三 德昂族传统龙阳文化传承和保护困境

截至目前，德昂族是一个在日常生活中尚保留着许多古朴风貌并以龙阳文化为精神食粮的民族。尽管其神话、史诗、故事、传说以及歌谣在龙阳文化宝库里可谓琳琅满目、美不胜收，但由于长期没有本民族的文字，德昂族传统龙阳文化只能依赖口耳相传，留下的只能是一代代传承并不断修改、补充或消逝着的群体性创作。加之长期以来处于大分散、小聚居的状态，一个如今约2万多人口的民族竟然分散在十余个县市之中，而且几乎每个县市的德昂族居住村落也是分散的。显然，在我国多元的民族文化中，无论是从总体上还是从局部方面看，这种大分散的局面都使得德昂族文化处于劣势和弱势的地位，甚至模糊了以龙阳崇拜为核心的民族特色。近年来，德昂族龙阳文化的保护虽然受到了一定的重视，但仍存在许多问题。可以说，德昂族传统龙阳文化的传承和保护面临着严峻的困境。

---

① 唐洁：《中国德昂族》，宁夏人民出版社，2012，第194～196页。

首先，民族文学作品搜集、整理工作开展缓慢，许多好的作品及具有象征性的文物、史诗没能得到很好的保护和传承。更遗憾的是，几乎所有的作品都没能用汉文或是别的文字记载、整理，并为外人知晓。在丰富多彩的德昂族民间文学中，创世史诗、叙事长诗、神话传说、民歌、寓言、笑话、民间故事数量不少且形式多样，大部分是靠口头流传下来的，有些是利用傣文或用傣文字母拼写本民族语记载下来的。直到新中国成立后，德昂族的少部分文化才开始流传并得到保护。此外，德昂族语言也没有得到很好的保护，一个民族有多种方言，而且还存在沟通困难。令人欣慰的是，如今德宏、保山、临沧一带，德昂族的许多历史遗迹逐渐被发掘出来，而且，在德昂族聚居区还保留着许多"活态"的龙阳传统文化，如德昂族茶文化、口传文化、服饰文化、规范文化、节庆文化、宗教祭祀文化等，无论在显性文化方面，还是在隐性文化方面，其丰富的内涵和独特的价值均需要深入挖掘、整理并加以保护、传承。

其次，对德昂族影响最深的象征物龙阳塔建筑，保存完整的已是寥寥无几。目前，只有陇川县的一个小镇的村寨还保存着龙阳塔标志建筑，很有代表性，其长约5米，宽约2.5米，高约15米。德昂族协会已经将它列为重点保护文物，并申报了国家级文物保护。据统计，德宏州目前有15个德昂族村民小组、2个德昂族村委会。保存完整的龙阳塔仅有3座。现存的3座龙阳塔所属的支系不仅不同，而且形式也有所区别。

再次，德昂族叮琴、水鼓、水鼓舞（龙阳舞）、龙阳拳等濒临失传。在我国的鼓文化中，德昂族水鼓近十年来才为外界关注。据德昂族的龙阳神话传说，德昂族先民玉孔和岩恒把"龙"和"太阳"传授给他们的武术"龙阳拳"编制成了优美的舞蹈"龙阳舞"传给后辈，这种舞蹈动作极其优美自然、抑扬顿挫，后人又从"龙阳拳"中抽取几个动作编制成了多人拳法"水鼓拳"。早在公元前6世纪初，水鼓舞就在德昂族民间流传着。随着德昂族人数的增加，水鼓舞在当时流传较为广泛，基本上每家每户的户主都必会这种舞蹈，因为这种舞蹈表现的是本民族的勇敢、勤奋、善良。现在，每逢喜庆的日子，德昂山寨便发出雄浑、深沉的水鼓声。鼓声召唤太阳、邀明月和星星与人共舞；鼓声延续着千百年的民族力量，传诵着各个时代的心声；鼓声穿越时空隧道，让人回溯历史的长河。人们都会在自己用木头刻制的龙和太阳下尽情跳起龙阳舞和水鼓舞,以表达自己对龙和太阳的怀念。

最后,在社会变革和外来文化的冲击下,德昂族传统龙阳文化的发展空间越来越小。其龙阳传统文化目前还只能在民族乡内成为自己的主体文化。与同样属于云南人口较少民族的独龙族、基诺族相比,由于大分散、小聚居和杂居的状态,德昂族传统文化在我国民族传统文化中处于劣势和弱势的地位。在中国德昂族的最大聚居点——三台山德昂族乡,全乡德昂族人口占了58%左右,在乡中算是第一大民族,但是文化的格局是很难用行政的格局来套用和划分的。与三台山地缘相连的其他乡镇很少有德昂族村寨,而本来在三台山人口较少的汉族、景颇族和傣族,如果与周围连片来看,人口则比德昂族多得多,特别是附近的市场集镇,如遮放、芒市等都很少有德昂人居住。因此,三台山的德昂族传统文化实际上是处于被辐射、被包围的状态,在多种强势文化的影响下,要传承、保持本民族龙阳文化并非易事。随着社会经济的发展和社会交往的不断扩大,文化之间的碰撞和交融也出现了前所未有的激烈态势。当今,一种民族的传统文化要在一个小范围内固守已经越来越困难,而像德昂族文化这样处于弱势的民族文化形态,变迁是必然的趋势。问题是如何主动变迁,在跨入现代化的同时保存自身有价值、有特色的东西。[1]

---

① 李旭:《德昂族传统龙阳文化的传承与保护》,《玉溪师范学院学报》2014 年第 5 期。

第二章
宗教信仰

第一节　原始宗教

古代德昂族先民宗教信仰的产生与发展，目前因缺乏资料，尚难系统说明，但从明景泰《云南图经志书》记载看，古代的濮（蒲）人"不信佛教，惟信巫鬼"。明初，李思聪、钱古训出使"百夷"，曾到麓川国首府（今德宏州瑞丽市境），著有《百夷传》，所记"百夷风俗"也是"不祀先，不奉佛，亦无僧道"，"病甚，命巫祭鬼路侧"。其他关于"古剌""哈剌""蒲蛮"等族的记载均未提及佛教问题。调查资料也说明，德昂族在信奉南传上座部佛教之前，崇拜原始宗教，他们认为人的生老病死、吉凶祸福都是鬼神作祟，人们为了避凶求吉，必须对鬼神进行祭祀和向它们做祈祷。资料说明德昂族直到明代初期仍是信仰本民族固有的原始宗教。

德昂族原始宗教的原貌我们难于详知，但从调查资料和残存在德昂族群众间的一些鬼神祭祀中还可看到一二。

一　驱鬼辟邪

德昂人为了防止一种叫"格南木巴流"的鬼进入村寨，在村落出入路口都设有"关艾"（即鬼门）。这是一种建立于村口的寨门，在路两侧各立一柱，间隔约四米，上架横梁，柱顶各插一把木刀（或挂在横梁与柱接头处）和两个小纸幡旗，以借助其力量抵御外鬼进入危害人畜。对于已进入村寨或人家的鬼要将它驱逐出去，这种活动一般是在"关门节"和"开门节"之前,或数年一次大的拜佛活动——"做供"结束时举行。

事前,由寨中长老、头人推举两个未婚男青年,做供期间让他们吃住在佛寺里。到驱鬼之日,让他们头戴竹篾帽,用棕叶丝充当长发,以龙竹笋壳做假面具,上面嵌两个蛋壳做眼睛,用纸剪成嘴、鼻贴上,再用墨绘横纹;身披蓑衣,胸前挂两个响铃,穿宽腿半短裤,小腿用墨绘粗黑条纹至脚趾;手持钢叉或长矛,装扮成一副十分凶恶的鬼模样。

待太阳偏西之际,这两个扮鬼的青年冲出佛寺,后面跟上几个挂沙袋的驱鬼青年,边跳边大声呼喊:"杀!打死恶鬼!……"每到一户人家的竹楼前,恶鬼便用叉或矛在房屋上戳几下,户主将门打开,驱鬼者上楼进屋,在主人家的物件上拍打几下或用脚踢几下,撒几把沙子,表示已将隐藏在家中的鬼驱出。挨家挨户驱鬼之后,冲出寨外。等待在这里的长老将事先备好的 7 堆干草点燃,各户牵牛跨过火堆,表示驱邪。接着由佛爷念驱鬼经,然后封门。人们认为这样做了,恶鬼即被阻隔于寨外,全村可保平安。

长老和扮演恶鬼的青年返回佛寺,在寺前向佛爷跪拜。佛爷说:"恶鬼已驱出寨门,你们转世后会变得聪明,长得精干,不能再像这个恶魔样。"扮鬼者起立,换装即可回家。①

二 祭寨神

祭寨神,一般是选择村寨中或是附近的一株大树,在每年春节这一天祭祀。全村男女老幼停止生产,不出远门,有的地区在祭祀前大人小孩必须沐浴。澜沧县芒那德昂寨在祭祀前,各户要制作一根称为"买法空"的木矛。一般选用碗口粗的一株小树,剥去皮,尖端削成矛头状。祭祀时各户将准备祭献用的糯米饼摆到神树前,由村寨长老祈祷,然后各户将去年的旧矛取出,换上新的,仍然围着神树干斜立着,并用绳捆住,防止倒掉。这是团结一致、保护寨神、保卫村寨不受侵犯的象征。在祭祀过程中,青年们敲铓锣、击象脚鼓,使祭祀增添隆重欢乐的气氛。仪式结束,"安长"(长老)把各家献出的糯米饼分给参加祭祀的人享用。祭祀后还要派一些人守寨门,防止外村或外民族的人在当天闯入寨子。他们认为,在祭祀这天有外人闯入,会给

---

① 云南省民族事务委员会:《德昂族文化大观》,云南民族出版社,1999,第 43~44 页。

村子带来不幸，因此对违反他们这一规定的人要给予处罚。[①]

三　祭谷娘

大米是德昂族的主要食粮。因此，他们对如何得到充足的大米是十分关心的。但由于德昂族的粮食生产受自然条件的影响较大，基本上是靠天吃饭，若遇风调雨顺就丰收，遇有灾害就减产，德昂族难与天时抗衡，便把希望获得丰收稻谷的愿望寄托在一个女性保护神——谷娘身上。

在每年农业生产节令到来之时，都要举行与谷娘有关的祭祀活动。在德昂族中流传着一个关于谷娘的美好传说。传说大佛哥达玛（释迦牟尼）有一次与谷娘发生争执，哥达玛认为他能帮助人们摆脱痛苦之路，权力最大；而谷娘认为她能主宰谷物，给人类以衣食，权力也不小。双方相持不下，谷娘一气之下飞走了。此时，正好德昂族要做"大供"（大规模斋僧礼佛活动），由于谷娘飞走，没有谷物，人们饥饿难忍，无法举行拜佛活动。大佛哥达玛着急了，感到没有谷娘的确不行，于是亲自去天边寻找，找到之后向她合掌跪拜，承认错误说："事实证明还是你的权力大，离开你人们便没有饭吃，请你回到人间给人们粮食吧。"谷娘见大佛哥达玛诚心认错，为了人们的生存，谷娘不记前怨，飞回了人间，从此人们才又有了谷物，才可以"做供"拜佛。

德昂族的这个传说，用人没有饭吃就无法做其他事也无法拜佛的简明道理，论证了粮食在人类生活中比拜佛更重要的事实。[②]

四　祭寨门

无论是过去还是现在，在德昂族村寨外的道口上，都能看见用木柱架设着两道寨门，寨门的横梁上插着一对或是两对木刀，寓意防止恶鬼闯入村寨祸害人畜。如果发现寨内瘟疫流行，人们便认为是恶鬼在作祟，遂请佛爷在寨门诵经，将恶鬼驱出寨外，祈祷全寨人吉祥平安、牲畜兴旺。

---

① 《德昂族简史》编写组、《德昂族简史》修订本编写组：《德昂族简史》（修订本），民族出版社，2008，第126~127页。
② 云南省民族事务委员会：《德昂族文化大观》，云南民族出版社，1999，第45~46页。

五 祭房神

德昂族在新竹楼建成后，必须举行祭房神的宗教仪式。

新楼建成当晚，年长的家长先进入新楼，将新火塘点燃，煮好茶水。其他家庭成员则身背铁锅、水桶等各种炊具和衣物用品，站在楼下，故意大声问道："这是谁家？"老人回答："是我们家。"成员又问："给我们住吗？"老人答："不行，怕你们带来疾病。"成员回答："我们个个身体都好，没病，不疼不痒！"老人方同意他们进入新楼。所有家庭成员鱼贯登上竹楼，进入室内，煮晚饭吃，饭后仍离开新竹楼。临走前，由老人祈祷房神保佑全家平安。次日，全家才能将财产和用具搬入新竹楼，晚上，全村亲友邻居前来载歌载舞庆贺。①

德昂族除这些的祭祀活动外，有些地方还祭鬼树、祭龙、祭天、祭蛇神、祭山神等。过去，德昂族的生产力比较低下，科技不太发达，对自然界的奇异现象难以解释，更难与大自然抗衡。因此，希望通过祭祀的形式来获得鬼神的庇护。直至今日他们的祭祀活动仍带有本民族早期鬼神崇拜的特征，而且保留着比较完整的内容与民族形式。②

第二节 南传上座部佛教

一 南传上座部佛教的传入与教派

（一）传入

南传上座部佛教是植入德昂族最深、最广的信仰。德昂族信仰的佛教，属佛教南传派系的上座部。自元代中期以来，南传上座部佛教开始在德昂先民中传播。当时德宏地区傣族势力强盛，以麓川思氏为代表的傣族统治阶层陆续征服四邻地区，并逐渐把盈江、潞西地区的德昂族和其他民族置于自己的统治之下。德昂族被征服后，不堪傣族土司的苛税和剥削，被迫

---

① 《德昂族简史》编写组、《德昂族简史》修订本编写组：《德昂族简史》（修订本），民族出版社，2008，第128～129页。

② 云南省民族事务委员会：《德昂族文化大观》，云南民族出版社，1999，第46页。

迁徙到边远的山区和半山区居住，还不断进行武力反抗。傣族土司为"教化"德昂族民众，遂从缅甸木邦请僧侣到德昂族人住地建佛寺，宣传佛教教义和教规，同时还培养德昂族本民族的僧侣。他们在民众中不断宣扬：信奉佛教，会给人们带来幸福，善者可以升天堂，恶者将会下地狱。由于当时德昂族先民在政治、军事斗争中屡遭挫折，人民处于苦难之中，亟须精神上的慰藉和解脱，而流传于缅甸以及傣族民间的南传上座部佛教正好在一定程度上可以满足他们的愿望和需求。于是，南传上座部佛教便在德昂族中迅速传播开来。①

（二）派别

上座部视释迦牟尼为唯一教主，在该教派佛寺内，无论见到多少尊佛像，都是一个模式。这个教派追求个人自我解脱，把"灭身灭智"、修得阿罗汉果作为最高目标。阿罗汉果的三个理想境界是：①除尽一切烦恼；②受天人供养；③永远进入涅槃，不再转世受生死轮回之苦。在义理上否定自我的实在性，重视37道品的宗教道德修养（37道品，意为达到佛教觉悟、趋向涅槃的途径，共分7种37项）。

传说佛教有五个始祖，原为五兄弟，他们每隔5000年轮流主持佛教。德昂族和傣族都信奉这五佛，现在主持佛教的是哥达玛佛，即释迦牟尼佛。云南上座部佛教，共分为"润""摆庄""多列""左抵"四个教派。这四派，德昂族都有信仰。

"润"派：自称"绕进"的德昂族信仰派别。信众主要居住在德宏州畹町镇的芒棒，他们可以饲养猪、鸡，可以杀生。

"摆庄"派：又称"摆芒""格曼"，与"润"派有密切的关系。自称"绕可""绕祜"的德昂族信仰派别。此派中居于德宏州及保山地区的傣族、阿昌族信徒较多，潞西县的茶叶箐、早外的德昂族信仰此派。据德宏州的伍古腊长老介绍，"摆庄"派佛教在距今一千七百多年以前从缅甸木邦传入，是传入德宏地区较早的教派之一，其经典、戒律和诵经方式都与"润"派相同，此派可以饲养猪、鸡，可以杀生。

"多列"派：自称"饶卖""冷""布列""布雷""梁""汝买""若买"

---

① 唐洁：《中国德昂族》，宁夏人民出版社，2012，第177～178页

"罗梅"等的德昂族信仰派别。在德昂族的支系中，信仰"多列"派的占绝大多数。凡德昂族聚居的地区皆有信之者。此派禁杀生，不饲养猪、鸡，只许养一只报晓公鸡。在其周边的傣族、阿昌族中，信仰此教派的人很少。

"左抵"派："左抵"一词在缅语中是"诚心"的意思，相传此派是从"多列"派派生出来的。传说"左抵"派创始人窄拉是缅甸芒海人，在缅甸曼德勒某寺出家为僧，于三百多年前创立此派。九十多年前，先后传入瑞丽、芒市、镇康、耿马的少数德昂族村寨。现居住在镇康的南伞、军弄，自称为"纳昂""绕进"的德昂族各支系都信奉此教派。"左抵"派戒律极严，禁饲养牲畜家禽、禁杀生、禁烟、禁酒等。此派主要特点是缅式佛教文化色彩较浓，除用傣文写的巴利语经典外，还有用傣文写的缅语经典。

近三四十年来，云南南传上座部佛教的各教派观念已逐渐淡薄，德昂族也不例外，不少寺院的僧侣已有很大变化，各派之间相互观摩学习、取长补短，如邦外佛寺派出僧徒前往芒市的傣族庄相佛寺学习经典；出冬瓜佛寺请缅甸的班包歹佛爷前来传经；镇康德昂大寨佛寺请缅甸观宝寨佛爷授经典；等等。派别观念将渐渐成为历史陈迹，南传上座部佛教有逐步走上统一的趋势。[①]

二 教规与僧侣

(一) 教规

德昂族各个教派的教规，称"信便"。凡是僧侣都必须严格遵守，不得违犯。若是虔诚信徒，不分男女，年满 40 岁以上、有子女承担家务和劳动生产者，在学会必需的经文和礼仪后，即可受五戒、八戒，成为"敖兴"，汉语称为"居士"。凡在宗教各庆典之日，"敖兴"必身着白衣，头缠白头包（服饰与傣族"敖兴"相同），并于每月初一、十五、二十三日按时拜佛。从"关门节"到"开门节"的三个月内，每七天有一戒日，须到佛寺住宿一日两夜，由家属送饭。白天主要是礼佛诵经或聆听僧侣诵佛经故事，中午、晚上和午夜三次坐禅。

至于一般信徒，也要在各个节日庆典中和祭祀中，听取僧侣的教义和教

---

① 俞茹：《德昂族文化史》，云南民族出版社，1999，第 75~76 页

戒宣传，服从教规。德昂族信众需要遵守的教戒主要是"五戒"和"八戒"。其中"八戒"是：一戒，不偷窃；二戒，不欺骗；三戒，不污辱妇女；四戒，不伤害人命；五戒，不喝酒；六戒，不杀牲；七戒，不打骂人；八戒，不抽鸦片。教戒的内容在各教派中除有少许差别外，大致是相同的。[①]

（二）僧侣

由于地区和派别不同，僧侣的职称和僧阶也有差别。

属"润"派的，分为八级。一级：帕（沙弥）；二级：都（比丘）；三级：祜巴（都统长老）；四级：沙密（沙门统长老）；五级：僧伽罗阁（僧主长老）；六级：帕召祜（佛师、阐教长老）；七级：松迪（僧正长老）；八级：松迪阿伽摩尼（大僧正长老）。

"帕"是傣族对僧侣的一种泛称，年幼出家的儿童，被称为"帕诺"，汉语称为"小和尚"，与大乘佛教的小沙弥或行童相当。对年龄较大一些的年轻出家人（受比丘戒前），只能称"帕"或尊称为"召帕"，或者正式称"沙门"（即沙弥）。"润"派的八级僧职，主要分布于西双版纳、思茅和临沧地区的傣族、布朗族和德昂族中。

在德宏州和保山地区的"多列"教派只分四级。一级：召尚（沙弥，俗称小和尚）；二级：召门（比丘，俗称二和尚）；三级：崩基（长老，俗称佛爷）；四级：希拉多（大长老，即大佛爷）。

"摆庄"派僧侣亦有四级：戛必、尚王、召门、基召，与"多列"派相同。

德昂族的僧侣与傣、阿昌、布朗等族一样都有严格的晋升制度。男性儿童一般到 10 岁左右进入寺院，学经到 40 岁升入大佛爷的各个等级，要经过严格的考核和批准，才能晋升。

寺院在吸收学童时，必须根据家庭经济和劳动力状况以及本人和父母的意愿而定，然后向佛爷、佛寺管理委员会、"达格"头人和老人提出申请。征得同意后，始能进入寺院当"学童"，俗称"见习小和尚"，傣语为"柯勇"或"戛比"。

---

① 《德昂族简史》编写组、《德昂族简史》修订本编写组：《德昂族简史》（修订本），民族出版社，2008，第 131 页。

寺院在接收"学童"的当天,由父亲和家族老人带领孩子,手拿鲜花、纸幡旗等供品前往寺院,先参拜佛像,然后向佛爷跪拜。拜毕,父亲便请佛爷收子为"柯勇"(学童),教孩子学习经文,遵守戒律。"柯勇"仍穿僧衣,白天返家,晚上和早晨在寺院学经,不算出家人。学满半年至两年后,已掌握一些佛教知识和经文,合格者才可以集体或个别地举行剃度仪式受沙弥戒。经过僧侣、佛寺管理委员会、"达格"头人、老人共同组成的评审委员会评审合格,才能正式转为"召尚"(沙弥,或称小和尚);若经考核后,未能达到"召尚"条件或因家庭经济贫困而本人又不愿意出家为僧的,可以还俗离寺。

"柯勇"(学童)经过考核合格又愿为僧者,要举行剃度和披黄单(袈裟)的仪式。在剃度之日,先给"柯勇"(学童)头戴龙冠,身着新衣,由父亲和族中老人携带赕品、袈裟、鲜花、纸幡旗前往寺院,听取"柯勇"背诵经典,评审委员会认为合格,才同意"柯勇"参拜神位和佛爷;由佛爷提出种种质疑,得到满意答复后,佛爷便正式宣布其晋升为"召尚",并为他剃度和披黄单。

"剃度"实际是一种象征性动作,因在评审"柯勇"之前,父亲便把孩子的头剃光。佛爷每做一次剃头动作,要念一条教戒,"柯勇"须点头答复曰"额依"("我要遵守")。待佛爷念完"五戒"或"八戒"教规时,父亲便将父老所赠的黄单双手捧给佛爷,由佛爷亲手给"柯勇"披上。"柯勇"当即登上佛坛,便可与其他"召尚""召门"并排坐禅,共诵佛经,正式取得"召尚"僧职。

"召尚"接近成年期、到达20岁时,大多数不愿升为"召门"(比丘,俗称二和尚或二佛爷),经过一定仪式后,可以还俗离寺,回家参加生产劳动。少数人则留在寺院里继续深造。

能留寺继续深造者,也要经评审委员会评议,评委们认为其能熟诵一些经典并对佛经有造诣者,才能晋升为"召门",即二佛爷。经过比丘戒后,方正式承认其为"召门"的僧阶,他即可宣讲教义,并可以进入"水鬼楼"(寺院内一门小佛房),于每月初八、十五、二十三、三十日这四天诵读经典。

"召门"在40岁以前,根据家境状况和本人意愿,经过一定手续,可以随时还俗。

若愿意在寺里继续深造，召门可提请寺院评委会进行考核，同时聘请几位其他寺院具有深厚佛学造诣的"希拉多"（大佛爷）主持。评审议式很隆重，评审合格后，正式授以"崩基"（即长老，俗称佛爷）僧职，其方有资格主持佛寺活动，并担任寺院住持。

如果"崩基"（佛爷）年满40岁，并愿终身为僧侣，就请该地区有威望、佛学造诣深的"希拉多"参加僧职晋升评委会，进行严格审议。评审仪式异常隆重。评审前，要在佛坛前搭三级木梯，晋升的"崩基"每登一级要念一次经。登上佛坛后，盘腿坐蒲团，由各"希拉多"提问佛经教义。晋升者回答得圆满，并愿终身崇奉释迦牟尼佛，才能取得"希拉多"的最高僧职。

"希拉多"，在德昂族的寺院中还很少见。三台山乡的邦外寺院，在百多年中，也仅晋升了三人。

取得"希拉多"最高僧职后，若其圆寂（逝世），必须盛葬，并建盖"广母"（塔）表彰其德。①

三　寺院建筑、典籍及法器

（一）寺院建筑

寺院是根据村寨的大小、人口的多寡来建造的。凡属古老的村寨，佛寺建筑规模都很大，并有形成中心佛寺的趋势。邦外寺院建筑宽敞宏伟，主持寺院的僧侣亦较他寨僧侣水平高。凡较大的佛事祭典活动，不仅附近所有德昂村寨的信徒都会前来朝拜，坝区傣族村寨的信徒亦来参拜。中心佛寺主持有对所属各寺比丘考核、批准、晋升之权力。村寨较小的基层佛寺，寺院建筑简陋，多数无僧侣，只有识傣文经典的"安长"管理。管理者除祭日礼佛诵经外，主要为信徒讲授佛学和进行文化教育、抄写佛经等。若遇较大的佛教庆典，信众便集体前往中心佛寺参拜。

寺院一般由大殿、僧舍、厢房、小奘房、幡杆几部分组成。"广母"（塔）建于距寺外较远的丛林山坡中，大殿是佛堂，也是举办庆典之所，神坛上挂满帷幔、各种幡旗、纸花。殿内佛像背后和列柱间挂着佛教传布和

---

① 俞茹：《德昂族文化史》，云南民族出版社，1999，第78~81页。

本生故事的绘画，有的寺院还在神坛须弥座两旁摆放刀斧、神仙头像以及鱼、猫头等王子仪仗作为装饰品。神坛前置放蒲团，横梁挂着 1~2 个鱼磬。整个寺院为木结构的低楼房，楼盖瓦顶。两厢以竹为屋架，铺茅草，作为外寨信众前来参加佛教节庆时的住宿地。寺院外广场处，建盖一座小佛房，作为泼水节时沐佛的场所。广场竖着两根高大的竹幡竿，竿顶挂着一条白布长幡旗和七星斗。

（二）典籍

德昂族的佛教典籍很多，多用傣文书写，这里主要介绍几部经典及其哲学思想内容。《那么达萨经》讲，人都具有两种思想：好思想和坏思想。要往好思想走还是往坏思想走由人选择。若有好思想，终有一日得到好报，人能走到光明的地方；若有坏思想，人将得到恶报，人被领到黑暗的地方。这本经典是教育人们，选择好路还是坏路的结果会不同。《西苏袜巴铁亚哇经》《达那西那（舍功德）经》《那皮它玛经》《它玛刹格里经》《皮它那尾经》《皮它玛卡都卡他经》等几部经书主要教育人们要有好的道德素养。《沙门达经》《上共达拉经》《他麻经》是专讲人们的好品德。《卡那袜陀经》《波卡腊西尼牙经》是讲人不应有私心、占人家便宜、见人家的东西都想要。《哈皇达布拉玛经》是叙述天神西佳的功绩，他的名字如月光照亮大地。《帕得卡敢帕经》是讲述德昂族的历史。此外，还有《维勒经》《阿皮他麻经》等 7 本，相传都由天神敖洪西佳口头传授，由 6 人记录整理，并由昆桑验收，这些典籍便一代代地传下来。这些典籍对研究南传上座部佛教有一定价值。

在佛教僧侣和信众的道德观念中，谁能把这几部经典念给他人听，谁会得到好名声。人要懂道理，还是念经好。如你批评别人，不讲出道理，你也不好。最好是教育人从善，不能为恶。即使你有很多财富、粮食和牲畜，如果没有好思想你也不好，穷人也要懂得好思想。这些就是南传上座部佛教典籍的核心思想。①

（三）法器

法器只有鱼磬、铃铛和木鱼几种。

---

① 赵纯善、杨毓骧：《德昂族概览》，云南大学出版社，2006，第 71~73 页。

鱼磬。通常挂于大殿神坛前，主要作为佛堂的装饰品。磬有三种形状——扁磬（结格他）、圆磬（结格郎）、钩磬（结高）。这三种鱼磬用绳索吊于横架上，佛爷准备诵经时敲击，起着集合信徒听佛爷讲经的作用。

铃铛。使用时有一定限制，必须是在佛爷去为死者超度亡灵时，由死者家属请一懂佛经者接送佛爷途中用，有为佛爷引路的意思。

木鱼。德昂寺院的木鱼较小，多为铜质或木质，是供在佛坛上的礼器。

此外，在庆典中还使用一些打击乐器：象脚鼓（格郎）、铓锣（格卜桑）、钹（欠）。上述打击乐器，只能在泼水节、进洼、出洼、做摆、烧白柴等节庆时，青年男女集中在寺院广场舞蹈的过程中使用，禁用于串姑娘、婚礼和葬礼这些场合。[①]

四　寺院管理机构

德昂族寺院有比较完整的组织机构，称为"奘房管理委员会"，具体管理一切佛教活动事宜。委员会的委员，大的寺院有 3~4 名，小的奘房有 1~2 名，由村中信徒、头人、家族长会议选举产生。委员必须是村寨中众望所归、懂得傣文佛经、热心佛教事业的长者。管委会设"布占"1 人总负责。"布占"由精通佛教经典并已还俗的佛爷担任，下设保管 1 人，负责保管信徒赕给奘房的货币、旗幡和食物等；行政 1 人，负责寺院的基建、维修，组织各种庆典活动；财会 1 人，负责寺院的土地、财产和经济开支。管委会每天轮流派 40 岁以上的男人来打理寺院的佛堂，关照僧侣的食宿、煮茶水、接待信徒和宾客、安排信徒供膳等。管委会还对佛爷、和尚的晋升、还俗进行评议、决定。如果村寨人口少、寺庙规模小或无僧侣，亦可不设管委会，可以从懂得经典的信徒中选出"安长"1~2 人，负责各项事宜。[②]

第三节　哲学思想

德昂族作为一个古老的民族，有着深厚的历史文化、宗教文化、农耕文

---

① 赵纯善、杨毓骧：《德昂族概览》，云南大学出版社，2006，第 82~83 页。
② 赵纯善、杨毓骧：《德昂族概览》，云南大学出版社，2006，第 75~76 页。

化积淀。德昂族是朴素有神论者，相信善有善报，恶有恶报，相信人有三生，今生行善修来世；崇拜自然，把自然界的许多现象人格化，把自然物视为具有强大生命力的对象加以崇拜，人与自然的关系被转化为人与神的关系。

德昂族民族思想特征主要表现在以下几方面。

一　原始朴素的万物有灵观念根深蒂固

自然界的日、月、星、地、山、河、水、火、石、木等都是德昂族崇拜的对象。

德昂族民间流传大量的民谚和俗语，对树木与水源的紧密关系认识得比较清楚，如"砍了大青树，断了水源"，"有了大青树，就有了村寨和人家"等，普遍崇奉大青树等树木。因此，每个德昂村寨从建寨时起，必栽一批大青树，并砌石筑成台基，将树苗种在台基上。德昂族群众普遍认为，大青树绝对不能砍，即使是被风刮倒、被雷击中的大青树也绝对不能拿回家用，否则会遭雷击。每个德昂族村寨都有自己的神林神树，并有严格的关于树木的禁忌，对村寨共有的风水林、水源林、邪树林等，任何人都严禁砍伐毁损。同时德昂族也因普遍崇水而严格保护水源和水利设施，对水源林更是进行严格保护。历史上，芒市土司曾于1928年专门刻石立碑，明令保护森林和水源。几乎每个德昂村寨历来都有保护山林、水源的成文或不成文的禁约和戒律，改革开放以来进一步规范化为"村规民约"，明确规定了严格的保护措施和奖惩条款。

对水的崇拜是德昂族宗教信仰的基本内容之一。水对人的身体健康至关重要。水可以驱邪治病，有洁身健体的力量。一年一度的泼水节，祈求风调雨顺、五谷丰登、村寨吉祥、人畜平安、消灾免疾，在庄严、肃穆而又欢乐、轻松的气氛中蕴含着对水的崇拜与敬畏，所以龙在传说中被说成德昂族人的母亲。与水一样，火既给人们送来光明、温暖、熟食等好处，也给人们造成许多灾难。刀耕火种的山地民族德昂族对火的依赖与敬畏崇拜更是虔诚有加，所以太阳神在传说中被说成德昂族的父亲。

与山神崇拜相关联的是神林、神树崇拜，几乎每个村寨都有自己的神林地，环绕村庄的树林是神与鬼栖息之地，村寨中央或村前寨尾都有神树大青树，德昂族时时向神树祈祷，感谢其对村寨和人畜的保佑。自然崇拜是以神的名义，通过宗教的形式，调整德昂族与自然的关系。崇拜自然，就会保护自然，也就是保护德昂族人本身。德昂族尊老爱幼、积极向上，与自然和谐，尊重一草一木的生命。人们认为，没有对大自然的保护，就失去生活生产的条件，要受到神的惩罚。透过神秘的宗教色彩，不难看出德昂族对自然和生命的积极看法。

二　善恶有报、因果相通的佛教意识

德昂族全民信仰南传上座部佛教，崇佛极为虔诚，而且佛教的宗教意识对德昂族的影响也是根深蒂固的。在他们的观念中，人死后其灵魂还存在，并根据死者生前的善恶功过来判定灵魂的去向：善者升入天堂；恶者留在人间变为鬼魂，甚至被打入地狱受惩罚。德昂语把天堂称为"勐亮"，人间称为"勐陆依"，地狱称为"勐戛林"。德昂族还认为阳世与阴间以仙河为界。天堂居住着天神"困土戛"，为男性，随时俯视人间的善恶，主宰着人们的命运，还有"困散罗"，为"困土戛"的副手；司命为"赵独罗尼巴"，为男性，掌管人类的繁衍；司报称"楠叔特利"，是老妇人，在冥冥中监视人间善良歹恶以上报天庭。地狱由老妇人"禁牙拉"掌管，并有八口锅，锅内盛满沸腾的铁水，它们是用以炼人和惩罚有罪灵魂的。据说，原来人们的脸形都是一样的，有人犯了淫乱之后，人与人就很难辨认，故而天神"困土戛"特命设八口锅于地狱以炼人，使人脸互不相同，容易辨别谁在犯罪。而且经八口锅依次蒸煮，给有罪之灵魂应有的惩罚，直至其获得超生。

德昂族认为，世上的鸟、虫、鱼、兽等动物和人一样，都是有生命的，而弄死任何一条生命都是在犯罪。所以根据教规，严禁杀生，见杀不吃，闻声不吃，就是有野兽在糟蹋庄稼也不准杀死，部分人也不养猪鸡，每户只有一只公鸡报晓。另外还戒酒，禁抢劫，禁偷盗，不准乱说乱动，等等。[1]

第四节　宗教信仰与社会生活

明代中后期，南传上座部佛教在德昂人中传播后，使他们的观念和社

---

[1]　唐洁：《中国德昂族》，宁夏人民出版社，2012，第187~188页。

会生活发生了重大变化。

首先，南传上座部佛教在教义、哲理、经文方面是德昂人固有的原始宗教不能比拟的，它很快代替了德昂人的原始宗教，成为德昂族全民信仰的宗教。它告诫人要乐善好施，做好人，行善事，忍受苦难，死后灵魂可以升天，来世会幸福，如在活着时做坏事、作恶多端，死后要进地狱。这种观念被德昂族接受，并体现在他们的言行中。德昂族诚心诚意地拜佛，尽可能把自己的宝贵财物献给寺院和佛爷，这是由于他们认为拜佛捐功德，可为自己求得灵魂升天、来世幸福。人们还认为，如果一个人一生不信佛、不供佛，一则祖先死后不能超度亡魂，因为，佛爷们是只为信徒超度而不为非教徒超度的，这样不免愧对祖先；二则在社会上也受歧视，愧对子孙。因此，德昂族不论家境如何贫困，每有宗教活动时都要筹措点钱或提供点供品去供佛。

过去，德昂族人多早婚，年纪在四五十岁时，他们的子女已是二三十岁，可以成家立业了。老一辈多把家务交给子女去管，这样就有时间和精力到佛寺活动。佛爷讲经期间他们可以去听，外村寨举行宗教庆典，他们可以去祝贺。随着年龄的增长，接受佛教熏陶时间延长，受影响加深，拜佛也特别热心虔诚。

其次，许多社会生活都宗教化了。德昂族的节日都带有南传上座部佛教色彩，过新年举行泼水节，这是为了给释迦牟尼佛洗尘。过去，德昂族只有少数村寨信仰"润"和"摆庄"教派，这两派允许青年杀生，家中可以养猪、鸡；多数都信奉"多列""左抵"教派，这两派认为伤害任何一条生命都是罪过，慈悲观念深深影响着他们的思想。因而佛爷和老人们，当蚊虫叮咬他们时只是吹口气把它驱走，遇到野兽践踏庄稼，也只是把它撵走。为了不杀生，信徒家中也不允许饲养主要供人们食用的猪、鸡、鹅、鸭，这对德昂族发展家庭副业是很大的制约，使人们生活更加贫困。信徒和佛爷们虽然禁杀生，但猪、鸡、鱼、牛的肉都吃。他们的观念是，这些虽是有生命之物，但它们的生命已被其他人伤害了，自己虽然食它们的肉，却不负残害生命的罪过。当某村社要举行"做供"（大的拜佛活动）时，他们也要用一些猪、牛肉招待客人，其办法是到市场上购买；如要宰杀信徒家的牲畜，也是请其他民族的人来屠宰的。

　　在德昂族的园地里，人们常会看到一两株果树，几蓬香蕉、甘蔗，果子虽然成熟却不摘下出售，也不让孩子们吃，而是由老年信徒保存起来，准备他们去拜佛时供给佛爷享用。

　　到了傣历的九月十五日便是"关门节"，从这天起，和尚们不能离开佛寺，只能在寺内读经、静居修炼，老人们要定期到佛寺拜佛。而德昂族青年从关门节开始就不谈恋爱和结婚，如果违背规定，会被视为猪狗不如的人。只有过了"开门节"（僧侣静居结束）、和尚可以离开佛寺之时，男女青年方可开始恋爱和结婚。

　　新中国成立以来，德昂族在各级党和政府的领导和帮助下，生产生活发生了巨大变化，这些都是靠党和政府的政策、人民的辛勤劳动取得的，勤劳致富的观念已普遍被公认，佛教戒律中那些束缚生产的部分已逐渐被改掉，对佛的态度不如过去虔诚了，有些宗教节日更多是作为民族节日而保留下来，有的虽然保留旧的形式，但已被赋予了新的内容。目前，除老年人对拜佛还比较热心外，多数青年平时也参加些宗教活动，但主要是为拜佛活动提供一些劳动，或者组织起来跳象脚鼓舞等，增加节日气氛。现今德昂族儿童都到政府办的学校学习文化科学知识，婚姻、恋爱也摆脱宗教的限制。①

---

　　①　云南省民族事务委员会：《德昂族文化大观》，云南民族出版社，1999，第51～53页。

第三章
风俗习惯

第一节　传统节日

德昂族系全民信奉南传上座部佛教的民族，德昂族和其他信仰南传上座部佛教的各少数民族的佛教节庆并无多大区别，只是在具体细节上有少许差异。其主要的节庆多与佛教节日有关，其中最主要的传统节庆为每年农历清明后第七天的浇花节（即浴佛节、泼水节），另外还有关门节、开门节、堆沙节、卡景节、新米节和烧白柴、做摆等。

一　春节

春节在农历正月初一（傣历四月）。德昂族的春节源自汉族的影响，但过春节的内容却按佛教形式进行。德昂族过春节，和傣族一样要舂糯米粑粑，并携带纸幡旗、鲜花、食物等赕品前往寺院参拜佛像，听佛爷诵经，祈求来年五谷丰登、人畜兴旺。旧时，德昂族过春节不放炮仗，晚上放自制的孔明灯，意在纪念、祭祀诸葛亮或先祖。现在过春节的习惯受现代文化冲击较大，虽保留放孔明灯的传统，但多数人只知道好玩、热闹，已没有了祭祀先祖之意。①

---

① 《当代云南德昂族简史》编辑委员会：《当代云南德昂族简史》，云南人民出版社，2012，第134～135页。

二　点油灯

点油灯在农历正月十五（傣历四月）。德昂族中信奉"润"派的信徒于傣历四月十五日，用全村寨每户捐来的钱买来香油点"千油灯"。点灯之前，由寨中老人用木棍搭成四方形木架，木架中央插一根木杆，顶钉一块小平板以置油碗。到这天，全寨信徒携带赎品参拜佛像，听佛爷诵经，祈祷全村寨人人安康、牲畜平安。当晚，"千油灯"点燃，直到灯油烧尽人们方散。信仰其他派的德昂族不举行这一活动。[1]

三　烧白柴

烧白柴又称"哔崩节"，是德昂族的宗教节日，在每年腊月十四、十五日两天举行。十四日白天，人们就把平时砍来晒干并削好皮的白柴（白柴主要是一些野蒿树、年枣树和盐霜树）在寨外广场上搭成四方底的立体高塔，德昂语叫"哔崩塔"。大塔之上放小塔，在小塔上插一些纸花。大塔内装着很多新鲜竹筒作爆竹之用。十四日晚，人们敲着象脚鼓叫喊着、欢跳着到"哔崩塔"旁边烧香、磕头、念经，欢度"哔崩节"。念经过后是"大师热"（先生）宣布点火仪式，然后给"哔崩塔"点火。待火烧到塔楼时，人们把做好的"烤亚菇"（红糖香料煮的糯米饭）供奉给圣佛和先祖。被点燃的"哔崩塔"火苗腾空而起，飘飞似星，加上白柴和竹筒的爆炸声，火花满天飞舞，火光四射。小孩们甩着树枝狂跑着，扑打飞舞的火星，场面十分热闹。第二天早上，老人们又到"哔崩塔"拜供灰灵。

关于烧白柴的来历有两种说法。一是为佛祖驱寒。进入寒冬腊月，天气寒冷，怕佛祖受冻，在寨外广场上搭一座5米高的白柴宝塔，点火燃之，给佛祖驱寒。

二是德昂族为了祭祀为人类献身的牛、羊、象、狮四种动物的灵魂。这也与一个传说有关。"坤匹"（地神）和"坤尚"（天神）为了便于人类安排农事，决定创制历法。由于两位神仙各有想法，意见不一，于是他们打了个赌，看谁创制的历法合理，易于农事安排，而历法创制不合理的就

---

[1]　唐洁：《中国德昂族》，宁夏人民出版社，2012，第168页。

要受到被砍四次人头的惩罚。"坤尚"争先将自己创制的历法拿来验证，把一年分为十个月，一个月分为三十天，以此来推算季节。他种的作物也不按季节下种，经过三年的验证，月份和季节都不相符，结果庄稼种得全都失败了。轮到"坤匹"，他把一年分为十二个月，有大月小月，三个月为一个季度，一年有四个季度，一年还有二十四节气。他种的作物都按节气下种，经过三年的验证，一年的时间符合了，庄稼年年长势良好。通过实验，证明了"坤匹"的说法和做法完全正确，而"坤尚"输了。于是"坤尚"一方四个人被砍了头，但被砍的人身躯还活着。这四个无头的人整天下跪哀求"坤匹"还他们的人头。这件事惊动了"坤斯家"（天皇），他不得不下凡调解他们的矛盾。然而死去的人头无法恢复，要恢复他们的身躯，只有用动物的头来接上，才能把他们救活。于是牵来牛、羊、象、狮四种动物各一只，将它们的头割下来接在被杀的四个人身上，那四人就各自有了牛、羊、象、狮的头。但这四种动物的头都被割下接在人的身上，头倒是活着，而身躯却逐渐腐烂，骨头暴晒在露天下，它们的灵魂迟迟不肯离去，昼夜哭叫呐喊。"坤斯家"很痛心，认为它们是为了人类的生存而死的，应当把它们的灵魂送上天宫，让它们修炼投胎。于是"坤斯家"在腊月十四那天把它们的骨头架起来烧了，让它们的灵魂随着火烟升上天宫，十五日早上又祭奠它们的骨灰，以解脱人类的罪孽。人们为了纪念被杀的牛、羊、象、狮这四种动物，把每年的腊月十四、十五日两天定为"咔崩"节。后来，人们就用会爆裂的野蒿树、年枣树和盐霜树代替它们的骨头，这就是德昂族"咔崩节"的来历。"咔崩节"说明德昂族先民在长期的生产劳动中，不断积累生产经验，从而创制出了适应农事的德昂族历法。①

四　入雨安居节

入雨安居节在农历六月、傣历九月，也称"进洼节"，或译为"关门节"。"入雨安居"是佛教词语。仪式隆重，全体僧侣集中在佛寺，由"希拉多"（大佛爷）宣布"入雨安居"守戒开始。信徒需备钱财、各色幡旗、鲜花等供品赆给佛寺，参拜佛像，听佛爷诵经。晚上则敲锣打鼓、跳舞，

---

① 丁菊英：《德昂族的传统文化》，云南大学出版社，2012，第124~126页。

为时三个晚上。之后的三个月内，禁止僧侣出寺院，每日早晚诵经拜佛，只有被信徒请去超度亡灵，方能外出。一般信徒亦不出远门、不起盖房屋、不"串姑娘"、不办婚事等。

凡年满 40 岁的"居士"和妇女在"入雨安居"的三个月内，于每月初一、十五、二十三、三十日四天，进寺院听佛爷诵经。其间必须诵完五部经典：第一部诵《卡拉利亚经》，经典内容是祈祷寨内清洁平安；第二部诵《也格哲巴雨经》，要求信徒虔诚信仰佛教；第三部诵《拉巴路巴拉木经》，要求信徒为大家做好事；第四部诵《维洛经》，要求信徒信奉释迦牟尼佛，老来会得到幸福；第五部诵《巴哄刹巴利木经》，这部经典讲人生前要造福，死后才会托生贵人家。[1]

五　出雨安居节

德昂语为"摆嗡洼"，意为"出雨安居"，汉语称"出洼节"或"开门节"，是历时三个月传教佛法的最后一天，也是"入雨安居"后信徒走出修行的第一天。僧侣再次集中于佛寺，与进洼节一样，举行隆重的赕佛和诵经仪式。一般在农历九月十四日开始活动，时间为三天。第一天是展示供品，第二天是祈祭日，第三天是走访日。通常在十四日下午 4 点左右举行仪式，内容主要有竖幡旗、抬轿子展示经书阁、小伙子们献赠葫芦丝或葫芦箫、奉献供品、放孔明灯等。几乎每家每人都有自己的独特供品，小姑娘们戴上小伙子们送的五彩腰箍，向众人展现自己的美丽，小伙子们也展现小姑娘们送的美丽挎包等。出洼节是雨季最隆重的节日，它的内容十分丰富，主要有五个方面。一是竖幡旗。幡旗（德昂语称"东坑"）在德昂族佛教活动中起着重要的作用，制作工艺相当复杂，是竹编工艺和剪纸工艺及纺织、刺绣的综合体。在过去，出洼节前五天，寨子里的中老年人就集中到公房开始制作幡旗。幡旗一般分佛爷幡旗、老人幡旗、青年幡旗、农户幡旗四种。出洼节主要使用前三种，式样有二，一种是方形竹篾缀叠起来的 6~10 层楼阁，另一种是圆形竹篾缀叠起来的 3~6 层楼阁。形状大同小

---

① 《当代云南德昂族简史》编辑委员会：《当代云南德昂族简史》，云南人民出版社，2012，第 136~137 页。

异，都是两棵大竹做护杆和一棵主杆，高 10 ~ 15 米，中间挂有一块 0.5 米宽、5 ~ 6 米长的大白布，布中绣有五颜六色的方块花样，并挂满竹篾编制的飞虫。布上面有一个回转龙头架，架上是缀叠起来的楼阁。楼阁上面是竹编的菠萝，杆顶有一朵花。竖幡旗之前，男女老少拎着水洗旗杆，表示吉祥如意。教头把旗面献给佛爷，佛爷允许后方能竖起幡旗。幡旗竖立后，各家各户的妇女把自己栽种的丰硕果实挂在幡旗脚下，以祈盼来年再获丰收。二是抬轿子展示经书阁（德昂语称"列货里"）。经书阁的形状为四方塔状，主要用竹篾编制而成，再贴上纸剪成的花样，鲜艳夺目，一般有 6 ~ 8 层。展示经书阁在整个节日中是不可缺少的一部分。农历九月十四日下午，人们准备一顶轿子，把经书阁放在上面，前面装满丰盛的果实和蔬菜，经书阁里装有许多经书。参加节日的男女老少抬着它跟在象脚鼓、水鼓舞队后面，绕奘房抬轿展示三圈，表示虔诚。三是小伙子们献葫芦丝（德昂语称"露背"）。为节日献葫芦丝，是德昂族年轻恋人祈求友谊长久的方式，希望今生今世和来世像葫芦丝一样有一个响亮的嗓子。自古以来，一到节日，小伙子们就请制作葫芦丝的高手做一套质量高、声音好的葫芦丝，让自己心爱的姑娘用刺绣工艺把葫芦丝打理得漂漂亮亮的，由小伙子一口气跟随队伍吹响葫芦丝绕奘房三圈，悠扬而动听的葫芦丝将代表一对情人的虔诚和祈祷。四是献上丰富多彩的供品（德昂语称"挡路哦哇"）。供品的种类很多，有为神、佛而献的供品，也有为祖宗、去世父母而献的供品，大部分是为祈祷而献的供品。大家都想通过出洼盛节传递供品，以祈今生今世和来生样样好。献供品气氛十分热烈，内容特别丰富。五是放孔明灯。夜间，火炮四起，无数孔明灯升向朦胧的天空，歌舞不断、锣鼓震天、礼花缤纷，庆祝安居斋戒期结束。从这个夜晚之后，德昂族村寨又恢复了往日正常的生活秩序，僧侣们便可以出入寺门，信徒也可以出远门，小伙子们也可以"串姑娘"成婚了。[①]

六　做供

德昂族把宗教祭祀活动称为"做供"（傣族称"做摆"）。根据祭祀的

---

① 周灿、赵志刚、钟小勇：《德昂族民间文化概论》，云南民族出版社，2014，第 76 ~ 78 页。

组织形式和对象的不同，"做供"通常分为以下三种类型。

做小供。由家庭举行，系老人死后，子孙为他（她）超度亡魂，要请佛爷念经，请寨中老人进餐，一般耗资数十元至百余元。

某户牵头做大供。由村寨的富裕户出资做供，其目的是在村寨中获得较高的社会地位，得到一种荣耀的称号，并希望能修来世幸福。若是家庭单独做摆，来客必须由主人邀请才能参加，并施功德。但受德昂族大多数家庭经济状况限制，以个体家庭出面做大供的形式不多见。

全寨性集体做摆（做大供）。这是最隆重的祭祀形式，目的是祈求一个村寨或一个地区的居民清洁平安、消灾免祸及驱除邪恶。举行这类祭祀，耗费较大，多为数年举行一次。祭祀的日期也不固定，一般选在阴历的二三月份这段农闲时间。这种大型的宗教祭典，多由富裕之家牵头，由寨头（达干）、"安长"（宗教信徒中的长老）、佛爷和各家族长磋商，向群众募集粮食和钱物，如募集的财物不敷支出时，牵头者可补足。新中国成立前，做一次大供，往往要耗费"半开"（云南银币）千余元、黄牛数头、粮食万余斤。因此，事前要做好充分的准备。做供期间，周围信徒，不分民族，都会来参加，有的要走两三天路程赶来，节日气氛浓厚，十分热闹。对于来客，主办村社要热情接待，提供吃住等。

做供期间，佛爷举行宗教仪式，要宣讲四十多卷经书。这些经书可分为六大类。第一大类是讲佛家的戒律，要信徒不偷盗、不淫邪、不酗酒、不杀生，佛爷不能娶妻，信徒要做善人善事。其中有一种经书叫《敢浦凹》的，制作精细，由长约70厘米、宽约7厘米的六块昂贵材料组成：一块为金质，一块为铜质，一块为象牙，三块为优质木；木板、象牙厚约1厘米，金质和铜质的则薄一些，厚仅1毫米左右。这些板块一面镌着缅文，一面镌着傣文，上面的经文，信徒们必须严格遵守，如有违反教规的，佛爷要念这部经进行规劝，这是佛经的基础部分。第二大类是向群众宣传做供的传说、目的和意义等。第三大类讲的是金鹿把人们引入肥沃的土地，人们开始耕地种田。第四大类宣扬生死轮回的因果关系，说人好比一棵果树，风大时果子即被吹落，人的死亡，如同大树被风吹折而死，等等。第五大类讲文字的起源、结构。第六大类讲信徒崇拜佛祖的一些故事，并追悼亡灵，还劝告人们不要懒惰，要勤劳互助等。佛爷讲经时，虔诚的老年信徒都要去听，这是群众性的拜佛活动。

德昂族之所以要举行隆重盛大的做供仪式，有其特殊的思想内涵。

第一，做供中的赕佛，是赕给释迦牟尼佛、天神、地神、勐神、山神、水神、寨神等各种神灵及妖魔鬼怪，或生前有过仇隙的熟人的鬼魂。人们认为，这些鬼神受赕之后，会尽弃前嫌，保护赕佛者死后升入天堂，使其后世可投胎为善人、好人；若不赕佛，来世则投胎为牛马。

第二，人们相信，做供不仅使自己升入天堂，死去的父母也可沾光进入佛国，死去的父母能在天国享受到这些赕品。

第三，做过供，不必等到未来，现世便可获得荣耀，凡做过供的人，在村寨中有较高的地位。

因此，做供是德昂族的一件人生大事，即使节衣缩食，只要稍有积蓄，便不惜全部用来做供。家庭极度贫困者，即使借债也要购买赕品。

据调查，德昂族泼水节、进洼、出洼、做供等宗教性开支要耗费农民年经济收入的25%左右，对一些本来就处于贫困之中的德昂族人来说，这样大的开支无疑是一项很沉重的经济负担。此外，节日期间不下地劳动的习俗，也大大地妨碍了其生产的发展，对德昂族经济的发展及脱贫致富均产生了一些不良影响。①

七 浇花节

浇花节又称桑间节或浴佛节，是德昂族最具代表性的传统节日，是德昂族宗教文化与民俗文化相结合的产物，承载着德昂族丰富的文化内涵，如今已发展成集宗教、娱乐、歌舞艺术等活动为一体的民间传统节日。2008年4月德昂族浇花节被列入国家级非物质文化遗产保护名录。浇花节主要以采花、浇花为主，主要由梁河一带的德昂族饶薄支系隆重举行，其内容与其他支系的泼水节大同小异。关于浇花节的来历，德昂族有几种传说。

传说之一：天宫的几个仙女，羡慕人间四处花香，硕果累累，生活美好，便趁人们歇息之机，悄悄来到人间玩耍、观花、采花、下河洗澡。一次她们手中拿着花在河里洗澡时，不小心被德昂小伙发现了。仙女们含羞

---

① 云南省民族事务委员会：《德昂族文化大观》，云南民族出版社，1999，第97~99页。

着衣，在返回天宫之前，被德昂族人美丽的服饰和鲜花吸引，久久不想回宫。当天宫钟声一响，仙女们不得不回天宫时，便告诉德昂小伙子们，若思念她们，好好养花、爱花，并给花浇水。从此，一年一度的浇花节在清明节后开始了。

传说之二：相传很久以前，有一位德昂族寡妇省吃俭用，把儿子抚养成人时，已苦瞎了眼睛。儿子见妈妈做活不如以前了，非常不满，经常骂她。有一年清明节后的第七天，儿子上山干活，看见一只羽毛刚丰满的小乌鸦，来来回回找虫子喂一只又老又瘦的乌鸦。此情此景感动了儿子，他骂自己还不如含食报恩的小乌鸦，决心从今以后好好服侍妈妈。就在这时候，又饿又病的妈妈摸着路给儿子送饭来了，一阵头昏跌倒在半路上。凉风把妈妈吹醒时，想到儿子一定饿极了，她连忙挣扎着往山上爬着。妈妈听到儿子从山上跑下来的脚步声，她怕挨骂，心一横撞死在路旁的大树上。儿子是来向妈妈认错的，而妈妈却被他吓死了，他哭得死去活来。儿子把妈妈埋葬后，砍倒大树，用树干刻成妈妈的像供在家里。每年清明节后的第七天，儿子上山采来锥栗树花枝，蘸着从山里背来的清水洗木像，表示赎罪。从此，德昂族用竹篮中的水筒背水，用花枝蘸水互洒，为佛爷洗脚，为老人洗手洗脸，为表示赎罪而举办浇花节。

德昂族的浇花节多在公历4月中旬举行，一般3~5天。临近节日，人们忙着制新衣，做米粑，制好水龙、水筒等泼水工具。老年信徒们齐集佛寺，搭建为释迦牟尼像洗尘的小屋和水龙。节日清晨，人们身着盛装，前往佛寺供佛，听佛爷念经，并在佛寺周围堆沙造塔，然后把佛像抬到寺院中的洗尘小屋中，举行为佛洗尘仪式。信徒们将最清洁的水导入水龙中，水由龙口流出，顺龙口与小屋间的竹水槽流向佛像，洒遍佛像全身。然后，由德高望重的长者手持鲜花，蘸水轻轻地洒向周围的人群，向大家祝福，祝贺新年的开始。这时，人们开始兴奋起来，纷纷互相祝贺新年。在象脚鼓乐和歌声中，年轻人将水筒高高举过头顶，将水滴洒在老年人的手上，祝愿他们生活幸福、健康长寿。老人们则伸出双手，将水捧在手中，口念祝词，为年轻人道喜、祝福。这种仪式之后，人们便以象脚鼓为前导，排成长队，拥向泉边、河畔，唱歌，跳舞，互相追逐、泼水，从头到脚，全身湿透。这是吉祥的水，祝福的水，人们尽情地泼，尽情地浇，不论是泼水者还是被泼者，都高兴异常，笑声朗朗。①

八 龙阳节

龙阳节是德昂族的传统节日，产生和形成于原始社会时期，与德昂族的原始崇拜和宗教信仰有关，是德昂族纪念祖先的节日。德昂语称"摆衮思哎、玛腊嘎"或"摆达古亚楞"。德昂族于每年的农历正月十九日举行龙阳节活动。

传说，德昂族心目中的太阳，是一轮鲜红而金光灿灿的火球；而龙则是七色斑斓、集百兽为一体的怪兽（蛇身、牛嘴、虎牙、狮头、狗耳、鹿角、虾须、鱼鳞、鹰爪、马舌、鸡冠、虫尾）。

千百年来，德昂族都把太阳和龙女系在心里，刻在标志建筑物上，写在经书中。每当节庆来临时，许多村寨都选一个神圣的地方建立"龙阳标志"，后来还建立"龙阳塔"，并为"龙阳标志"举行祭祀活动。除了正常祭祀外，有的还专门为父母撰写了"苏达"（父亲记）和"阿匹谈妈件崩"（母亲记）作为祭文和历史记载。节庆期间领会、歌颂父母的伟大恩惠和养育子女的艰辛事迹，强调世上只有父母好，没有父母就没有自己的今天。

德昂族男女老少载歌载舞，伴着水鼓的节奏通宵达旦地狂欢，尽情表达着对"太阳父亲"和"龙女母亲"的敬仰与怀念。龙阳在德昂族心目中十分伟大，而"龙阳标志"是象征着德昂族的自强不息和努力拼搏的吉祥物。"太阳父亲"代表使万物生长的光和热，是德昂族传说中的圣父化身，象征着万物生长离不开太阳，是他赋予德昂族光明、力量、希望和勃勃生机。"龙女母亲"是万物之源，是滋润大地的吉祥之母，象征着德昂族传说中的吉祥圣母，代表着德昂族人对母亲的崇高敬仰和爱戴，是她抚育人们繁衍生息、茁壮成长。由此可见，"龙阳标志"是德昂族最神圣的标志，龙阳节是德昂族值得纪念的节日。②

九 泼水节（亦称"采花节"）

泼水节也是德昂族的传统节日，在农历三月清明节后七天、傣历六月

① 周灿、赵志刚、钟小勇：《德昂族民间文化概论》，云南民族出版社，2014，第69~71页。
② 周灿、赵志刚、钟小勇：《德昂族民间文化概论》，云南民族出版社，2014，第71~72页。

十五日举行，一般是 3~5 天。这个节日是把佛陀诞生、成道、涅槃三个日期合并在一起举行的纪念活动。同时又是傣历的元旦，因此也当作新年来庆贺，又因为要进行浴佛仪式，把寺院的浴佛活动扩大到群众互相泼水、互相祝福，故称"泼水节"。这个节日与傣族基本上相同，但关于泼水节来历的传说却与傣族有很大的差别。在泼水节正式开始的前一天，全村男女要前往山中采摘鲜花，青年人要敲象脚鼓、锥锣在前面引路，将鲜花采回，插满小佛房，表示献给神，其余的相互赠送，表示吉祥幸福。然后人们随着锣鼓声集体舞蹈。德昂族也把这一天叫做采花节。而在家中，小辈要为长辈洗手洗脚。①

十 扎礼节

扎礼节是化斋日，属瓦期的第三个节日，于农历八月十五日进行。其间，信徒拜佛、诵经，进行"干朵"仪式。扎礼节是德昂族认为最吉祥的节日，是为了纪念活佛下凡化斋。传说，很久以前，召斯探修炼成佛后，为了向母亲谢罪，从烤瓦的第一个节日起，就到天堂给母亲念经，念满六十天后带的斋食已用完，准备下凡到人间化斋。人们听到活佛要下凡化斋的消息后，准备了很多斋食。准备斋食的有富人，也有穷人。活佛下凡化斋的地点比较远，到化斋处要走七天七夜。人们都提前赶到了化斋地点，富人嫌弃穷人，单独聚集一处。大家等了七天七夜也不见活佛下凡，准备返回。第七天的傍晚出现了一个矮小丑陋的乞丐，他到富人聚集的地方乞讨被拒绝，被驱赶。乞丐又到穷人聚集的地方乞讨，穷人十分客气，而且说"既然活佛不下凡了，我们的斋品就送给这个乞丐吃吧"，于是，把所有的斋食全送给了这个乞丐。乞丐接过斋食后，走到海边，闪出三道金光后就消失了。势利的富人们此时才知道乞丐就是下凡化斋的活佛，后悔莫及，赶紧把手中的斋食扔进大海，可是活佛没有收取富人的斋食，斋食全漂在海面上。第八天人们陆续返回，富人们个个都骑着大马奔驰而过，穷人只靠两条腿步行。穷人在途中投宿了七个夜晚，每天投宿的地方都会有一匹大白马站在他们的棚子边。穷人也不问是谁的马，只照常把马背上的东西

---

① 唐洁：《中国德昂族》，宁夏人民出版社，2012，第 168 页。

卸下，也不看里边装的是什么。第二天大白马又消失了，这样连续七天。穷人们各自回到家门口时，却见到自己原来的破烂草房变成了高大的新房，进到屋里只见谷米满仓，穷人变成了富人。而富人们回到家门口一看，原来的高房大屋变成了破烂的茅草房，家里变得一贫如洗，大白马也变成了大石头。这个传说故事有着很深刻的教育意义。①

第二节　丧葬习俗

德昂族丧葬习俗各地大同小异，葬法有土葬和火葬两种。正常死亡者施行土葬，非正常死亡者则施行火葬。

凡德昂族的老人或成年人属正常死亡的，在快断气之时，家属会立即将其从卧室移至火塘边靠通道的地方，并将竹壁拆除一部分，身体下垫竹席，平卧，头朝东方、脚朝西方。

五岁以下的孩子死去时因为没有做过太多的善事或恶事，僧侣不领读戒规，允许直接入土下葬。五岁以上的孩子死去时家人要布施，亲属要来帮忙，僧侣领读戒规后才可放入棺材下葬，七天后要布施斋饭。

当人断气后，家人马上用蒿枝叶浸水浴尸、剃头、换着新装、缠新黑布包头，穿戴完毕后，还要放少许碎银于死者口中，称为"喂银器"（德昂语"哈木香"），意为让死者到阴间时作渡河的费用。然后用白线或黑线（忌用红线）将死者两手拇指拴拢，双手合掌于胸部，两脚大拇趾亦用黑线或白线捆紧，其意是不让死者的灵魂再回到家中来。拴线以后，死者的家属中若有人认为曾对死者有过失，就要趁此时把死者的大腿和腰部在自己肩头搭一下，以示忏悔，求死者宽恕。要念经文，特别是经藏篇要用巴利文和傣文来念。

随后，其家属在门外对空鸣放三枪，向亲戚朋友和邻里报丧，亲戚和村寨邻里闻讯后，即奔赴死者家中帮助料理丧事。主人要准备茶饭招待前来吊唁的诸亲友，同时亲友们也要带些米、菜、肉之类。妇女们帮着背水、煮饭，男人们则忙着给死者准备棺材。棺木一般根据死者家庭的经济情况

① 丁菊英：《德昂族的传统文化》，云南大学出版社，2012，第123～124页。

决定，经济条件好一点儿的，就请汉族或本民族的木工做一具汉族式棺木；经济条件稍差一点儿的，则由亲友帮助砍一棵较粗的攀枝花树，按死者身长取下粗的段，再剖成大小两半，用刀斧把中间凿空成船槽形，制成简易木槽棺；家庭经济特别贫困者，就砍几棵大龙竹，剖成竹片编织成竹篾棺；若是婴儿或七八岁的幼儿夭亡者，仅用一块草席或篾席包裹尸体，即可埋葬。

如果已故者是德高望重的老人，还要在竹楼门口敲击链锣，插一幅白布幡。若死者是妇女，入殓时，要由死者的子女前往舅家报丧，待舅家查看尸体，确认是正常死亡后，才允许入殓。入殓时首先把死者拇指和脚趾上拴的线剪开放松，意思是让死者去往阴间时便于行走。同时用白布裹紧尸体，安置妥当后放入棺木中，并放进死者的几件衣物和生产工具，盖棺后用木楔钉牢，再以松香油脂密封。如果是木槽棺或竹篾棺，则要用藤条或粗绳捆牢棺木。

停柩时间一般不超过三五日，每天请佛爷或者安长诵经超度亡魂。在这期间，全寨群众不能下地劳动、舂米等，以表示对死者的哀悼。

墓地是采取占卜方式确定的，通常由本族中的年长者手持一枚鸡蛋抛掷在地上，如鸡蛋不破，则再选地方另掷；若鸡蛋打破了，则在该地开挖墓穴。潞西邦外德昂族的墓地选择方式与此基本相同，但占卜用具略有不同，不是用鸡蛋，而是用一只碗。碗中装满白米，上插二朵鲜花，然后将碗抛于地上。若碗破，表示该地吉利，可挖墓穴；若未破，则另选一地，直至碗破为止。

出殡时，棺材小头朝前、大头朝后（死人的脚朝前、头朝后），意为要亡魂向前走，不能倒回来。送葬队伍从寨子出发直到墓地，一路上要连续不断地鸣枪，意思是通知土地神，有亡魂来了。棺木抬到墓地后，由一男子点着火把在墓穴边绕三围，表示烧去穴内邪恶，接着将棺材放入，死者家属各捧把土撒在棺木上，然后培土垒坟。坟前搭一用竹篾编扎的小竹房，德昂语称"合帕"。"合帕"一般长约50厘米、高约40厘米、宽约30厘米，以竹片为骨架，用白绵纸裱糊，并用各种彩纸剪成牲畜和动物图案贴上去。"合帕"内放些草烟、茶叶、大米、芭蕉等物和死者生前的衣物，还有使用过的生活用具和生产工具，如茶罐、烟盒、烟斗、挂包、腰箍、砍刀、镰刀等，作为死者前往阴间享用的陪葬物品。墓地周围用竹篾围成椭圆形或四边形栅栏，表示死者赴阴间后，仍有吃有住，亦可保护墓地，免受牲畜践踏。

死者葬后 7 天，一家人要为其超度亡灵，让其安心前往阴间，不要再留恋俗世，不要来危害人和畜。葬后的第六天的晚上，家人就要请佛爷或安长到家中诵经，村寨远近的诸亲友亦前来参加凭吊，向亡灵告别。午夜，主人煮汤圆接待参加追悼活动的亲友，以表示丧葬活动圆满完成。第二天早晨，死者亲属带着各种供品、纸幡旗、小竹楼之类，前往佛寺烧化纸钱，再次听佛爷诵经超度亡灵。诵经毕，便将小竹楼焚烧于佛寺边丛林里，表示送别之意。从此不再上坟扫墓。

居于潞西茶叶箐的饶卖支系，其尸体则安放于通道左侧堆谷仓处，当尸体整装后，要搭一个四方形的竹架，四周围以德昂妇女所织的线毡，四角插以各色纸花和剪纸的幡旗，线毡上面挂着经书。

停尸日期不定，冬腊月间，一般停尸 3～5 日；如果是夏天，停尸一二日即可埋葬。按照德昂族的习俗，埋葬日子不能跨过年末、月末和十五日，即遇除夕日、每月三十日和十四日死的，应当天埋藏，不能等到第二天，否则认为不吉利。停尸期间，每天中午还要鸣放土炮三响。

死者亲戚在吊唁期间，要请佛爷前来诵经，若无佛爷，亦可请安长诵经，以超度亡魂。

佛爷诵经，应从人死后至送葬前二三日内念完以下四本经书。

第一本念《考当经》。经文是给死者指明所经道路，叫死者不能走上路，也不能走下路，要走中路；凡是盗匪出没之地不能走；有河过河，有桥过桥，给死者的银子是作渡河的费用；等等。

第二本念《伙摊经》。经文内容是要求死者到阴间后，要好好过日子，不能存心害人。否则，将来转世时，会投生为牛马。

第三本念《叶笼经》，第四本念《克干经》。这两本经是在送葬期间念，意思是要求死者安心地去。主要内容是死者所需要的财物、家具、穿戴、粮食都给死者受用了，牲畜、锄头、镰刀和砍刀等工具也给死者了，希望死者好好的前去过日子，今后不要变成恶鬼回到家中伤害人畜，要保佑家中老幼平安、人畜兴旺等。

镇康地区的德昂族出殡时，棺木要从右门（东方）抬出，若两家共居则从靠近自己住间的门抬出，以免使同居的人家不吉利。出殡时同样是要死者的脚先出家门，棺材出门后在送往墓地的途中要撒些草烟，请鬼开路，直到坟地为止。同时由村里有文化知识的长老念道："你安息吧！不要惦记家里人，你的后代子孙会好好地生活的。安心地去吧，前面要过一条河，渡船已经给你预备好了，渡河的钱也放在你的口中。你不要再进寨子，也不要再回家，找你从前的伙伴去吧，不要回来找我们。过了河以后，岸边有棵'栗标'树，果子甜蜜清香，你吃了以后将忘却人间的一切烦恼，吃完果子再往前走，要路过许多鬼墟，这些地方你不要停留，一直往前，就会到达长生不老之乡。去吧，你安心地去吧！"念完经，人们便将棺木放在墓穴中，首先由孝子和亲友将土撒在棺木之上，然后便开始堆土掩埋。

火葬用于非正常死亡者，德昂族认为凡被人害死、跌崖死、被野兽咬死、孕妇难产而死等均是非正常死亡，身上附有恶魔，都要抬到公共墓地，用柴火焚烧，把附于死者身上的恶魔烧死。如果死者是孕妇，要剖腹取出胎儿，分别焚烧。次日，再去捡拾骨灰，装入土罐内就地掩埋。不垒坟亦不举行葬礼，并严禁与正常死亡者埋在一起。

在超度亡灵时，由佛爷、和尚轮流念经，所念的是《西亚经》，目的是超度死者早日转世投胎，并嘱咐他来世也要变人，变出耳朵，别人讲好讲坏才能听得分明；变出鼻子，香、臭才能闻出；变出嘴巴，酸、甜、苦、辣才能分辨；最后要有一颗心，才能变成人。

僧侣用德昂语念完三遍《西亚经》后，始用傣语念"满卡拉"（祈祷词），要求亡灵安心地去天堂。经文主要内容为："你年老了，今年兆头不祥。你过不了今年，该寿终了。你想老家，你回去吧。你丢下的后代，不是你的儿女了。你先走的儿女，在前头等你，要领你走。你留下的这些后代，是我们的儿女。今天分手了，你是你，我是我。你老人家走后，让我们好好生活，不要让我们受罪……"

僧侣念完"满卡拉"后，死者家属要磕头跪拜。然后僧侣轮流念完《阿牙亡板诺经》《生卡多阿经》《亚卡桑经》，以上经全部念完后，即由"郎中"手持鱼磬，在前引路，边敲边走，将僧侣送回寺院。午夜，主人煮汤圆招待参加追悼的亲友，以表示丧葬活动圆满完成。

此后，死者家属不再上坟地扫墓祭祀。只是每年的进洼（关门节）、出洼（开门节）或做赕的庆典中，死者家属把亡者的姓名交给佛爷，并向寺院上供礼，请佛爷念死者的名字，表示唤死者前来享用食物。对这种不扫墓、不祭祖的习俗形成，德昂族有一个家喻户晓的说法。相传在很久很久以前，德昂族有个大头人叫腊有，他的妻子叫哈木，夫妻二人四十多岁才生育一个儿子，取名阿托，老夫妇爱若掌上明珠，但儿子到十多岁时不幸染上恶性疟疾死了。老夫妇哭得死去活来。为表达父母的爱心，他们请工匠建了两座阳光晒不着、雨水淋不进、蚂蚁穿不透的房子，把儿子的尸体放在里面，并派长工每天到墓地送三次饭。长工坚持为阿托送饭已三年，一天晚上，在送饭途中，遇上山洪过不了河。这时迎面来了三个释迦牟尼弟子，长工便把饭和肉、菜虔诚地献给了佛爷。当晚，腊有夫妇梦见阿托回家，并说："我走了三年，直到今晚才吃到家里送来的饭菜。"腊有夫妻很惊奇，并询问长工。长工说三年饭菜并没有少送，并与老夫妇一起去坟上看，果然，坟上饭菜堆积如山。他们又问，昨晚的饭到哪里去了？长工说送给和尚吃了。于是老夫妻感慨地说："献坟不如献佛。"从此，德昂族人不献坟。这个故事似乎告诉人们，南传上座部佛教在德昂族中传播后，宗教崇拜代替了他们原有的祖先崇拜和对死者的情感寄托。

德昂族对一切有生命的生物体和变化着的大自然的发展规律无法理解，他们对死亡的观念多受佛教和原始宗教影响。他们认为人的死亡，只不过是肉体的消亡，灵魂还活着。认为一个人生前所做的善恶，到阴间后会受到相应的奖惩，为善者，灵魂可以升入天堂；从恶者，灵魂就被打下地狱。地狱是由一位高龄老妇掌管，她相当于汉族的阎王，专门惩罚在人世间作恶多端、伤天害理的恶棍。惩治刑法是"下油锅"，使其灵魂永远不得超生，成为废墟中的野鬼，其幽灵会到处游荡，最后栖息于荒野的乱草堆中。

德昂族人认为凡是墓地均有恶鬼栖息，那些鬼魂会伤害生灵和家畜，故平常不敢擅自闯入墓地，也不敢砍伐周围的树木，死者家属亦不再上坟地扫墓祭祀。待若干年后，墓地杂草丛生，已难以辨识。①

---

① 唐洁：《中国德昂族》，宁夏人民出版社，2012，第163~167页。

第三节　居住习俗

一　民居

德昂族大多数居住在山区或半山区。很早以前德昂先民"各以邑落自聚",选择邻近江河的地方建村寨。据史书记载,唐朝时茫人部落已经过着"楼居"生活,由于滇西南地区属亚热带气候,气温高,降雨量大,"风土下湿上热,多起竹楼,居濒江"。楼居防潮又凉爽,加之当地竹木资源丰富,便于修建竹楼。因此,干栏式楼居建筑就成了当地各民族适应环境的必然选择。

18世纪末至19世纪初,居住在芒市坝的德昂族,曾经建造穿榫的木屋架、木楼板、木板壁以及瓦顶或草顶的干栏式住宅楼。由于德昂族1814年反抗芒市土司,这些房屋在战争中被烧毁。1815年,武装起义失败后,德昂族被迫离开了芒市坝,随着时间的推移,这些建筑也随之消失。20世纪50年代末,不论居住山区还是坝区的德昂族人家,住宅构架基本上是经过拉墨线、砍削、凿洞穿榫而成的,这一技术水平在边疆各民族中仍是比较突出的。潞西县风平佛寺(傣族建的佛寺)里佛龛上的龙凤浮雕,就是德昂族木工的杰作。德昂族人的精湛技艺,直到20世纪50年代还为傣族老人们称道。

德昂族传统民居用木料做框架,梁柱之间均用斧凿穿斗结合而成,不用钉子固定,因此,也称"穿斗房"。房屋底部用数十根木柱支撑,四周不加遮挡,用以饲养家畜或堆放杂物。楼上住人,四周围以竹篾或木板,内部用竹壁隔成数间卧室。

德昂族的房屋大小视家庭人口多少而定。一般底部纵横竖立20~25根柱子,房屋呈方形。过去,镇康地区曾存在过几十个家庭成员共居于一幢房子的父系大家庭,因此房子面积较大,一幢房子占地可达四五百平方米,最大的一座房子长达50米,宽15米,占地750平方米。楼上走道宽敞,走道两旁为小家庭住间,人口多的家庭可住两三间。各户之间隔以竹壁,并在每户的住间旁设有招待佛爷和客人的地方。建造这样大的竹木结构建筑,在工艺上是比较复杂的。德昂族居住的干栏式竹楼,多用木料做框架,其他部分,如椽子、楼板、晒台、围壁、门、楼梯等均用竹子为原料,房顶盖冠式茅草顶。

德昂族的竹楼多依山而建,坐西向东,主要有正方形和长方形两种形制。比较典型而普遍的是以德宏地区为代表的一户一院式的正方形竹楼。这种竹楼分主楼和附房两部分。主楼呈正方形,楼上住人,一般分为卧室和客厅两部分,供全家人起居、会客和存放粮食、杂物之用;楼下圈养牲畜。这种竹楼外形别致,美观大方,据说很像古代中原地区儒生的巾帽。竹楼的正门一边搭有晒台,用以晒衣服和晒谷物。屋顶用茅草编成的草排覆盖。屋脊有草制的装饰物,类似内地寺庙屋脊上的"宝鼎""鳌鱼"等,风格独特。在竹楼侧边一般都建有附房,用来堆柴草及安置香米的脚碓。据说,明清时居住在芒市坝的德昂族的房屋,质量比现在的好,是穿斗的木屋架、木板楼,四壁与内部都是用平直、光滑的木板围成。

德昂族民间还流传着这样一个动人的故事。诸葛亮当年率兵南征,来到德昂山寨,有一天突遭袭击,受伤遇险,幸得勇敢善良的德昂姑娘阿诺相救,才得以化险为夷,转危为安。在短暂的接触中,二人产生了感情。当重任在肩的诸葛亮不得不辞别心上人的时候,便将自己的帽子留给阿诺作为信物。痴情的阿诺苦盼18年,等来的却是心上人的死讯。从此,心碎肠断的阿诺不吃不睡,每天呆立村头,望着心上人东去的路。到第三十三天,突然雷电交加,大雨倾盆。雨过天晴之后,阿诺不见了。而她站立的地方却出现了同诸葛亮的帽子一模一样的房子,这就是德昂族后来居住的竹楼。

历史上德昂族居住的村落,除了奘房为瓦房以外,很难见到其他的瓦房。20世纪六七十年代的"公社化"时期,德昂族地区也开始恢复烧制砖瓦,同时由于经济条件改善,当地群众便对传统房屋进行了改造。如有的家庭用青瓦替换茅草,有的家庭安装了几片可透光的亮瓦,有条件的还用木板墙代替了竹篾笆。这种住房改造,没有改变传统的木结构框架,基本上保持传统模样。改革开放以来,德昂族地区社会经济的发展及政府对德昂族房屋建设给予优惠政策的推动,大大加快了瓦房替代茅草房的步伐。过去三台山早外和猛嘎香菜塘的德昂族村寨无一间瓦房,而现在家家住上了瓦房,出冬瓜、南虎等地德昂族也有半数以上的人家住上了瓦房,这些瓦房大体上还保留着原来的居住形式，只是将原来的竹楼变成了木板楼，草顶换成了瓦顶，竹壁改成板壁或坯墙，但也有相当一部分房屋建筑成了当地汉族住宅形式。如居住在陇川县章凤镇的德昂族，因所处地区自然条件较好，经济发展较快，不仅住上了瓦房，还有人住上了钢筋混凝土结构并装有玻璃窗的现代住宅，楼下可用于摆放农具、停放拖拉机和自行车，家畜房则在住宅外另建。汉族建筑的文化因素，已越来越多地融入德昂族的民居当中。[1]

二 典雅的佛寺建筑

自南传上座部佛教从泰国、缅甸传入德宏、临沧、思茅等地区后，佛寺建筑便为这些地区的建筑增添了一大特色。佛寺不仅是僧侣生活和信徒从事宗教活动的场所，同时也是青少年学习文化的学堂及群众娱乐的中心。傣族、德昂族、阿昌族等民族的村落大多建有佛寺。有的小寨无单独的佛寺，也要凑钱出力与附近大寨共同建寺。而较大的村镇甚至有数座佛寺，如瑞丽市勐卯镇建有多座佛寺；芒市有五云寺、菩提寺和佛光寺等。德宏地区最早的佛寺约建于11世纪初叶，至1956年全州共有上座部佛寺632座，其中德昂族的有13座。

佛寺建筑典雅、富丽，从建筑形式上看，可分为两种类型：一种是无墙基的体现傣族、德昂族、阿昌族等民族传统建筑风格的"干栏式"，俗称"楼奘"；另一种是有墙基的受汉族风格影响的形式，俗称"地奘"。"楼奘"居多，在农村尤为普遍；"地奘"少且分布在城镇。从整体布局上看，通常是单座式建筑，设少量亭阁、佛塔之类附属建筑物。从大殿布局看，以坐西向东为圣，呈纵式平面，进深常大于面阔；主间面阔与次间面阔几乎相等。从木结构方面看，柱枋一般不装斗拱，但攀间、雀替部分着意装饰，雕工精细。大殿内的装饰物、装饰画丰富华丽，并以黄、红为主色调。屋顶有草顶、铁皮顶、瓦顶三种。草顶佛寺多分布在贫困村寨；铁皮顶于20世纪初从缅甸引进，此类佛寺多分布在傣族、德昂族聚居地；瓦顶佛寺始于明末清初，分布在傣族和阿昌族聚居区。规模较大的佛寺，房顶形制

---

① 唐洁：《中国德昂族》，宁夏人民出版社，2012，第81~83页。

多采用汉族建筑的重檐歇山顶式。[①]

<h2 style="text-align:center">第四节　服饰习俗</h2>

一　妇女服饰

据史书记载，德昂族妇女"藤篾缠腰，红缯布裹髻，出其余垂后为饰"。至今这一习俗在德昂族妇女中仍然是一脉相承。

德昂族妇女不同支系装束各有显著特点，即使是同一支系，由于迁徙等原因，都在发生不同的变化。青年人和老年人的服饰基本相同。青年人穿的服饰要艳一点，不戴包头；老年人穿的要素一点，还裹包头。红德昂和花德昂妇女剃发，裹黑布包头，包头两端后垂，戴大耳坠、银项圈，穿蓝、黑色对襟上衣，襟边镶一红布条，以大方块银牌作纽扣，腰间缠着刻有各种花纹的、手工编制的藤篾圈。红德昂妇女裙子下脚横织着醒目的大约 1.7 厘米宽的红色线条。花德昂妇女的裙子则由红、黑或红、蓝色线织成醒目的、宽约 0.7 厘米的匀称线条。白德昂妇女与红德昂妇女服饰相比：上衣对襟装饰都一样，但白德昂袖口加了一条蓝色宽边，长裙红黑宽边更大，并且红色宽边上织有白色花纹（红德昂织黄色花纹），故整个红色宽边颜色稍淡。黑德昂妇女婚后蓄发，上衣斜襟，裙子以黑线织成，其中间织着红、白色细线条。

德昂族妇女有"一身都穿着传说"的美誉。据说服饰上的每一道花纹都有一个神奇的传说，与祖先迁徙途径有关。

（一）剃发

花德昂、白德昂和红德昂妇女婚后不留发，剃发后都要缠包头，也有的是把头的四面剃掉，仅留中间一束，然后编成细长的 1 根小辫，再与头帕混缠着盘于头顶。黑德昂妇女婚后不剃头，只是将头发结结实实地盘在头上，露出又光又亮的额头。据说这一习俗有三个原因：其一，德昂族是个很爱干净的民族，认为头发是人类最脏的东西，若妇女做饭披头散发，饭

---

① 俞茹：《德昂族文化史》，云南民族出版社，1999，第 201 页。

里、菜里到处都掉头发，很不卫生，所以不留发；其二，头发是生不带来死不带走的，人死了无论男女都要把头发剃掉，否则人的尸体都腐烂了头发却不烂，将无法投胎；其三德昂族信仰南传上座部佛教，剃发是信徒对佛虔诚的象征。

（二）襟边的红布条

据传古时德昂族妇女是"南派"（半人半神），到处乱飞乱窜，专吃生肉，嘴角两边时常都留着血迹，后来妇女们便把这两块血迹缝在了衣襟上。元代史书记载的"金齿国"是茫蛮部落（德昂族、布朗族和佤族的先民）建立的，以漆齿而得名，齿黑亮为美，传说就是吃血后染下的（现为嚼烟、嚼槟榔），现在德昂族和边疆的一些少数民族妇女都喜嚼烟（芦子、沙基、草烟、熟石灰放在嘴里嚼，吐出来的为红色，嚼槟榔则很少）。

（三）服饰上的花纹

衣服脚边、裤脚、挎包和绑腿上的各种各样动植物花纹，有大象、鸟、蝴蝶、葵花、菊花、蕨菜花、粘粘草等。其中粘粘草比较多，德昂人说这些都是祖先迁徙和逃难时所经过地方的动植物图案和崇拜图腾。

（四）绸带

绸带是戴在右边腰上的装饰品，花花绿绿、各式各样的，因为传说中德昂族妇女是"南派"，会飞，飞时需踩着绸带才飞得起来。

（五）银饰和银牌纽扣

宋元时期，德昂族的手工业已有相当发展，已普遍出现定期的贸易集市。作为一般等价物的货币如金、银和贝已广为流通，进入市场。他们的生活比较富裕。德昂族男女戴的银饰很多，从头到脚各种各样，花花绿绿的。这一习俗有两个原因。其一，银饰是贵族和富裕的象征；其二，因为传说中青龙是自己的母亲，大方块银牌纽扣传说是仿照青龙的肚皮上的鳞片做的。

（六）腰箍

腰箍是德昂族妇女特有的戴在腰间的一种装饰品，旁人看了似滑落，她们戴在腰间却轻松自如。腰箍不但是妇女特有的装饰品，在生活中还代表一种美德。

1. 来源

传说德昂族是从葫芦里出来的，男人都是一个模样，妇女则一出葫芦就满天飞舞，游山玩水，串寨、串男，被称为"南派"（半人半神）。后来天神"混思嘎"把男人的面貌区分开来，男人在家成了家庭主夫。一天男人还没编完一个竹篮，妇女们就已游了七座山，玩了七条河，便遭到男人们的不满，男人们便用竹篾编成腰箍，抛向天空把妇女们给套住，妇女们则纷纷落地成了家庭主妇，由男人去串寨、游玩。这就是德昂族妇女腰箍的来源传说。故事显然说明了德昂族从群婚制过渡到母系社会，再过渡到父系社会这样的过程。

2. 种类和做法

德昂族分红、花、黑、白四支系，各支系所戴的腰箍也有所不同。

草编腰箍。取自田边的野草，晒干，把其撕成两半，把藤篾削细、削滑，再用草顺着藤蔑编，一般长约 2 米为一根，按腰的大小绕五六匝为一折，用马尾毛扎紧，装饰时再配上各种颜色的毛线绒球。

竹片腰箍。把竹片削成厚 1 厘米，宽 7～8 毫米，再刻上各种动植物图案花纹。

黑腰箍。将藤篾削细、削滑，再染上黑漆。

银腰箍。传说古时的德昂族妇女戴的全是银匠打制的白花花的银腰箍，由于时代变化，现在是将黑腰箍用银片扎起一半，把有银片的一面戴在前面。

草编、藤篾和黑腰箍主要是花德昂和白德昂喜用。藤篾和黑腰箍主要是红德昂喜用。银腰箍主要是黑德昂喜用。

3. 用途和作用

第一，爱情和友情的信物。腰箍在德昂青年男女中是爱情和友情的信物。男孩子喜欢女孩子，往往费尽心思做各种各样精美的腰箍送给女孩子，以表自己的爱意和真诚。腰箍越多表示这女孩子越受男孩子喜欢。

第二，聪明贤惠的象征。德昂族女孩子心灵手巧，从懂事开始就要学做家务，学编织，腰箍编得越精细，戴得越多，越显示这个女孩聪明贤惠、美丽可爱，越是受男孩子的喜欢。编得粗糙或戴得少，便会遭到男孩子的冷眼和嘲笑。

第三，嫁妆。女儿出嫁，母亲要精心编织一副精美的腰箍送女儿当嫁妆，表示自己对女儿的爱；提亲时婆家要送一套新娘装，包含腰箍在内，这是婆婆迎接儿媳最美好的礼物。

第四，祝福。女孩子出嫁，亲朋好友也有送腰箍的习惯，表示对她深深的祝福和友谊情深。

德昂族妇女戴腰箍戴得很多，传说古时的妇女戴腰箍从腋下一直到膝部，后因行动不便，则逐渐减少，甚至农忙时也不戴了，有贵客和长辈光临或盛大节日时才戴上。[①]

二　男子服饰

德昂族男子服饰较为简朴。

7岁以前的男孩子，头戴瓜形小帽，帽边镶嵌三排银泡、银币和数个小银佛像，帽顶系一朵红绒线球；7岁以后就不戴了。上着青布对襟开衫，翻领；下着宽大短裤。

13岁到婚前的男子服饰比较讲究，这时是追求美、寻找异性朋友、参加社交活动的青春时期。上身着青布大面襟衫，侧襟钉三道银扣，每道有三个银泡，还镶以小绒线球；衣领有两层，外层为白领，内层为青领，白领周围镶满各色小绒线球；下身着青布短裤，裤腿肥大，腰扎青布带，绑青布绑腿；头戴花色毛巾，左耳戴大银耳筒，筒下坠着许多银片，筒端托着一朵大红绒线球，耳洞很大，可插穿手指；脖颈戴数根银项圈；右肩挂筒帕（挂包），显得很英俊。

中年男子的服饰与青少年相同，只是不戴花色毛巾和大银耳筒，衣饰不镶绒线球。

老年男子留一撮长发，戴白布或青布包头，衣着青色粗布大面襟衫，裤短而肥大，扎青布长条裹腿。

德昂族男子外出劳动时，都要背着刀，带上大、小筒帕。

此外，德昂族男子有文身习俗，喜欢在左腿、手和胸部位文以虎、鹿、花草等动植物图案作为装饰。[②]

三　服饰的制作与加工

德昂族的先民，有一部分在古代就因纺织木棉布而被人们誉为"木棉濮"。

---

① 赵纯善、杨毓骧：《德昂族概览》，云南大学出版社，2006，第135～144页。
② 俞茹：《德昂族文化史》，云南民族出版社，1999，第129～130页。

　　新中国成立前，由于德昂族主要居住在西南边陲，同外界接触较少，他们的服饰穿戴主要靠妇女手工纺织。从采摘棉花到成衣，每道工序都是妇女亲自动手，要穿上一件新衣服，需耗费妇女的许多心血和汗水。

　　纺纱用的原料，常用的是木棉和草棉。当棉桃成熟炸开、雪白的花絮挂满枝头时，妇女们把它采摘回家，先用一种简单的轧花工具除去棉籽，经晒干后储存，纺纱时取用。德昂族的纺纱工具有两种，一种是手摇纺车，在家中使用；二是纺锤，妇女们在下地劳动或背水途中，边走边用手将棉花捻成线绕于纺锤上。德昂族妇女为了节省时间，减轻繁重的纺纱劳动，有时与坝区傣族妇女建立协作关系，她们把自家的棉花交给傣族妇女，纺成纱后对半分。

　　除纺织棉布外，在镇康、耿马地区一些德昂族妇女还纺织麻布。若要制成毯子、挂包或裙子，必须再精加工，要把纺成的麻线投入铁锅内加水和灶灰用较长时间煎煮，脱去里面的胶脂和杂质，然后用清水漂洗干净，用玉米面浆纱，加以反复搓揉，使之成为乳白色的麻纱，再经清洗晒干，制成柔软的麻纱，上机织布。

　　德昂族的衣着多用蓝、黑色布和花布制作，她们染制的各种色布均用天然原料。染制藏青色时就用种植或采集的野生蓝靛，染红色用紫胶，染黑色则用马兰花。浸染时，把原料投入染缸中浸泡五六天，再加以搅动制成均匀的染汁，将布投入浸泡一昼夜，取出晒干，反复三次，最后取出时用清水漂洗、晒干即可做衣服。若要染制和尚用的黄色袈裟布，则用黄色的叶茎或块根植物黄姜，把黄姜投入铁锅中熬出黄汁，再把布放入煮一煮即可。用土法染制的纱和布，颜色鲜艳耐久，不易褪色。德昂族妇女的花裙子，是把纱线染成各种色线，根据需要的线条搭配色线织成。她们织花布有悠久的历史，远在唐代她们的先民就以染织五彩花布享有盛名，史书称它是"五彩娑罗布"。

　　妇女们编织布除做衣服、裙子外，也制作民族挂包。挂包的规格大小不一，大的挂包用于日常外出生产劳动或赶集时装饭盒、茶叶、草烟、沙基、芦子等杂物，或盛些劳动之余采摘的野茶、野果及从集市上购买的零星物品等。小袋子形式与大挂包相同，但体积小，仅半尺见方，带子仅长七八寸，用于装草烟、沙基、芦子等。在德昂族村寨里，常见到有的姑娘做许多小布袋，并精心地绣上漂亮的图案，有的竟制作四五十个。这是德昂族的一种风俗，当新媳妇到丈夫家后，要认亲戚，给长辈叩头，每拜一位就要奉上一个小布袋和粑粑、糖果，送小布袋也是一种必需的见面礼。①

四 看服饰知年龄

德昂族服饰丰富多彩，对女性而言，从幼女到老年着装都有各自特点。

从两岁至五六岁，女孩着藏青或白布短衫，下围挂肩为藏青布裙。头戴红、黄、蓝色布连缀成的瓜皮小帽，帽顶为大红绒球，帽边缀满银泡、银佛或银币作为装饰品。双耳穿孔，孔内系线或塞一小段细竹枝，赤足或穿鞋。

女孩年满7岁，便改着窄袖、对襟短衫，襟边各镶一条二指宽的红布条，衣袖和衣服下摆钉些豆大的五彩绒球，内穿白村衣，下着藏青或黑布裙，系布腰带，留短发。两耳戴小银耳坠，颈部戴有三五个银项圈，多喜穿球鞋。

从13岁开始至结婚阶段，是德昂族少女穿着华丽的时期，上装为藏青、蓝、绿色的窄袖对襟短衫，翻白领，襟边各钉一条约二寸宽的红布条，再钉上四副方块银扣，与排扣平行的是两竖行银泡（每行15颗）。衣领系双层，内层为青布，表层为白布，衣领边镶各色小绒球。袖与两肩各镶三道红布条，系上绒球。

袖口也镶两道红布条，衣角底边为绯红条边。上衣下摆四五寸一段以丝线和小绒球分成方格，格内绣上各种花卉或图案。下身着筒裙，裙子各支系按自己习惯配织成本支系特征的固有花纹。腰间佩戴五六个或二三十圈腰箍。主要是腰箍的宽窄不一，宽的少些，窄的就多些，各人自己决定。小腿扎布制裹腿，裹腿的两边也缀以绒球，绣以花边。头饰是用一块长方形黑布，两端缀上五彩绒球，戴装有绒球的大银耳筒。如遇节日喜庆，她们也佩戴银项圈，圈上往往系有十多厘米长的银链二十余条（有的是系上三角形小银片）。由于银饰价格高，有些装饰也用铝制。

中年妇女的装束用双层包头，包头两端系于脑后，有的下垂至腰，唐代就有此俗，史书称之为"出其余垂后为饰"。耳戴喇叭形耳筒。衣裙形式与少女同，但不钉银扣、不戴项圈等，比较朴素，有些人戴制作精细的镂空银手镯。

年纪超过 50 岁的妇女，喜着黑色粗布或黑灯芯绒女式大襟衣，宽袖、圆领，不镶红边，不钉五彩绒球，但头顶两层披巾，内层为红条纹，外层为黑色，均自染自织。如遇节日庆典，黑包头外罩红条纹披肩（俗称观音斗）。腰系几道黑漆藤篾圈，不戴银耳坠、项圈、手镯等装饰品。

德昂族男性的服装较为简朴，少年儿童上着翻领的青布对襟衣，下着半短裤。年龄在 7 岁以下者戴瓜皮小帽，帽镶银泡、银币和银佛，帽顶系一核桃大的红色绒球。[①]

五 不同支系服饰的细微差别

德昂族服饰集多种工艺于一身，色彩纹样丰富多变，色调简洁明快，服饰得体、繁而不杂，蕴含着独有的区域风貌、社会特点和审美情趣。德昂族由于所处地域、方言和服饰色彩的不同，分为不同的支系。服饰是民族的外显特征，也是区别同一民族不同支系的重要标志。德昂族服饰独具特色，表现出了本民族特有的审美观念和文化尊崇，他们最突出的特点是把"传说"穿在身上。据传说，德昂女子对襟短上衣边镶的两块直条红布，是用本民族的旗子制成的；还有一说，这两块直条红布是她们吃牛肉时胸前的一块衣裳被牛血染红而留下的。她们穿的长筒裙也有很多的传说，有的说是按日照时间，分上午、中午、下午仿照太阳光的色彩织出来的。而其中最有趣的一个传说是这样的。很早很早的时候，德昂人将牛杀翻在地，任其翻滚挣扎，牛尾染了很多血，在地下乱甩。大姐用力按牛，裙子染了很多血；二姐按牛不用力，裙子上染的血少一些；三姐最后来按牛，牛血已变成紫色，染在裙子上的血也是紫色的。三个姐妹按照筒裙上牛血的位置和颜色织出新筒裙，二姐嫌色太少，在红色的上边和下边都加了两条白带子，这样就形成了三种不同的筒裙花色。德昂族所戴的腰箍也有几种传说，其中一则说：古时候，德昂族女子满天飞，不与自己的男人一起生活；后来，男人想出办法，用藤篾圈做成腰箍套在女人身上，从此后，女人和

---

① 云南省民族事务委员会：《德昂族文化大观》，云南民族出版社，1999，第 64~65 页。

男人就生活在一起了。

这些神话传说，是德昂族人民对古代生活天真的解释。然而德昂族不同支系妇女的服饰，确实强烈地显现出了这个民族传统的习俗，传说故事融入了德昂族妇女喜爱的装饰物。德昂族布列、饶卖、饶竟、饶薄各个支系服饰也有一些细微差别。

一是头饰的区别。布列妇女的头饰比较简单，看似诸葛亮的帽子，过去妇女剃光头，裹黑布包头，有的已婚妇女留长发。但现在许多姑娘都蓄发裹两端缀有彩色绒球的布包头，有的也用白色羊肚毛巾包头。德宏地区的妇女剃光额前头发，脑后留长发，梳成大辫，包黑蓝色镶有花边的布包头，将大发辫由脑后缠于包头之上。有的地区妇女蓄长发，梳发辫盘绕于头顶，不裹包头。各地妇女都喜欢戴大银耳坠、耳筒和银项圈。青年女子的耳筒大多用石竹制作，外裹一层薄银皮，银皮上箍着八道马尾，前端还镶有小镜片，在阳光的照射下，不时闪着耀眼的光芒。有的地区的德昂族姑娘脖子上套着十几个粗细不等的银项圈。老年妇女多戴雕刻精致并涂有黑、红漆的竹管耳饰，显示出德昂族妇女的粗犷之美。梁和饶薄支系妇女头饰比较鲜亮，多采用大量绒球和花来装饰头部，每逢节庆活动时，梁和饶薄支系妇女所到之处就像一片七彩的花海一般。而饶卖支系的少女戴七彩西瓜帽，帽边镶饰银制饰物和各种颜色的彩带，看起来十分飘逸。婚后的饶卖支系妇女就不戴帽子而改成盘头了，盘头布多采用 3 米左右的黑布，两头佩有彩色绒球和搓成彩带的长线条，将头发裹在其中，高高束起来，远远看起来很像仰视的青龙头。

二是上衣的区别。布列和梁支系的妇女上衣多配有大量的彩色绒球，衣服前胸用大块的银片做双排衣扣。饶卖、饶竟和饶薄等支系妇女衣服多用一整块黑布或蓝布剪裁缝制，不拼凑，前胸用红布修饰，式样简洁大方，脖子上佩戴 1~3 根银项圈。

三是筒裙上的区别。布列妇女的筒裙多用红、黑大条纹花布缝制，配有彩色绒线球；梁妇女则用红、黑、蓝、黄等多种颜色的线织成彩色的筒裙；饶卖和饶竟妇女的筒裙则用黑线织成，只有为数不多的细微彩线织入其中，缝合处有纹路织锦，纹路有多种，有些是鱼骨头花纹，有些是植物花纹，有些又似迁徙路线……但花纹是什么寓意，现在谁也说不清楚了。

四是腰箍的区别。腰箍是德昂族妇女区别于其他民族妇女的标志之一，但不同支系腰箍的制作和佩戴也有所不同。布列支系多采用藤篾来制作腰箍，藤篾外面还漆上红漆和黑漆，藤篾腰箍很细，一般要戴 20～30 道；饶薄支系多采用草藤制作，颜色也喜欢用天然色；而饶卖支系的腰箍则多用银子制成，有纯银打制的、三指宽的、看似腰带的，有采用藤篾来制作的、前腹部位用细银丝或铝丝装饰的，有用细藤篾漆黑的，腰箍束裹成一圈圈的，多以佩戴 18 或 23 道最为吉祥。

五是男子服饰的区别。各个支系的德昂族男子服饰区别不大，年轻男子服饰多姿多彩，成年男子都着以黑、蓝作为主色的对襟开衫和裤腿肥大的青布短裤。最大的区别在于成年男子所披的大披肩。布列男子常披由母亲或姐妹手工精心织成的有各种颜色绒球的大披肩，这是布列男子与其他支系男子区别的最明显特征。

六是包的区别。包是德昂族男女老少生活当中必不可少的随身携带之物，有香包（烟包）和挎包两种。香包小巧精致，内装有随身的贵重物品和烟叶，遇亲朋好友就相互传递交换嚼食里面的烟草。挎包则为出门所携带之物。布列支系编织的包多以白色为底色，佩饰各种颜色的绒球，显得喜庆、热烈；饶卖和饶竟支系所持的包则以黑色为主，配以为数不多的彩线和小绒球，清秀、娴静。①

六　体饰（染齿、文身）

（一）染齿

染齿，是德昂族古老遗风之一，也是"金齿"之称的由来。染齿者多为妇女，也有老年男子。过去，德昂族妇女到一定年龄，都要用锅底灰或中药染齿，少女染齿一般在十三四岁至十七八岁。她们一般将犁放在花椒树上烧，使犁头被烟熏黑后拿黑色的烟子在天黑前涂于牙面，数日后，牙齿即成黑色。因为花椒树烧后会流出一种油状物，油状物滴在被熏黑的犁头上，用它涂抹，牙齿会油黑发亮，永不褪色。她们认为牙齿越黑越美，

---

① 《当代云南德昂族简史》编辑委员会：《当代云南德昂族简史》，云南人民出版社，2012，第 129～131 页。

还可以防蛀牙。现在已没有人染齿了，但也有几位年老者靠嚼槟榔染齿，每天嚼两次，都在饭后嚼，起到健齿和护齿的作用。

（二）文身

东汉杨终《哀牢传》及《后汉书》均记载哀牢"种人皆刻画其身，象龙文"，东晋常璩《华阳国志》说"臂胫刻文"。"文"即"文身"，是指在身上绘制自然物或者几何图案，反映出哀牢先民的审美意识及宗教观念。

文身习俗流行于世界各地原始部落民族及我国古代很多民族。原始社会的先民们面对着强大而神秘的自然界，其生存也主要依赖于自然界，但风雨雷电等自然现象和一些凶猛动物又会对人造成危害，人们由此心存畏惧继而加以崇拜，以获得保护。哀牢种人"刻画其身，象龙文"与《山海经》中"画体为鳞"及吴人"断发文身"以避蛟害的用意是一致的。即使在近现代和当代，哀牢国故地上的部分少数民族，如布朗族、德昂族、佤族、傣族、景颇族、傈僳族等，仍沿袭了文身习俗。

古代德昂族有文身的习俗，特别是在强盛时期。清光绪《永昌府志》载："崩龙类似摆夷，惟语言不同。男以背负，女以尖布套头，以藤篾圈缠腰，漆齿文身，多居山巅。"据田野调查，文身在当时作为一种护身符，据说有刀枪不入之神奇功效，是每一个男子的成年标志之一。德昂族最具代表性的文身图案主要是水龙图和百鸟图。其他文身图案有象、虎、狮、龙、蛇及花草、星辰、经文咒语等。水龙图百年一现，要文在寨中祭祀传人身上，主要是祈祷风调雨顺，祭拜青龙母亲。百鸟图则是六十年一现，要文在习经诵经的少年身上，一百只鸟形态各异，栩栩如生。水龙图和百鸟图现都已失传。

德昂族男子文身就是成年礼中的一项，一直流传到现在。大多喜欢在腿、双手和胸部文以龙、虎、鹿、花、草等动植物图案作为装饰。

但传统的文身术也已失传。在缅甸的芒翁村曾有一位老安长麻糯还会传统文身术，用兽骨磨尖利或用黄果刺五根绑在一起，用蓝靛等做出染汁，然后在没有构图的皮肤上文出图案。这种方式和德宏州梁河县二古城村的妇女在竹腰箍上刻花纹的方式相同。如今麻糯老人已带着他神秘的文身术作古，现在的德昂年轻人喜欢用先进的文绣机文身，喜文龙图案的人偏多。①

---

① 唐洁：《中国德昂族》，宁夏人民出版社，2012，第79~80页。

第五节　饮食习俗

德昂族生活在亚热带地区，夏天凉爽，冬无严寒，雨量充沛，土地肥沃，适宜发展农业。德昂族以种植水稻为主，主食大米，兼食玉米、薯类，每日三餐；副食主要是自家菜园种植的豆类、南瓜、青菜等，也经常采集野菜食用。德昂族居住的地方盛产竹子，种类繁多，如龙竹、金竹、凤尾竹等，所以鲜嫩的竹笋也是德昂族的重要食品，经常加工为酸笋和笋干，储备一年之需。德昂族的饮食习惯大都是由其居住地的气候、环境所决定的，因天气炎热，德昂族喜食酸、辣、臭、苦（凉）的食物，如酸腌菜、酸笋、酸扒菜、酸木瓜汁等。这些口味的菜肴均有开胃、消食、消暑、解毒的功效。德昂族饮食较为考究，用料十分广泛，擅长煮、炖、拌、舂等技法。味道以酸辣为主，也有一些菜酸辣中带有甜味。德昂族善于腌制具有本民族特色的食品，特别是酸性的食物，为附近其他民族所不及。由于宗教信仰等原因，德昂族近代才开始大量饲养各种家禽，但是在肉类的制作及烹制上却受到了相邻民族很大影响，其烹饪方法与傣族、景颇族有相似之处。①

一　烹饪方法

虽然德昂族的烹调技术不够发达，但是在长期的生产生活中，形成了独具特色的、适应较高海拔的本民族菜肴烹制方法，大致可分为舂、烤、煮、剁、炸和腌六种烹制方法，尤以腌的技法比较独特。

（一）舂

舂的烹调方法较为简单，工具只需要舂筒和舂棒。德昂族一般用一节竹子做成舂筒，用木棒做舂棒。这种烹调方法用于制作野菜、蔬菜和肉类菜肴均可。德昂族生活的地区四季都不缺乏蔬菜和野菜。日常食用的诸多植物类菜肴可以熟舂也可以生舂。德昂族喜爱舂着吃的菜主要有苦果子、竹笋、四季豆、蚕豆等。在这些蔬菜十分新鲜的情况下，德昂族偏好生着舂吃。另外还有一些味道辛辣的野菜也是德昂族经常生舂食用的，并且是

---

① 王晓艳、莫力、秦莹：《德宏德昂族民间科学技术》，德宏民族出版社，2014，第45页。

尤为喜好的,如老虎姜、岩姜、奶姜菌、鱼腥草等。春菜一定要加佐料,豆豉是必要的,其次是小米辣、姜、葱、蒜、小酸茄、野芫荽、芝麻、花生、核桃等,佐料越全,味道越好。春菜是凉菜,夏天吃起来格外爽口。

(二)烤

肉类食物均可直接用明火烤吃。若为牛肉和鹿肉等,通常烤干后再捣为肉松,拌上佐料做菜。此外,还喜欢用蕉叶将肉加山胡椒的皮或叶、桔子皮或叶、花椒叶、打棒香、草果叶、缅芫荽、姜、葱等包好,慢慢在火灰中低温烘烤焐熟。

(三)煮

德昂族喜好将排骨和洋丝瓜等蔬菜放在一起煮着吃,猪肉和青菜煮成的汤几乎是每个德昂族家庭每天都要吃的菜,青菜的种类根据季节而定。德昂族自家的菜园什么蔬菜最多,这段时间就以什么蔬菜为主,如冬天是洋丝瓜盛产的季节,每个家庭的主要蔬菜就是洋丝瓜,主要烹调方法就是煮。

(四)剁

德昂族喜欢将生肉切碎剁烂,与辛辣酸香的调料拌在一起,制成酱状食用。主要佐料有野芹菜、马蹄菜、茴香、韭菜等。通常使用酸木瓜水、野柠檬汁、干腌菜水、酸干笋水、腌菜汁、水腌菜汁、盐霜果等代替醋。生肉主要有猪里脊肉、牛肉、鱼肉、青蛙肉等。

(五)炸

身处山地的德昂族喜好食虫,种类繁多的野生昆虫均是他们的佳肴。德昂族一般都用炸的方法来烹饪昆虫,主要食用蜂蛹、竹虫、藤子虫、栗子虫、沙虫等。德昂族也喜欢吃炸牛干巴和炸排骨等肉类食物。

(六)腌

德昂族尤其喜好食用各类腌制的蔬菜和肉类食物,腌制肉干巴、咸菜及酸菜。酸菜主要有酸笋、腌菜、水腌菜、腌酸鱼、腌酸肉等。德昂族偏爱吃酸味的食物,不管是炒菜还是制作凉拌菜的时候都会在里面加上酸味的调料,酸笋和酸腌菜就是他们的首选,水腌菜也是德昂族几乎每顿饭都会有的开胃小菜。[1]

---

[1] 王晓艳、莫力、秦莹:《德宏德昂族民间科学技术》,德宏民族出版社,2014,第47~50页。

二 特色菜肴

德昂族尤其喜好食酸性食物，他们不仅对腌制酸性食物有着丰富的经验，而且腌制的食品也极富有本民族特色，如酸腌菜、酸笋、酸扒菜、酸木瓜汁等。

酸腌菜。酸腌菜分为水腌菜和干腌菜两种。水腌菜制法较简单，将青菜洗净、晒干，再洗一次，切碎，拌少许凉米饭、盐，泡于瓦罐中，浸泡两三日即可取食，可以同菜、肉一起炒或煮。腌干腌菜的方法是：将菜洗净晒干，切段，加花椒粉、辣椒粉、茴香籽、盐和少许料酒等，反复揉透，放于瓦罐中，不加水，将罐密封，两个月后可食用。食法与水腌菜同，但味道不一样。干腌菜的贮藏期长，有的两三年都不变质发霉。

酸笋。酸笋在德昂族的菜谱中占有重要地位。在竹子抽笋季节，采回嫩笋，剥除笋壳，切成细丝，泡于盐水罐中，四五日后即可食。食法极多，煮、炒、拌都可以。有名的菜肴如酸笋煮鸡、酸笋煮鱼、酸笋煮肉、酸笋炒牛肉等。许多蔬菜也可与之煮、炒、拌等。

酸扒菜。将青菜洗净，切成段，放于铁锅中，加入西红柿、酸木瓜少许，煮透，也可加入一些新鲜的肉或排骨，熟烂后佐餐。如将其放到次日再食（有肉需加热后再食），味更佳。这是德昂族、傣族喜食之菜。

酸木瓜。把酸木瓜切成细丝，泡于盐水中，称为酸水。吃时，以烧辣子为佐料，拌后可食，也可以当酸醋食用。

腌豆豉。以黄豆作原料，洗净煮熟，装于竹箩内，四周以笋叶壳密封，待其发酵四五日后，取出，放盐、辣椒等，再用木碓舂之，揉成豆饼。晒干后，可以煎、烧食用，也可用作其他菜肴的辅料。

腌卤腐。把毛豆磨成浆，制成臭豆腐，晒干后，用盐、辣椒、姜、酒等拌之，置于土罐中，腌月余，便可食。

另外，德昂族还有一些比较独特的菜肴。

苦刺果。苦刺果是一种野生植物，食时加酸笋、番茄、豆豉、茴香、茶豆、牛干巴、干鱼或牛肉合煮，再加上蒜、芫荽、葱等即可。

橄榄树皮丸子。刮下新鲜橄榄树皮，揉、泡后，加少量剁肉，做成丸子，清汤煮，加茴香、草果等，汤开后便可食用。

春春菜。把豆类等新鲜蔬菜洗净，加辣椒、蒜、姜等一同春碎后食用。与景颇族的做法相同。

臭菜。将青菜洗净后切碎密封在罐子里，等发酵到一定酸度后拿出来晒，晒干后蒸熟，再晒干后即可食用。吃时用冷水冲，再放入蒜、辣椒、芫荽等即可。

除此之外，德昂族也喜欢采食山涧、田沟中的野菜，如鱼腥菜、秧鸡菜、依格曼叶菜、菌类等。[①]

三　嚼烟

闲暇之余，德昂人还喜欢嚼烟。他们将草烟丝、沙基（一种用麻栗树皮熬制的浸膏）、槟榔、芦子和熟石灰等一同放于烟盒内，嚼时，先取一点烟丝放入口中，再加一点沙基、芦子、槟榔、熟石灰咀嚼，十几分钟后吐出残渣。由于经常嚼烟，人不长龋齿，口腔也清洁，他们的牙齿也相应变成黑色而且有光泽。我国古代史书中常用"黑齿""漆齿"称他们的先民，可能与此习俗有关。过去成年男子都嚼烟，烟盒经常放在随身携带的挎包内，路遇亲友，都互相传递，请对方嚼烟。嚼烟也由此成为德昂族社会交往的礼仪。不过现在年轻人一般都喜欢抽卷烟，嚼烟习俗只是在部分中老年人中还保留着。

德昂族信仰南传上座部佛教，教规禁止饮酒，因而德昂人不酿水酒，也不酿烧酒。但是近现代以来，随着与外界交往的增多、佛教影响的减弱以及生活条件的改善，喜欢饮酒的人也逐渐增多了，尤其是年轻人。[②]

第六节　茶俗

在德昂族居住的山区或半山区，随处可见一片片郁郁葱葱的茶林；而有些村前寨后还生长着已有数百年树龄的老茶树。德昂族人种茶历史悠

---

① 《德昂族简史》编写组、《德昂族简史》修订本编写组：《德昂族简史》（修订本），民族出版社，2008，第150~151页。
② 《德昂族简史》编写组、《德昂族简史》修订本编写组：《德昂族简史》（修订本），民族出版社，2008，第152页。

久，被称为"古老的茶农"，这不仅是因为茶是饮品，而德昂族嗜饮浓茶，更重要的是茶与德昂族的生活息息相关，茶更是德昂族社会生活和交往的重要媒介。德昂族同茶的亲密关系，对茶的深厚感情，生动地反映为德昂族村村种茶、家家制茶、人人喝茶、迎客敬茶，甚至吃饭也有凉拌茶。茶，在德昂族社会中有着特殊的功能，如作为探望久别的亲友和求婚时的见面礼；请客时用作"请帖"；有过失需请对方谅解时，也是先送点茶叶；甚至发生纠纷不能自己解决，需请头人调解时，也要裹一小条茶叶和一小条草烟交给头人，然后再申诉理由。由德昂族用茶的种种活动中，我们可以窥见其历史文化、人生礼仪、社会交往、禁忌信仰、婚俗姻约等乡土民俗，亦可以认为德昂族与茶有关的种种活动，实际上已成为一种文化积淀。

一　茶按功能的分类

（一）择偶茶

德昂族的未婚男女，都享有择偶的自由。双方经过相互了解和一段时间的恋爱后，决定确立关系或缔结婚约时，男女都要告诉自己的父母。而与其他民族不同的是，这种"告诉"不是以言语表述，是以茶代替，即小伙子乘父母熟睡之机，将事先备好的约三市两重的"择偶茶"置于母亲嚼槟榔用的筒帕里，母亲发现筒帕里的茶叶，就知道该为儿子提亲了，便与丈夫商量，并委托同氏族和异氏族的亲戚各一人，作为为儿子提亲的媒人。姑娘也照此方式进行。

（二）提亲茶

媒人前往姑娘家提亲，不必带其他礼物，只需在筒帕里装上一包一市斤重的茶叶，到女方家后，亦不必以言语表达，只需将包成三角形的茶叶放在供盘上，双手托盘举过头顶，敬到主人面前，主人就能明白媒人的来意。经过媒人连续三晚的"说媒"，主人看到男方确有诚意，即欣然收下茶叶，表示同意女儿的婚事；不收，即表示拒绝。

（三）定亲茶

男方父母知道女方父母应允婚事之后，仍需请媒人再次带上两包一市斤重的茶叶和猪肉等，选一吉日的早晨，前往女方家宴请其父母及寨中的长老等。席前，先由媒人将茶敬给女方的父母，然后由男方的叔叔、伯父、姐姐向女方父母及舅舅各分赠茶叶一包，以示认亲。紧接着再由他们陪同小伙子以茶认亲。最后才由双方亲戚议定定亲礼物及婚期。

（四）迎客茶

到德昂族村寨去，走在竹楼相衬的寨中小道上，首先映入眼帘的，就是房前屋后的茶树，这时，无论客人进入谁家，都会受到热情接待。客人光临，德昂人不是递酒，而是敬茶。古往今来德昂族都保持着"说一句话，喝一盅茶"的习俗。茶水，是主人事先准备好的，一般均用大土茶罐炖在火塘边，随喝随倒。

（五）敬客茶

德昂族遇上亲戚或挚友来访，就用一种特殊的方式敬茶。这茶是由主人临时采摘来的。鲜茶采来以后，即将锅盖置于火塘的三脚架上，将茶倒入锅盖内，然后三番五次地烘烤、揉搓，直到发出香味。稍凉片刻，又用手抓一小撮，放进小土茶罐里，继续烘烤到茶叶发黄，即用滚烫的开水冲入罐里。待水泡全消，又再加热，尔后再倒给客人喝，直到喝完。主人只能喝第二道茶，表示以诚相待、友情长存。

（六）送客茶

客人告辞时，德昂族人仍以喝茶相送。如果送一般客人，便将自家备饮的茶抓一把置于大土罐里，稍烘片刻，待喷出香味，即倒入开水并继续将水烧开，然后按人头每人倒二碗，边碰碗边喝茶边说道别的话。如果送的是贵客，则要喝竹筒茶。竹筒也是现砍的嫩竹。竹筒砍好后，即取精心制作和保存的春茶放入竹筒里，倒上清凉的井水，在火炭上烘烤，待烤到竹皮发黄，飘出醇香的茶味，才将茶水倒在碗里，每人轮流喝一口，直到喝完为止。这种喝茶方法的象征意义是，让友谊像茶水一样永远飘香，像竹子一样一节更比一节高。

（七）回心茶

在德昂族社会里，某个人做错了事，经众人教育帮助，本人表示悔改、愿重新做人，就要邀请长辈们到其家中喝回心茶，以表示回心转意。制茶与喝茶的方式，与送贵客的"送客茶"相同。

（八）和睦茶

德昂族中，夫妻或朋友因某件事发生争执，并导致感情上的伤害，经父老乡亲们的调解两人言归于好时，要邀请长辈及亲朋好友到家中喝"和睦茶"，以表示永远互敬互爱、和睦相处。制茶与喝茶的方式，与喝"回心茶"相同。

（九）唤魂茶

德昂族笃信南传上座部佛教，同时原始宗教的痕迹仍存留着。至今德昂族仍保留着这样一种习俗，人一旦生病卧床，特别是小孩稍有病痛，除了服药，还要为他们叫"魂"。德昂族认为，病人自己或小孩随其父母在路上行走时，其"魂"被死者的"鬼"骗走了，所以才染上了病，导致"魂不附体"、四肢无力。因此，光给他们服药还不行，必须把"魂"叫回来。叫魂的地点，一般在人们经常歇息的地方或村寨外一公里左右的地方。叫"魂"时，由长老或父母带上一篾盒熟饭，盒内一头装一个鸡蛋，一头装一小撮茶叶。到了指定地点以后，他们边诵咒语边转动饭盒，转了七圈以后，即起身回家。途中，不能回头张望，也不能跟人搭腔，要径直回到家里。到家以后，又拿着饭盒在火塘上转三圈，边唱魂歌边转圈，意即先将死者的"鬼"与病者的"魂"分开，不能让其在一起共存。转了三圈以后，即打开饭盒，让病人吃鸡蛋、饭。末了，又取出饭盒里的茶叶，放在土碗里，用开水泡茶后端给病人喝，意即让其魂安定，像茶树一样安安稳稳、健康成长，不要四处游荡。

（十）建房茶

在德昂族的日常生活中，茶具有多重意义，甚至建房造屋也离不开茶。如果要在某地建房，首先要带一包茶叶，在地四周洒上一圈，用以祭地"神"，以保来日平安。在挖地基时，要埋上一包茶叶，作为奠基，以求人畜兴旺。竖房梁时，要在横梁上挂一包茶叶，以求免除灾难。茶的含义之多，外人是无法想象的。

（十一）认干爹茶

德昂族和其他民族一样也有认"干爹"的习俗。一般是在少年儿童或婴儿有病时进行。认"干爹"的原因通常有两个，一个是为婴儿取了乳名后，婴儿常昼夜啼哭，长者便认为是取名不当，需要认一个"干爹"，并为其另取乳名；另一个是少年儿童久病不愈，长者便认为需要认一个体格健壮的成年人为其"干爹"，以驱逐病魔的缠绕。

认"干爹"的方式有两种。一种是用两根木头或四节竹子，在山间小道上搭一座"桥"，"桥"搭好后，将用芭蕉叶包好的茶叶置放于"桥"的两端，主人则躲在路边的草丛或树丛中观察，哪位男子先过"桥"，主人便出来向其磕头。来人受礼后，自然心领神会，随即拾起地上的两包茶叶，径直回家备礼。礼物为一包茶叶、一对手镯或一套衣服。认"干爹"仪式于第二天上午进行。太阳刚升起，主人便带上一包茶为儿女登门请"干爹"。"干爹"收礼后，又带上自备的礼品前去抚慰病人，高诵"祝寿词"之后，即为其取名，并将手镯套在其手腕上或将衣服穿在其身上。同时，又用开水冲茶，边吹边喂给病人喝，以示保其平安、长命百岁。仪式过后，主人又将一包茶叶敬给来客，表示正式确认其为儿女的"干爹"。

认"干爹"的另一种方式是，病人在家治病期间，谁先到家里串门就认谁为"干爹"。其间，都是以茶作为礼物。先是主人磕头敬赠茶叶，来客接茶后即明其意，回家后包好自制的茶，备上手镯或衣物，于第二天上午来到病人家。认"干爹"的仪式与前者相同。[①]

二 茶叶在宗教中的地位和作用

德昂族虔诚信奉南传上座部佛教，每逢宗教节日男女老幼皆聚在奘房里洗佛、赕佛、听佛爷诵经。供品多为茶叶、核桃、大米、钱（视家庭情况而定）等，他们认为这些都是辛辛苦苦用血汗换来的，供给佛祖，以示自己的一片虔诚。

（一）茶用于庆典活动

德昂族认为天有天神、地有地母，天地万物皆有灵。为了纪念自己的祖先，为证明自己是种植茶树最早的民族，德昂族把茶树雕成佛像而对其每天诵经念佛，祈求人畜兴旺、五谷丰登。1998年8月，邻国缅甸南坎德昂族散落寨举行了一年一度的"龙阳节"（"龙"为母，"阳"为父）庆典，这是为纪念传说中的父母亲而举办的大型群众集会，也是重大的宗教活动。他们给参会人员都发了"龙阳徽"，徽上中间有着围成一层层、脖子伸得长

---

① 俞茹：《德昂族文化史》，云南民族出版社，1999，第132～137页。

长的一条龙，上端是蓝、黄、绿三条颜色带，其间有一轮烈日，下端是围成曲线的茶叶，寨长一一讲述了关于龙阳的传说。还介绍说：上端的蓝色象征着蓝天，德昂族很早时就住在大山上，靠山为生，离蓝天很近；黄色是吉利的象征，德昂族信奉南传上座部佛教，佛祖和佛爷都是神圣的，他们的袈裟都是黄色的，所以黄色是最吉利的；绿色象征茶叶，大自然里最早的绿色农业产品，是德昂族的茶叶，围成曲线的茶叶，象征德昂人无论走到哪儿都与茶紧密相连。走进奘房里，前方有两尊 1 米多高、全镀上黄金的佛像，信徒跪成一片，几位佛爷和头人口中念念有词，众人静静地聆听。寨长介绍说：这两尊佛像是他们用老茶树雕刻成的，家有家神，寨有寨神，地方有地方神，它们是整个德昂族的保护神；德昂人是茶叶变来的，是古老的茶农，茶是万物的阿祖，从古至今人畜两旺都寄托在它的保佑下。

（二）拜家神和送鬼

德昂人有拜家神和送鬼的习俗。拜家神一般在家里，红白事都要拜，多则一月一次，少则一年一次，主要是祈求人畜兴旺、五谷丰登、年年有余；送鬼一般在村外，主要是驱鬼避邪。二者供品都差不多，七小堆茶叶、七小堆草烟、肉、蛋和几样小菜、饭等。

（三）丧葬茶

德昂族实行土葬，非正常死亡者火葬，小孩当天死当天埋。报丧时要送一包茶叶；出殡时，每走一段就在路边放上两堆茶叶、草烟和一对小幡旗，意为告别了阳间；要进入坟地前，也要摆两堆茶叶、草烟和香，意为请求阴间的门神让其灵魂进入村寨。事后一段时间要在坟前埋上一根"杆团"（坟头杆，据传可帮助灵魂消难除灾，可保佑平安），10 米多高，顶端挂着一块长长的白布，还吊着两个装满了茶叶的白布小袋子。德昂族认为人在阳间时坏事做多了，死后会被阎王爷惩罚打入"十八层地狱"（十八口大铁锅，每一口锅都沸腾着铁水，一锅比一锅厉害，灵魂被丢进锅里煮，直到骨头煮化，永不得超生，阎王爷以这样的方式惩罚恶人）；杆团上的白布四面飘扬，灵魂见到了就伸手拉住，再加上佛祖（两袋茶叶）的相助，就可以减轻许多折磨和痛苦了。[①]

---

① 赵纯善、杨毓骧：《德昂族概览》，云南大学出版社，2006，第 164～166 页。

（四）茶的医疗用途

德昂人在长期的生活实践中，懂得了茶叶的功能和作用，并应用于治疗一些常见病、多发病。现就以镇康县军弄地区德昂族用茶叶治病的方法为例进行说明。

头疼、头闷（病灶集中在前额），连眼睛都睁不开时，煮杯浓茶水喝下去，病情可逐渐缓解。

头疼、呕吐、全身麻木并发。把茶叶水煮得很酽很酽，倒出后再在酽茶水中加 3~7 滴酒，喝后慢慢就缓解了，连服几次后就可治愈。

眼睛患角膜炎、结膜炎或被稍硬的东西戳伤，及时用浓茶水洗，连洗几次，就可治愈。

眼睛红肿。眼睛里溅入金刚钻（亚热带植物，属仙人掌科，浆汁有毒）的浆汁而红肿，及时用新鲜茶叶嚼碎，敷在眼睛上，两小时后即可消肿。

被火烧伤或被水烫伤。把茶叶嚼碎后敷在烫伤部位，连续敷几天就会好了。

拉肚子、痢疾。将茶叶、紫米、刺猬毛、红玉米、黑鸡（乌骨鸡）屎等炒煳后，加入开水（不再煮），把水倒出来喝，可治愈严重的痢疾。

酒凉。德昂族把喝酒过量而生病叫酒凉。医治茶方与治头疼、呕吐、全身麻木并发相同。

痱子。天气太热，缺乏良好的卫生条件，身上就容易长痱子，又痒又疼，十分难受。德昂族就用茶水勤洗患处，很快就不痒了。

在德昂族的传统宗教观念中还有这样的说法：茶叶、酒、蒿枝等多种合在一起，用法器榨出汁来，用汁擦身，认为可以治长毛鬼、琵琶鬼给人带来的疾病。[1]

三　茶俗的文化特征

德昂族茶俗作为云南少数民族民俗文化的重要组成部分，有独特的地方民族文化特征。

（一）民族性特征

德昂族茶俗是在德昂族物质文化生活与精神文化生活的发展中自然形

---

[1]　李家英：《德昂族传统文化与现代文明》，云南民族出版社，2000，第 132~133 页。

成的共同心理素质的表现，渗透在德昂族日常生活的各个方面，以德昂族特有的文化形式表现出来。德昂族受地理环境、自然条件及社会生产力的影响，有原始茶树崇拜的记忆：茶树是神圣不可侵犯的，因为茶叶是万物的阿祖。茶叶在德昂族民众的社会礼仪、宗教仪式和心理、行为上留下了各种印记，且各具特色，明显地有别于其他民族。茶叶作为德昂族的物质文化生活或精神文化生活的重要组成部分，其用途之广、含义之深，是没有一个民族能与之相比的。德昂族茶俗受其社会结构、经济生活、民族心理、信仰、艺术等的多方面影响，形成了自己的民族特点，是德昂族文化的重要组成部分，也是一种区别民族的符号。

（二）社会性特征

德昂族茶俗具有社会性特征，它是"人们在共同的生活中所形成和约定的风俗习惯"，是德昂族社会普遍传承的风尚和喜好，而不是个体行为，但要通过个体行为表现出来。德昂族茶俗的产生是德昂族民众集体创造、丰富和发展起来的，它的传承必须依靠集体的行为来完成。德昂族茶俗作为一种社会文化现象，是集体行为的结果，是德昂族群体成员之间的约定，并得到群体成员的认可和遵循。德昂族茶俗的存在离不开社会文化环境，具有社会文化的价值和意义。

（三）封闭性特征

不同的自然地理环境为民俗的产生提供了丰富的材料和独特的个性，使得人们创造和传承的民俗具有很大差异。自然地理环境制约和规范着茶俗的产生、发展与演变的方向，德昂族居住在亚热带雨林山区，气候和劳作环境使其喜喝浓茶解暑、提神。又由于地理环境和交通等因素，德昂族与土地关系密切，流动性小，社会开放程度低，封闭性特征比较突出，从而导致其社会关系比较初级，社会的发展相对缓慢。新中国成立前，一部分德昂族还处于原始社会末期，因而，其茶俗保留了较多的原生形态的"土"。

（四）乡土性特征

德昂族茶俗的封闭性决定了其具有乡土性的特征，主要表现在崇尚自然的特性上。德昂族民间祭拜祖先和天地众神要用茶，建房、婚丧、治病、送鬼、叫魂也要用茶，而最具乡土性的是茶的制作工艺，世代相传沿袭，至今没有多少改变，始终保持着原始的风貌和浓郁的乡土气息，保持着实用、朴素、纯真的文化内涵。

综上所述，德昂族茶俗文化是该民族社会实践经验长期积累的结果，是一种充满活力的、动态的特殊文化现象，体现了德昂族的共同文化和共同心理素质，是德昂族社会生活的重要组成部分和传统文化的重要标志，是德昂族社会文化传承中最贴近生活的一种文化形式。它影响着德昂族社会成员的行为、语言和心理，服务于德昂族社会成员的日常生活，在一定程度上调节着德昂族社会成员的价值观念、思维方式和生活习惯，成为德昂族传统文化的储存库。①

第七节　禁忌习俗

德昂族信仰佛教和原始宗教，为了表示对神灵的崇拜，并避免触犯鬼神而招致不幸，德昂族形成了一些具有防范性质的宗教禁忌。

一　宗教禁忌

德昂族群众对传经授道的佛爷很尊敬，如果佛爷到村民家里去，村民必须先将牛马赶走，再迎接佛爷到家中。

妇女不得与佛爷同坐，更不能与佛爷谈话，也不能坐家中用于招待佛爷的座位。

凡进奘房时要脱鞋，村民不得进入佛龛前的台板地，不能坐佛爷、和尚的床，不得用手摸佛爷、和尚的头部。

大青树只栽不砍。传说活佛飞来先落在大青树上，然后佛爷才把活佛请进佛寺，所以要供奉大青树，要不断地栽。据说这样才能接上自己的命脉。

赕佛供品讳直呼其名，应以他名代之，如用于赕佛的猪称为"黑虫"、黄牛称为"黄面瓜"、鸡称为"银哥"、鸡蛋称为"厥厥宗"、鱼称为"熟别"等。

本寨若有疾病流行，会被认为是有恶鬼作祟，需请佛爷将鬼驱逐出寨

---

① 丁菊英：《德昂族的传统文化》，云南大学出版社，2012，第170～171页。

门。疾病流行期间，如有在外劳动者，需等到黄昏时分，随牛马一同入寨，人、畜才能平安。否则认为会把恶鬼带入寨内。

村子里供奉社神（德昂语为"舍勐"）的茅草房是圣地，平时不能随便出入，村中有人生病要找"布利"（当过和尚还俗的老人）去祷告舍勐，祈求病者康复。

在祭祀神树时，禁止外村人进入本寨，即使亲友来访，亦不能擅自闯入寨内，否则，认为会给本寨带来不幸，要由全村百姓酌情处以罚款。

村民不能穿草鞋，传说草鞋只有佛爷能穿。

关门节至开门节的三个月内，严禁杀生。

种地前要请佛爷去叫谷魂，以保丰收。[①]

二 生产、生活禁忌

妇女不能跨越男子所用的一切生产工具；女性衣物不能晾晒在男人穿行的地方；经过男人面前时，妇女必须撩裙弯腰而过，表示对男子尊重。

客厅中的家长卧床，除族中老人、家长之妻外都不能坐，凡家庭成员和宾客都只能坐于火塘下方，以示对家长和主人的尊重。

宾客登上竹楼时要脱鞋，要从正门的竹梯出入竹楼，禁止横穿甬道和从正门进、后门出。否则，认为会引起家庭纠纷或离婚。如果小伙子来"串姑娘"，则只能从后门进出。

禁止在竹楼内大声喧哗、歌唱、吐痰、放屁或擅自拿主人之物。否则，会被认为看不起主人。

禁止用手摸老人头部。

被子正反面不能随便盖，宾客不能随便坐在主人的衣被、帽子上。

葫芦笙只能在晚上串寨子时吹。婚礼、做供各有特定的调子，不能乱吹乱唱。

筷子、甑子等物不能用刀削。否则，认为会把粮食丢掉，以后没吃的。

不能将镰刀、砍刀置于谷仓、饭甑、碗筷之上。否则，认为将来收成不好。

凡生育了子女、孩子已取名的年轻夫妇，包括他们的长辈在内的任何

---

① 唐洁：《中国德昂族》，宁夏人民出版社，2012，第172～173页。

人，从此都不能直呼他们的名字，而要称呼其为某某（孩子的名字）的爹或妈。若长子（女）早殇，则以次子（女）的名字代替。有的人虽然还没有生育，但也可以预先取下子女的名字而被称呼为某某的爹或妈。否则，会被认为没有礼貌。

德昂族对火很崇拜，火不仅为德昂族提供了生活上的方便，而且成为其维系亲缘关系的纽带，他们习惯于早晚相依在同一个火塘边取暖、烧水、煮饭、聊天。青年男女谈情对歌，也离不开火塘，只有围着火塘才能感到温暖，因而有关火的禁忌很严格。如严禁用脚踩火塘，在野外烧饭时两脚不能踩在木柴上，等等。否则，认为会不吉利。[1]

三　占卜和习惯法

德昂族的占卜，大都用在选择墓地、瞧日子时，有看鸡卦等方式。

墓地选择，多请"达格"头人或族中老人，采用的方法是将鸡蛋或土碗抛于公共墓地上，若鸡蛋或土碗被摔破，即认为此地吉利，可挖墓穴；若未摔破，则另择地抛之，直到将鸡蛋或土碗摔破为止。

看鸡卦则比较普遍，一般老人和成年人都会看。看鸡卦的部位和方法有下列几种。

鸡头卦：看鸡头肉片叶子是否通，若通，则串姑娘、出门都顺利，不通则不能去，以免遭姑娘冷遇，或出门遇到不吉利。还可作为天气预兆，要瞧鸡头叉骨内薄膜是否透明，若薄膜透明可能降雨，薄膜不透明即天晴。

鸡嘴卦：看鸡嘴是齐整还是半尖半短，认为鸡嘴整齐可吃肉，全家和睦；半尖半短者不得吃肉，家庭出现不睦。

鸡舌头卦：看鸡舌头的两根薄骨是否靠拢，因舌尖有两根很细的肉筋韧带，左边肉筋表示客人，右边肉筋表示主人。若两根肉筋分离，认为主客和睦；若肉筋并拢，认为主客将发生争吵。

鸡舌根卦：看鸡舌根中间韧带是不是直的，认为是直的则无财帛；若带卷曲，必有钱财，日子好转。[2]

---

[1]　《德昂族简史》编写组、《德昂族简史》修订本编写组：《德昂族简史》（修订本），民族出版社，2008，第162～163页。

[2]　俞茹：《德昂族文化史》，云南民族出版社，1999，第92页。

此外，德昂族有自己的不成文的原始法规，即习惯法。习惯法和上述的各种禁忌保证了德昂族正常的社会秩序和村社安宁。

原始习惯法对于偷窃、嫌疑、纠纷、分家、奸情等案件都有裁决之权。但这种裁决，多以教育从善为主，只要犯错误者承认其错，一般处理较轻。如下例。

偷窃和嫌疑的处理。凡偷窃别人的财帛和粮食者，经查证确凿，须将赃物全部退赔失主，若物资已被使用而又无力偿还，只要用小片芭蕉叶或竹笋壳包拇指大的茶叶和草烟各三对，交叉折叠，用竹针插牢，置于小供盘上，一对呈给头人，一对呈给家族长，一对呈给失主，表示忏悔，承认错误，承诺以后不再偷窃，同时准备一餐酒饭，请头人、族长和失主前来用餐，则可以不再赔偿失主的财物。如果仅仅是怀疑对方偷窃而又无实据者，只请头人和族长共同调解，对当事者双方说服教育，使其友好相处（也有人提到一百年前的神判，但近代未曾听到实例）。

分家处理。德昂族的小家庭在子女长大成年后另组建个体家庭时，对家产的分配和处理，一般是请头人和族长帮助解决。一般习惯法是，凡粮食、土地和竹楼按人口多寡来平均分配，炊具各分一份，老竹楼留给父母及幼子居住，分居之子可出外另新建竹楼。

奸情处理。旧时如有妇之夫奸污姑娘，由头人、族长出面严肃处理，犯法者除用"吐"的供盘向老人、群众承认其罪外，需给女方一定数额的赔款，并承担抚养私生子的义务，不得与原配妻子离婚。如果是青年男女相爱私自发生性关系，经头人调解后，可以结成夫妻，但女方家要的彩礼要低于正式结婚者，还须"洗寨子"。

离婚处理。过去，如果男女双方感情不好要求离婚，需请头人和族长调解；丈夫主动提出离婚，只需请头人吃一餐饭；若是妻子要求离婚，需将夫家所给的财礼退回。离婚后孩子们的抚养由双方协商。①

---

① 俞茹：《德昂族文化史》，云南民族出版社，1999，第121～122页。

第四章
婚姻家庭与道德规范

第一节　婚姻

一　婚配规定

德昂族的婚配和德昂族三大族系——大家、长家、子家（小家）——有着紧密关系。相传很早以前，德昂族有三兄弟，一个叫阿那、一个叫阿尼、一个叫阿留。他们都住在一个大家庭里，由于人口增多，老二阿尼在老家的基础上从屋檐接着建盖耳房，把家搬到延长的房子里面住，老二阿尼被称为"长家"。老三阿留看到二哥的房子已把屋檐占完了，无处可依靠，就从老家搬出去，单独在大家之外盖了一小间住房，被称为子家（小家）。从此德昂族就以此把自己分为三大族系，住在老家的阿那称为大家，阿尼称为长家，阿留称为子家。

自古以来，德昂族的婚配一直循环在这三大族系中。德昂族严格的婚配规律为：在选配婚姻时，长家的儿子要选配大家的女儿，子家的儿子要选配长家的女儿，大家的儿子要选配子家的女儿。这样就形成一条婚姻链，长家是大家的女婿，子家是长家的女婿，大家是子家的女婿。

德昂族传统婚姻的形式有三种：名正言顺提亲娶嫁、私奔成亲、招赘女婿。

如果不符合族系之间的婚配规律，招来的一方要赎回族系，即选择家中不同的族系先依靠一边，如大家和大家要婚配，可以将要出嫁的女儿指认家族中的一个小家，相认以后由大家变为小家，否则族系中的长者不承认其婚姻是明媒正娶。

德昂族的婚姻制度，基本上是按照同姓不婚的原则，镇康地区尚保留氏族外婚的一些特征。这里的婚姻是按固定的氏族（德昂语为"克勤"）缔结，一个氏族的青年男子基本上固定与另一个氏族的女子通婚。如"办耐"氏族的男子可和"宛恩"氏族女子通婚。若在本村互相婚配的氏族中无法找到婚姻配偶，就到外村相配的氏族中去寻找。只要在遵守同姓、同氏族不婚原则的前提下，未婚青年男女有充分的社交自由。布列、梁、饶卖各支系可互相通婚，但要尊重女方习俗，若布列男子娶饶卖女子为妻，则按饶卖礼节举行，反之亦然。

德昂族的婚姻为一夫一妻制，历史上姑舅表婚比较盛行。若舅父的女儿不愿和姑母的儿子结婚时，舅父女儿外嫁所得彩礼的三分之一要送给姑母，表示赎买。舅父的儿子同姑母的女儿结婚，习惯上是禁止的。若出现这样的事，则要举行一种仪式，让女子在名义上加入另一个氏族。但这种仪式，现在已经不再举行了。

近年来，随着德昂族与周边各民族的交往联系日益密切，与其他民族通婚的限制已有所放松。

在德昂族社会中，从妻居的入赘现象也比较普遍。因为习惯上德昂族妇女不能犁田耙地，所以那些缺少或没有男劳动力的家庭，通常会招纳男性成员较多的家庭或贫寒人家的子弟入赘。在父系大家庭没有解体之前，人们也普遍愿意借招赘来扩充家庭劳动成员。当然，前提条件是要得到女方的认可，如女方对男方不喜欢，也不能实现入赘，因为入赘婚姻也是自由的。

德昂族社会中除明媒正娶外，还曾有偷婚、抢婚的习俗。偷婚或抢婚多是在女方父母拒绝男方求婚，或者男方家里太穷拿不出彩礼而姑娘又愿意嫁给男方的情况下发生的（若女方不同意的话，就不会发生）。偷婚、抢婚也有很多规矩。首先，男方要尊重女方的意愿，取得女方的同意；其次，女方离家时，要叫男方在自家后门的某一显眼之处放一包茶叶、一束芭蕉当作自己离家的标志；最后，女方还要在自己寨子里找好一个媒人给父母传话。如果女方父母坚决不同意，会托媒人把茶叶、芭蕉退还男方，而男方只能把姑娘送回去。女方跟男方偷跑出来后，不能直接到男方家，要先暂时躲藏在山林里，由男方的媒人向村寨的人们宣告后，由男方村子里的姑娘们去迎接她，方可到男方家。一两天以后，男方再正式请媒人去向女方父母求婚，议订聘礼，并由媒人直接代表男方支付聘礼。办完喜事后，女方方可回门。

根据德昂族习俗，若弟（妹）先于哥（姐）娶或嫁，弟（妹）要给哥（姐）送 5 尺白布。因为德昂族嫁娶顺序是按长幼排列的，若弟（妹）先结婚，对哥（姐）来说脸上无光，要送白布给他们擦脸。

德昂族青年虽然享有恋爱自由，但比较注重婚前性道德，很少出现私生子的现象。若遇到婚前私生子，则会受到社会舆论的谴责，并要由男方到女方寨子请众人喝酒"洗寨子"，再请佛爷念一天经，以此赎罪，男女双方才可正式结婚。

青年男女年满 14 岁便可进行社交活动，参加本村社的青年组织。男女青年组织均有自己的领头人，男的称为"司岗脑"或"首包脑"（领头小伙子），女的称为"阿巴干"或"首包别"（领头姑娘）。青年领头人由民主选举产生，并通过村寨头人认可。青年领头人应作风朴实正派，品德良好，关心村社公共事务，热心公益事业，关心男女青年的婚姻，具有较强的组织能力和号召力，在青年中有较高的威信。青年领头人负责组织和领导本村社未婚青年的社交活动以及组织青年男女参加村社内外的一些重大活动，如宗教节日、婚姻、丧葬、排解婚姻纠纷等。青年组织可以秘密集会，地点由男女青年领头人决定。青年领头人如果结婚了，即另行推举新的领头人，新老青年领头人之间还要进行简单的交接仪式。德昂族没有严格的等级通婚限制，只要男女双方愿意，百姓与头人家的子女也可以通婚，贫富户之间也可以通婚。男青年在找对象（俗称"串姑娘"）时，凡是不同姓的姑娘，小伙子都可以自由地去"串"，但姐姐未出嫁时不能去串妹妹。在少数地方还保留姑舅表优先婚的习俗。①

二 对歌

德昂族男青年找对象主要采取对歌的形式。对歌有两种基本方式。一种是男青年领头人带领一群小伙子去和本村或外村的姑娘们集体对歌，在对歌过程中选择合意的伴侣，这种形式多在节日或有人家举行婚礼时进行，

---

① 唐洁：《中国德昂族》，宁夏人民出版社，2012，第 155～158 页。

这时人比较集中。另一种是某个小伙子选中某个姑娘后，单独一人或邀请一两个好友，在夜幕降临时到姑娘家的竹楼后门轻吹芦笙，姑娘知道有男青年来找她，不管是否相识，都会很礼貌地将男青年请进家。也有的地方是小伙子直接进姑娘家，先把火塘里的火点起，再请姑娘出来对歌。在这种情况下，家长们便主动避开去睡觉休息，让青年人自由地交谈和对歌。

青年们对歌的内容是相当广泛的，一般从小到长大成人受父母抚育、教诲等开始，进而唱到蜜蜂与山茶、蝴蝶与鲜花、现实生活中的美满姻缘等，以表达自己的兴趣、爱好及情感。经过一段时间的交往后，如女方愿意，则将男方的烟盒留下，或赠给定情信物，如不愿则将烟盒奉还。双方情投意合、愿结为终身伴侣时，小伙子便赠给姑娘一包茶叶或其他礼物，姑娘便将这礼物悬挂于床头，这是姑娘找到对象的标志，母亲一见便知道女儿有了对象。小伙子也会将找到对象之事让哥哥、姐姐转告父母，并请媒人到女方家提亲。①

传说，青年岩瓦和姑娘玉束相爱。每到夜晚，玉束一听到岩瓦在她家的竹楼旁吹芦笙，就连忙跑下楼梯把岩瓦接到火塘边谈唱，两人的感情如胶似漆，无法分开。玉束的爹爹不喜欢岩瓦，为了阻止他们相会，特意在稻田里搭了个窝棚，叫女儿到那里看守稻田。一个月明星稀的晚上，岩瓦又来找玉束，吹了半天芦笙，楼上没有半点动静。得知玉束已去看守稻田，他就急忙向稻田跑去。

岩瓦来到窝棚下面，惨不忍睹的情景使他心痛欲裂：一只豹子正在窝棚上啃着玉束的骨头。他回家把长刀磨得极锋利，又急忙赶回窝棚，当豹子跳下时，他一刀就把豹子砍死了。他砍下豹子的头和尾巴，带着玉束的项圈、腰箍和沾满鲜血的筒帕，回到玉束家的楼下，把玉束的项圈、腰箍挂在木碓上，把豹子的头和尾巴挂在木碓尾部，坐在碓窝旁吹芦笙。

泪水伴着芦笙的声音一起流，流了半碓窝。岩瓦吹了一阵芦笙，又伤心地唱道：

今晚我来吹芦笙，

---

① 云南省民族事务委员会：《德昂族文化大观》，云南民族出版社，1999，第73~74页。

不见你下楼来接我，

你的火塘边扫得干干净净，

可是我不能和你谈笑唱歌。

……

姑娘啊！你死得多么惨，

这全是你爹的过错，

他用烧红的铁块把我们分开，

使两颗相爱的心饱受折磨。

……

这场爱情悲剧，触动每一个德昂族人。岩瓦吹的芦笙调亦被传唱，即《芦笙哀歌》（又叫"泪水调"），现在仍在德昂族中广泛流传，几乎所有的老年人、青年人都会吹。青年人在爱情遭受挫折时，常用它来抒发情感。许多德昂族地区，在举行婚礼的日子里，还必须唱《芦笙哀歌》，意思要人们不要忘记，他们的婚姻能够得到自由，是这对青年的不幸换来的。[1]

三　送花竹篮

德昂族男青年向自己中意的女青年求婚，除了夜里到女青年家对歌直接倾诉爱慕之情外，还可以用送竹篮的方式试探对方的心意和表达爱情。但是这种送竹篮的求爱方式，不像对歌那样随时可以进行，一般是在每年一度的泼水节期间比较集中地进行。每年的农历三月十二日到三月十四日，是德昂族人的盛大节日——泼水节。在泼水节期同，男女老幼都穿上节日盛装，隆重地欢庆这盛大的民族节日，竹篮作为爱情的信使，更牵动着无数青年男女激动的心，给节日增添了紧张、欢乐的气氛。在节日到来之前，小伙子们都躲到僻静的地方，精心编制竹篮，少的编一个，多的编六七个，这要由小伙子选定姑娘的数目而定。竹篮编好了，在节日到来的前三天，小伙子趁夜深人静之时，先将编制得最好的竹篮送给自己最中意的姑娘，再依次送给平日相处得好的其他姑娘。要知道姑娘是否有意，就得看姑娘

---

① 俞茹：《德昂族文化史》，云南民族出版社，1999，第96~97页。

在泼水节的时候背的是不是自己所送的竹篮。节日里的德昂族姑娘，都背一个装有竹水筒的细眼竹篮，这个竹篮是她们从小伙子们送来的若干个竹篮中挑选出来的，选竹篮就是选她们满意的小伙子。小伙子们把竹筒里的清水先泼在一束鲜花上，又轻轻地洒向姑娘，姑娘也以同样的方式，将花束上的清水洒到小伙子身上。这一来一往的水珠，既是他们之间爱情的表白和许诺，也是把他们的爱情向社会公开。

德昂族男女青年虽然通过送竹篮和互相泼水的方式确定了恋爱关系，但是按照德昂族的习惯，男青年的家长必须托媒人到女方家说亲，获得女方的家长同意才能正式完婚。[①]

四　求婚

青年男女经过一段时间的交往后，若彼此有意，小伙子的家长也无异议，男方的家长便会出面请两位年长的亲戚或者有声望的老人去说媒。媒人携带茶叶、酒等礼物去女方家求亲，闲谈时总是称赞姑娘能干、纺织技术高超、善于操持家务、人长得俊美等。但女方家长需持慎重的态度，不能对方一提亲事就立即表示同意，他们认为这样做会有损女儿身份。因此，通常回答的都是与提亲无关的事。媒人也很耐心地按常规办事，一而再、再而三地往姑娘家去。这时女方父母开始接触些实际话题，谈些女儿的事，如说自己的女儿无知、年纪还轻、不会做人等话。一般到了第三次，女方家长才渐渐松口，收下礼物，向媒人表示，待征询老人意见后再作答复，并约定日期请家族老人和媒人共餐，正式将女儿许配给对方。也有少数女方的父母，出于某种原因不同意女儿的亲事，对这种难说的亲事，按德昂族的规矩，最多只能说七个晚上。若到第七个晚上，女方的父母仍然把话题岔开，或者缄口沉默，那就表示仍不应允，没有再提的必要了，但这种情况很少出现。

德昂族的说亲，是在男女青年自由恋爱、婚姻自主的基础上，按老规矩履行的一种手续，媒人虽需耗费一定的口舌，但是一般都能说成。德昂族女方家长，对女儿选中的对象来求婚，通常都是应允的，家长们普遍认为"姑娘爱上的人，不同意是不好的"，并认为相爱就是幸福。父母对女儿

---

①　唐洁：《中国德昂族》，宁夏人民出版社，2012，第159～160页。

选择对象之事是非常关心的，他们对常和女儿来往的男青年的身世、品行都留心考察，也会给女儿提出一些忠告，但一般不把自己的意愿强加给女儿。也有父母不同意但男女双方态度坚决的，于是便走上逃婚之路，双双离家外出，过两三年后再回家，父母也就不再过问了。在现实生活中，也有因父母反对而婚事告吹的，但这样的事例并不多。

青年人的恋爱关系得到女方家长认可之后，男方即可付聘礼、择吉日办理完婚事宜。德昂族的聘礼，与其他民族相比是比较少的。过去，接新娘的人们的背篓里，装着约1公斤草烟、4碗大米，还有媒人带的8元钱（6元给爹娘，2元给内亲），哪怕人再多，即使每人只能分到几分钱也不能再向男方多要。这其实只不过是象征性的礼品罢了。

但随着本民族社会经济的发展并受周围民族的影响，德昂族也逐渐改变了低聘礼的习俗。举例来说，新中国成立前，德宏三台山一带，多数给70元半开（旧时云南银币），也有高达两百多银元的。聘礼不完全归父母，其中有一半或三分之一要给同姓家族长老们分享，以此体现家族老人对本家族女儿具有一定权力。在结婚时，男方要送给女方家猪肉百余斤，酒二三十斤，盐、茶、草烟若干斤，送给女方父母衣服各一套，还要单独给岳母十多元钱，通常把它称作"奶水钱"，作为母亲抚育女儿的报酬。举行婚礼时，还要宴请三天。有的男青年家因无力支付聘礼和结婚费用，便到女方家入赘，这样可免去聘礼及婚礼费用。因此有的地区入赘现象比较流行。[①]

五　婚礼

送完了聘礼，方可迎娶新娘。迎亲时，新郎在伴郎、媒人的陪同下去迎接新娘。在进入新娘村寨时，鸣枪数响，表示娶亲人员已到，新娘梳妆打扮完毕离开娘家时，由舅母、姊妹及本寨未婚青年送行，并将女方家长陪嫁的衣服、锄头、镰刀等嫁妆，及女方赠给男方父母的衣服带回男方家。新娘子到新郎家，登梯上竹楼时，双脚一定要先踩在专门设置于楼梯下的石块上，表示他们的婚姻像磐石一样的坚固、长久。新媳妇上楼时，婆婆要给她撒谷花。在镇康地区婚礼就更有特色了，新娘到来之前，新郎的亲

---

① 《德昂族简史》编写组：《德昂族简史》，云南教育出版社，1986，第142～144页。

戚朋友要帮忙采摘鲜花，然后把花瓣摘下，按红、黄、白色分装在三个小竹箩里。当新娘随着欢乐的鼓声和铓锣声登上新郎家的第一级台阶时，婆婆捧起混杂的大红、淡红、深红花瓣向儿媳头顶撒去；新娘登第二级台阶时，婆婆将深黄、淡黄、紫黄的花瓣撒向儿媳；新娘登第三级台阶时，婆婆则撒下雪白的花瓣；新娘登第四级台阶时，婆婆将各色鲜花混在一起抛向天空，纷纷飘落在新娘和宾客的头上，给婚礼增添了欢乐的气氛，带给人们以吉祥、幸福。

撒花仪式结束，新娘缓步登上晒台，跟在婆婆后面进入新房。男方事先请好的"安长"（有文化知识的先生），随即在火塘边为他们主持婚礼，安长念经并请求佛祖赐给幸福，祝新婚夫妇白头偕老。婚礼结束，开始宴请宾客，同时新娘分别拜见男方长辈亲戚，敬送糯米粑粑、糖果及新娘平时织成的缀有红、绿、黄色绒球的小布袋等礼物。长者受拜后要还礼，以铜钱为货币时用 50 文还礼，用半开（云南银币）时则给一至二文；新中国成立后一般是一二元人民币。晚上，村寨里男女青年聚集在新娘家的厢房对歌、唱调子，往往要唱到雄鸡报晓方散。次日新郎陪新娘回娘家，送去男方家赠给女方父母、兄弟姊妹的衣物等。若新娘是本寨人，亦可当天返还夫家。

德昂族因信仰南传上座部佛教，恋爱、结婚时间都受一定限制，找对象和办喜事的时间，一般都在当年 10 月（即开门节）后，到第二年 4 月泼水节为止。新婚夫妇在当年的泼水节期间，要拜一次村中的长老，称为"赶朵"。届时，准备些粑粑、糖果，父母再为他们准备些纸花，然后到长辈家中一一叩拜，并告知长辈们他们已经结成夫妻，成人了，以后他们也会像长辈一样生活，成家立业，并白头偕老。长辈们祝愿新婚夫妇互敬互爱、家庭幸福。"赶朵"时，新婚夫妇所到人家的青年，均可向他们泼水，表示吉祥和欢乐。

在德昂族生活中还出现过反抗父母意愿、为实现婚姻自主而采用的"抢婚"。当青年男女双方彼此有情而被女方父母拒绝时，男青年便约几个小伙子趁夜深人静姑娘独自一人时，将姑娘"抢"去，隐藏于附近山林里，由男方家暗地送饭。女方父母派人到处寻找之际，男方家再托媒人携茶叶一包前往说媒，父母知道后，只好同意姑娘的亲事。

德昂族的婚姻实行一夫一妻制，其婚姻形态中还保存着妻姐妹婚和夫兄弟婚的习俗。在现实生活中，仍然可见一家的姐妹分别嫁给另一家的兄弟的事例。另外，妻死，丈夫有权娶妻之未婚姐妹为妻；丈夫死，妻亦有权同丈夫的兄弟结婚。①

六　婚后生活与婚姻关系的解除

婚后，夫妻二人如果离开父母另建新居自立门户，就要承担起建立小家庭的责任，共同进行生产劳动，过独立的家庭生活。由于德昂族男女基本上是自由恋爱而结婚的，加之佛教思想的影响，因此婚姻关系较为稳定。

过去，夫妻间一旦发生纠纷，多由家长、亲戚劝导、调解，若感情破裂、调解无效时可以解除婚约。方法也简单：当男方不愿保持婚姻关系时，只要向头人"达吉岗"申诉离婚理由，头人便转告女方，女方即搬回娘家居住，另找配偶。若系女方提出解除婚约，向头人申诉理由后即可回娘家。但有些地方对妇女要求离婚有一些限制，如女方主动提出离婚，则要向男方赔偿所收聘礼。所生子女，原则上是男孩随父，女孩随母，婴儿由母亲抚育。新中国成立后，德昂族地区在离婚问题的具体处理上，主要是根据国家有关法律规定及村规民约，由村公所及相关部门具体操作，传统的习惯法已退居次要地位。②

七　族内婚制

（一）族内婚制

新中国成立前，德昂族的婚姻实行族内婚制和姑舅表婚制。新中国成立后，随着人们对近亲结婚危害性认识的提高，姑姑家儿子娶舅舅家女儿的优先权已经废除。

新中国成立60多年来，尽管各民族之间频繁地友好往来、相互影响，但德昂族族内婚的习惯仍然保留着。在20世纪80年代以前，族际通婚不很常见。现今，新结婚的青年中，族内婚仍然占有很大比重。德昂族不仅跨民族通婚的非常少，有的就是本民族内部不同支系之间也不太愿意通婚，

① 云南省民族事务委员会：《德昂族文化大观》，云南民族出版社，1999，第76～78页。
② 《德昂族简史》编写组：《德昂族简史》，云南教育出版社，1986，第145～146页。

原因是语言不太相通、习俗有差异。花德昂与红德昂、黑德昂基本不通婚，红德昂与黑德昂相互通婚，但很少。这主要是因为语言、生活习惯及宗教信仰、经济发展水平之间存在差异，各支系只愿意在本支系内通婚（南传上座部佛教中信奉左抵的德昂族不养猪鸡，有见杀不吃的习惯），而且是高比例的村寨内通婚。在德宏三台山德昂族乡出冬瓜和邦外寨子，男青年娶本寨子的姑娘为妻的占80％以上。这两个寨子本民族内部通婚比例达100％。在周围的汉族和景颇族寨子，这种基本在村寨内部通婚的现象是不存在的。

德昂族依赖于在本村内通婚，有其深层的社会原因。村内通婚的原因之一是地理环境封闭。德昂族以农业为生，与外界交往不多。他们居住的地区山高林密、道路不通，与外面联系非常不便。青少年一般从小学毕业起就回乡劳动，与外界很少发生联系。而德昂族的传统习俗是小伙子自己"串姑娘"找对象，很少通过别人介绍，这就限制了他们选择对象的范围。德昂族青年跨村寨串姑娘比较困难，由于交通不便，往往几个月才能与外村寨姑娘见一次面。而且在过去，如果两个寨子的关系不好，其他寨子的青年头对来串姑娘的还有限制。也有的人认为，找外寨子的姑娘不把握，不像本寨子那样知根知底。改革开放后，宗教信仰自由，虽然德昂族的民间宗教及活动有所恢复，但总体上组织的跨村寨活动很少，现有的社会活动不能为他们提供更广泛的交友机会。村内通婚的原因之二是经济困难。在三台山乡，多数人都认为在本村寨找媳妇主要是花费少，娶外村寨的媳妇没有那么多的钱。如果在本村寨内通婚，问题就会迎刃而解。村规民约也规定了在本村讨媳妇收礼钱的限额，但对外寨子来讨媳妇没有规定。因为经济困难，一般人不到外寨子讨媳妇。村内通婚的原因之三是观念问题。由于宗教信仰、经济发展、习俗等差异及交通等因素，德昂族有支系间互相看不起的问题。另外，好小伙子、好姑娘在本村如果找不到对象，到外村去找，也觉得脸面上不光彩。村内通婚的原因之四是建立和维护村内社会关系网络的需要，村内通婚被认为对新娘及娘家有利。在德昂族村寨，人际关系是非常紧密的。本村寨内的社会环境，与个人和家庭的发展息息相关，在本村寨内通婚，有助于形成一环套一环的亲戚关系网，这对于当事者依靠这个社会网络资源改善自己的生存状况是非常有利的，如到村外联姻，这种关系就很难利用上。源于社会网络的社会资本所起的作用，受到该民族的特别重视。

（二）同姓不婚

新中国成立后，德昂族同姓不婚的习俗仍然保留着。在德宏州三台山德昂族乡，有许多德昂族村寨就是一个村寨集中有几个姓氏，如勐丹寨子集中的是包姓，邦外寨子集中的是李姓，这些寨子都有100多年的历史（德昂族使用汉姓，也是100多年来的事情），寨子内同姓者有着很近的亲缘关系。传说勐丹寨子最初是由包家两兄弟建立的，因而勐丹寨子的包姓是同一家人。德昂族这种同姓不婚的习俗有一定的合理性，可以避免近亲结婚所带来的危害。《左传》载："男女同性（姓），其生不蕃。"明朝规定："同姓及近亲不得通婚。"新中国的《婚姻法》明文规定，"直系血亲和三代以内的旁系血系"禁止结婚。过去在德昂族村寨，违反同姓不婚规定的要处以男女"同槽吃食"（意为猪狗不如）的惩罚。现在德昂族村寨仍然规定同姓不能结婚，如出冬瓜村寨的村规民约规定，如果同姓结婚要罚款，还要"洗寨子"。因此，至今同姓结婚在德昂族中仍被视为犯了大忌。

八　族际通婚

族际通婚往往能反映民族关系的深层次状况。因为在中国，各民族间的差异在体质方面并不突出，主要体现在文化和价值观念方面。族际通婚只有在两个人的感情和心理都感到十分亲密的情况下才能发生。同时，婚姻往往不是纯粹的个人之间的事情，在大多数情况下，与男女双方的父母、亲属、家族和社区对族际通婚的态度有密切的关系。如果当事者不考虑这方面的因素，违背父母、亲属或社区的意愿，他们就有可能成为被孤立的对象。因此，族际通婚的状况往往成为测量不同民族的相互关系和深层次融合程度的一个重要方面。美国社会学家辛普森和英格在他们的研究中把民族通婚率视为衡量美国各种族、民族之间的"社会距离"和民族融合的一个十分敏感的指标。另一位美国社会学家戈登在他的著作《美国人生活中的同化》中提出了研究和度量民族融合的7个变量，其中，族际通婚是最为重要的一个变量。他认为，只有两个民族集团文化上能够互通、语言上没有什么障碍、宗教上互不冲突、有很多的社会交往机会、彼此之间没有偏见和歧视、群体与家庭对于民族通婚也不反对时，民族集团之间才有可能形成较大规模的通婚。马戎教授认为，如果使用"相对通婚率"（族际通婚户在所有户中的比例除以少数民族人口在总人口中的比例），1990 年中国的这一比率为 0.333，1970 年苏联为 0.290，1980 年美国为 0.084，这多少说明中国的民族关系比苏联的民族关系和美国的种族关系要紧密得多。

族际通婚情况毫无疑问能够反映民族关系的状况。如果两个民族之间的关系不好，甚至互相仇杀，大规模的族际通婚是不可能的。但是如果民族之间长期和睦相处，族际共同的东西很多，这就为两个民族的青年相互交往、相互爱慕乃至通婚提供了可能。德昂族族际通婚的比例非常低，影响其族际通婚的因素比较多。

一是维护民族生存的需要。这一点与民族自我意识有关。因为任何民族要生存发展，都要设法繁衍人口，保持其文化传统。民族间的通婚，在给一个民族带来人口变动的同时，也带来新的文化因素。对这一点，人口比较少的民族尤为重视。因此，历史上许多少数民族都对本民族与外民族的婚嫁有些不成文的限制规定。如有的民族严格禁止与外民族通婚。有的民族的禁止是单方向的，如彝族有句俗语说"男可乱娶，女不乱嫁"，意思是说男的可以娶外民族的妇女，而本民族的妇女不能嫁给外民族。类似这样规定的还有维吾尔族、蒙古族、朝鲜族、藏族等。这样不仅没有失去本民族的妇女人口，还可以获得外民族妇女生育所带来的人口。这是增强民族力量的一种手段。如果在德昂族中长期存在大规模的族际通婚现象，其民族特点可能早就消失了。

二是历史记忆的影响。在新中国成立前，各民族之间是不平等的，德昂族与其他民族之间发生过一些冲突。如历史上傣族土司为了维护自己的统治，曾在德昂族与景颇族之间挑起过战争，德昂族为了反抗封建土司的压迫，也曾联合当地的傣族、景颇族发动过农民起义，战争的痛苦记忆在德昂族老一辈人中印象深刻。这种历史遗留的隔阂在新中国成立之初还严重存在。由于历史隔阂等因素，德昂族与其他民族交往较少，相互缺乏了解，存在误解，互相感到神秘。这种历史遗留的记忆在改革开放后才逐步消除。在历史上形成的民族隔阂没有完全消除前，德昂族与其他民族大规模通婚的情况是不容易发生的。

三是宗教信仰、风俗习惯的影响。宗教信仰、风俗习惯的差异是影响族际通婚的关键因素。譬如，信奉伊斯兰教的民族与外民族通婚，通常要求对方在家中遵守伊斯兰教的饮食禁忌，甚至改信伊斯兰教。德昂族与其他民族通婚也存在宗教信仰、风俗习惯的差异问题。如信奉南传上座部佛教的德昂族人与信奉基督教的景颇族人通婚，就存在宗教信仰不同所带来的风俗与习惯差异问题，因此，宗教信仰差异是其互不通婚的一个关键原因。如今，随着改革开放和社会经济的发展，三台山的德昂族与其他民族的交往越来越密切，与其他民族通婚已经不是个别现象了。

四是经济条件的影响。民族之间的经济发展水平差距，无疑也是制约族际通婚的一个重要因素。在少数民族地区，虽然门第观念没有汉族地区那样严格，但是如果男女双方的家庭经济条件相差较大，双方还是会有许多顾虑。虽然如今老人对青年人找哪个民族婚配没有特殊要求，青年人也抱着找什么民族都无所谓的态度，但是，由于德昂族经济发展比较缓慢，他们与其他民族通婚的比例还很小。虽然德昂族的宗教信仰和习俗与傣族接近，但是与傣族通婚的很少。如三台山德昂族乡允欠村地处320国道边，交通便利，紧挨着汉族、傣族、景颇族村寨，他们有娶外地汉族姑娘的，也有嫁娶景颇族的，但是没有一个与傣族通婚的，原因是傣族姑娘的婚嫁标准高，德昂族的生活水平达不到娶傣族姑娘的要求。在三台山其他村寨及镇康、耿马地区的德昂族村寨，也大致是这种情况。但是在瑞丽、陇川等地，由于当地的德昂族主要居住在坝区，经济发展水平与周围的傣族、汉族、景颇族差不多，族际通婚的障碍就没有那么明显。另外，当地的德昂族村寨居民虽然以本民族为主，但也有少量其他民族杂居其中，各民族接触的机会比较多，因此，瑞丽、陇川等地的德昂族与其他民族通婚的就多一些。如陇川县章凤镇户弄村费顺哈寨子，德昂族与其他民族通婚的占50%（主要是傣族姑娘嫁过来）。新中国成立前，瑞丽德昂族没有与其他民族通婚的，但现在都与汉族、傈僳族、景颇族通婚。随着德昂族经济的发展，制约族际通婚的障碍会逐步消除。婚姻的观念在转变，过去偶然发生的与外民族通婚，往往会受到本民族的强烈谴责，会被人看不起，受到孤立和嘲笑。现在，德昂族的婚姻观念已经发生了根本性的变化，历史上形成的德昂族与外民族通婚的观念上的障碍已经基本消除。①

---

① 丁菊英：《德昂族的传统文化》，云南大学出版社，2012，第45~49页。

第二节 家庭

在第一章关于人类起源传说中，我们曾谈到在德昂族中广泛流传着《葫芦的故事》：德昂族的祖先是从葫芦（或岩洞）里出来的。

这些神话传说和故事，反映了德昂族和其他民族一样，历史上也经历过血缘家庭、对偶婚家庭、母系家庭、父系家庭等各个发展阶段。而到了近代，德昂族的家庭组织，由于所处各地区社会经济发展的不同而有所不同。总的来说，德宏州的德昂族，早已进入个体家庭阶段；而镇康县、耿马县和保山地区潞江坝的德昂族，在20世纪初期，还保留着父系氏族大家庭公社的基本特征。[①]

一 父系小家庭

德宏州境内的德昂族，基本生活单位是父系小家庭。这种家庭多包括两至三代，即祖父母、子女和孙子、孙女。长子、次子多数建立新的家庭。幼子则留在父母身边，赡养老人，继承遗产。对于另立门户的儿子，家长通常会根据家庭的经济情况，把一部分猪、牛等财产分配给他们作为生产、生活资料。但由于德昂族没有平均分配家产的习惯，因此主要还是靠各自的小家庭独立经营。

德昂族家庭成员中，男子当家做主，妇女居于从属地位。男性成员在生产生活中处于主导地位，而妇女除参加少量生产外，主要是料理家务。因此，在财产继承上，只有男子才能继承财产，女儿不得继承；如果家中没有儿子，财产则由本家族男性成员各得一份。只有招上门女婿，女儿才可以获得财产继承权。[②]

二 父系大家庭

德昂族进入父系家庭阶段后，一度盛行的是父系大家庭公社制。父系

---

① 俞茹：《德昂族文化史》，云南民族出版社，1999，第103~104页。
② 《德昂族简史》编写组、《德昂族简史》修订本编写组：《德昂族简史》（修订本），民族出版社，2008，第135~136页。

大家庭公社在德昂族、布朗族、佤族这些孟高棉语族民族中都盛行过。

居住在镇康、耿马和潞江坝的德昂族，在 20 世纪初期，还保留着父系大家庭，德昂语称为"克勒"。每个村寨由 2 ~ 5 个不同的大家庭（"克勒"）组成，村寨必定有两三个有婚姻关系的"克勒"，德昂语称为"当牢"（婚姻集团），他们之间有优先建立婚姻关系的权利和义务，只有在本村寨的"当牢"不足以维持通婚时，才与外村寨通婚。

德昂族父系大家庭最显著的标志是同一祖先后代的若干个小家庭的成员共居于一幢"董拉"（长屋）中。多数"董拉"中是从祖父到曾孙四代同堂，男子娶回的妻子及女儿招赘所建立的各小家庭都可包括在内，大家庭成员多的 80 余人，少的也有 20 余人。镇康县德昂大寨乡"达当"家，在 20 世纪 30 年代还是一个拥有 89 人的家庭，所建房屋长 47 米，宽 17 米，占地近 800 平方米，房内用竹壁隔成 3 间"格冲"（家长卧室）和 12 间"格斗"（小家庭成员卧室）。家内设有 3 个大火塘，2 个用于炊事，1 个专烧开水。

德昂族的大家庭由德高望重的长辈担任"格尼阿贡"（家长），他是由大家庭成员从老一辈男子中推选出来的，领导大家庭的生产劳动，组织消费及宗教祭祀等，同时维系本氏族成员间的团结。除家长外，还得选出两人作为家长的助手，一人专管粮食，一人专管生产。德昂族男女有分工，一般是男子承担砍伐森林、锄地、犁地、收割等农活，妇女承担栽秧、薅锄、纺织、舂米、抬水、煮饭等家务劳动。炊事由妇女轮流主持，用膳时，男子先吃，妇女后吃，凡食肉类，家庭成员每人一份，由主妇平均分配。大家庭集体种植的棉花和烟叶，到秋收后，按个体小家庭的人数平均分配；而集体收入的草烟、茶叶、竹笋等，也平均分配给每个家庭成员。[1]

三 镇康地区的过渡性家庭——关格纠

镇康、耿马地区的德昂族，在 20 世纪初期，还处于父系小家庭和父系大家庭（也称家庭公社）并存状态。至于父系大家庭向小家庭的过渡在什么时候开始，人们很难说清楚，但人们还记得，19 世纪后期和 20 世纪初

---

[1] 丁菊英：《德昂族的传统文化》，云南大学出版社，2012，第 40 ~ 41 页。

期，德昂族村寨就已出现小家庭和大家庭并存现象。除一些独立的小家庭外，还保留着十几个大家庭，大家庭的成员多数有二三十或四五十人。20世纪初尚存在于镇康德昂族村寨的最大的一个大家庭，由15个小家庭组成，最兴旺时，共有89个成员。一个大家庭即是一个经济单位，他们在老一辈男性家长的领导下，共同生产、共同消费，共居于一幢大房子里。大屋里，根据家长及小家庭成员的需要，用竹篱笆隔成小房间，每对夫妻一间，按年龄和辈分的自然序数排列。20世纪40年代，大多数父系大家庭基本解体，到60年代初，最后的一个大家庭（姚老大氏族大家庭）也解体了。在大家庭向小家庭转化的过程中，出现过一种过渡性的家庭形态，德昂语称之为"关格纠"。氏族家庭解体后，各小家庭虽然在经济上独立了，但并未立即离开大家庭这个母体去建立单户住宅，仍是三五户或七八户共居于一幢大屋中，维系着彼此间的合作关系。长期以来，德昂族认为若干个小家庭能和睦共居于一幢大房中不互打扰、不闹纠纷是一种美德，现在去到曾经保存大家庭的村寨，虽看不到大房子了，但二十余人、两三代不分家的中等家庭，或者两三个经济独立的小家庭共同居住于一幢楼里的现象仍能见到。甚至没有亲戚关系，只要思想感情合得来，一方住房有余，而另一方又缺房的，也可以长期共同居住、和睦相处。这在其他民族中是罕见的，只有德昂族仍保留着这种形态，它把人类从父系大家庭到父系小家庭的演变历程更清晰地显示出来，是人类家庭形态转变的一个活的物证，填补了人类家庭发展史上的一个空白。①

四　父系大家庭的解体

德昂族的大家庭在20世纪三四十年代随着个体经济的发展而解体，60年代完全消失。

20世纪三四十年代，德昂族父系大家庭的家庭成员人数在20～80人，曾祖辈、祖父辈、父辈和子女辈四代同堂。大家庭住在大屋子中，集体生产，共同消费。在家庭成员内部，按性别实行劳动分工，长辈老人负责组织和领导生产、消费。家长的权力相当大，家庭的维系在很大的程度上是

---

① 云南省民族事务委员会：《德昂族文化大观》，云南民族出版社，1999，第113～114页。

依靠家长的威望。家庭重大问题，在家长主持下共同商量，征求大家的意见共同决定，从生产到交换都是如此。随着商品经济的发展，妇女把从大家庭中分配得来的棉花、麻织成口袋、披单，作为商品出售，或与附近各族人民交换，收入归小家庭私有。一些比较富裕的大家庭的集体出售所得，家族长亦直接分配给每个家族成员。于是，小家庭的货币增多了，有的用于购买猪、牛作私有财产，有的用于放债，等等。随后，大家庭集体饲养的大牲畜，逐渐转变为由个体小家庭饲养或合伙分养、对半分成等。小家庭经济迅速发展，促使德昂族大家庭多数于 20 世纪 40 年代解体。到 60 年代初，德昂族最后一个 28 个成员的大家庭也瓦解了。从此，长期保留下来的父系大家庭在德昂族的历史上消失了。[1]

五　父系大家庭解体的原因

新中国成立前，德宏地区的德昂族都已经是小家庭经济，而临沧地区镇康县境内德昂族的父系大家庭延续到近代。德昂族父系大家庭解体的原因主要有以下几点。

首先，商品经济渗透于大家庭的肌体中。德昂族大家庭虽然长期处于比较封闭的状态，处在汉族和傣族封建经济与商品市场的包围中，和外民族进行商品交换的时间并不算晚，在相当长的时期内，交换的权利在大家庭手中，但由于个人劳动产品可以在集市上交换，妇女们逐渐把自己多余的纺织品投入市场，如大家庭种植的棉花和麻，除留作统一纺织家庭成员衣服、裙子的布料之外，也拿出部分分给各个"格斗"（小家庭），用来添补大家庭分配的不足，也作织棉毯之用。这些产品一经大家庭分配，就为小家庭所有，在有剩余的小家庭中它就可以变成商品出售。也有些小家庭利用长期在地边吃、住的机会，在完成统一的生产任务之后，自己开垦小块棉麻地，收入归自己，或利用农闲去采集野生木棉，织成棉布、挂包、麻布、麻袋等拿到附近市场出售，收入归劳动者个人所得。这是大家庭瓦解的主要原因。

其次，大家庭母体内私有财产增加。由于大家庭成员以商品所有者身份进入市场，并从交换中得到货币或自己所需的商品，这就在脱离公有制

① 丁菊英：《德昂族的传统文化》，云南大学出版社，2012，第 41~42 页。

而进入私有制方面迈出了一步。同时，比较富裕的大家庭出售了粮食和牲畜后，有的便把所得的钱部分或全部平均分配给每个"格斗"，也有的家长把自己积蓄的一部分给子女作为私房钱，让他们去放债及放养牲畜等。由于大家庭成员手中的货币日益增多，除部分用于购买小家庭的生活必需品外，有的就变成生息资本。有的用于购买牛、猪发给早已脱离大家庭并已趋于贫困的小家庭饲养，增殖部分双方平均分成。也有的买回黄牛、水牛后交给大家庭的放牧者。这部分牲畜及其繁殖的仔畜，大家庭可用于耕作，但所有权全归母畜购买者。随着家庭成员间占有动产的不平等出现，各小家庭关心自己多而关心集体少，如一个即将瓦解的大家庭，在遇到困难时，家长四处借钱借粮，但家长妻子及其他成员手中的私房钱谁也不愿借出一点以解决大家庭的困难，只好等待它无法克服困难而瓦解了。

再次，家长谋私与家庭成员的分裂。有些私心重的家长，把大家庭的财产据为己有，有的利用大家庭的财产做生意，买猪、牛放养，红利归己，家长不再是大家庭的公仆，这些都使大家庭成员丧失劳动生产积极性，同时也不愿再为家长白辛苦，从而脱离大家庭另立门户。于是，家长的谋私往往成为大家庭解体的直接导火线。[1]

第三节　生育

过去，德昂族妇女在怀孕期间仍然要下地干活，有的甚至在田地里或路上就生下小孩。生育前后只能吃盐水泡饭和蔬菜，不能吃肉类，认为吃了肉食，鬼会跟着来。生育后月子中的产妇吃鱼眼草煮鸡蛋补充营养。生育时，家人很少照管，也无人助产，多由产妇蹲着生，也有少数是卧生，疼痛时不能喊叫，小孩子生下后，由产妇用削得锋利的竹片割断脐带，用布条扎好。遇到难产才请民间医生来帮接生，因此常有婴儿胎死腹中或产妇难产而死的现象。

德昂族梁支系婴儿出生后胎盘装在竹筒里埋在柱子边，如果是男孩就把胎盘埋在中柱边，如果是女孩胎盘只能埋在檐柱边。这表示男孩是家中

---

[1]　丁菊英：《德昂族的传统文化》，云南大学出版社，2012，第42～43页。

顶梁挑柱的继承人，而女孩是要外出的人，不能成为继承人。婴儿满月的那天早上，其母亲要请先生去奘房拜供佛祖，请求佛保佑婴儿，回来后要给婴儿系线，表示让婴儿健康成长。满月那天还要推算时辰，就是推算天上的白虎在东、南、西、北中的哪个方位，意思是不能遇着白虎。吃过早饭后母亲背着头戴帽子的婴儿，手拿一把刀子，走向白虎相反的方向，到山上砍一棵树，边砍边说："今天砍这根树是让我的宝宝长命百岁，老来用这树做拐杖。"然后返回家中，这时就可以给婴儿取名字了。

产妇在产后七天要住在内屋火塘边，七天之后才允许离开内屋。人们用浦桃把皂角液泼洒在新生儿身上，以示祝福。出生一个月之后才把孩子放进摇篮里。三个月后举行命名仪式。四五岁前服装不分男女孩，五岁以后男孩和女孩才用服饰、头发来区分。女孩不再剃光头，允许留长发。男孩继续剃光头，并且为了学习文化和信仰到寺庙里当沙弥，接受佛爷的教导，学习佛教的训言；成为有教养的人之后，可以还俗，也可以继续做僧侣，不继续做僧侣的还俗后要参加成人仪式。

新生儿满月之前，产妇不能煮饭、炒菜，更不能随便到别人家串门，德昂族认为，产妇坐月子，晦气最重。如果产妇做饭、炒菜，会"埋下"不吉利的邪气；如果产妇进入他人家门，会带去污秽不堪的"邪事"，意味着这家人将有不祥。坐月子期间，也忌讳外人特别是有病者进入产妇的房间，认为外人在路上难免会遇到"邪气"，进入产妇卧室，则会把"邪气"带给产妇和婴儿；有病者进入产妇卧室，则会使自己的病痛附在产妇和婴儿身上。在德昂族人看来，这是不道德的行为。为了防止外人误入产妇卧室，要在家门上方挂仙人掌或者茅草，一则用来避邪，二则告知来人遵守有关习俗。[1]

第四节　姓氏与取名

镇康、耿马地区德昂人的姓氏，只有9个姓，在没有用汉姓之前，用傣文记载的书里已有的姓，有刻门（汉语称王姓）、相睐（刘）、哑要（姚）、三关（金）、地邦（曹）、克别（杨）、克戛撒（吕）、克安德（董）、克饶

---

①　唐洁：《中国德昂族》，宁夏人民出版社，2012，第 153~154 页。

果（又称克恩大，李）。而德宏地区除上述诸姓外，还有钟牙（赵）、刀丕（段）、海（叶）、赖若（赖）、邦拱（田）、绕西（蒋）等姓。德昂族婚后所生子女，由父母取名，过去取名的方法多按出生的年、月、日、时、属相来取，如查（鼠）、包（牛）、衣（虎）、卯（兔）、先（龙）、沙（蛇）、牙（马）、麻（羊）、新（猴）、收（鸡）、灭（狗）、交（猪）。父母可按年的属相也可按月、日的属相定名，不同的是男性在前加"阿"，女性加"立"（有的地区不加），如牛年或牛月、牛日生的，男的即叫"阿包"，女的心"立包"。有按排行取名的，如腊所（老大）、腊左（老二）、目约（老三）。也有按傣族和汉族习惯取名的。此外，还有按母亲分娩时所触景物取名的，不拘一格，形式多样。也有的是过继给亲友、由亲友为他（她）取名的。过继他人取名是出于迷信，他们认为请有福气的人为自己子女取名，可保孩子快快长大，不生疾病。如果是自己取名或请亲友取名后孩子体弱多病，家长可请佛爷另取新名。

取了名字的孩子，便请佛爷或安长（村里有文化的长老）把名字记载在出生簿上。出生簿是折叠式的册子或用卡片做成，由各户户主妥善保存，遇有死亡，即从出生簿上除去名字。若系年长者正常死亡，则将记载死者名字的册页交给村寨佛寺里的和尚超度亡魂，然后烧去。

德昂族生育子女后有讳名的习俗，凡有子女并为其取名后，不论是亲友还是父母都不再喊他们原来的名字，而改称他们为某某的爹或妈。若长子、长女早逝则以次子、次女名字代替。有的虽然没有生育子女，但已结婚多年，也为未来的子女取下名字，因而也被称为某某的爹或妈。因为，他们认为对有了子女的人，或虽无子女但年长的人，再直呼其原名是不礼貌的。[1]

第五节　传统火塘文化

火塘是德昂族家族的象征，这在父系大家庭一直保留到现代的镇康县等地的德昂族中表现得特别明显，传统中的火塘观念也特别突出。在他们的大家庭中，只要父母在世，儿女们都不分家，三代、四代人同吃一锅饭，

---

① 云南省民族事务委员会：《德昂族文化大观》，云南民族出版社，1999，第116~117页。

几对甚至十几对夫妇同住一个大屋，是非常合理、非常符合传统观念的。如果父母在世时儿子另立个火塘，那是大逆不道的，要遭到人们的谴责，会被看成大家庭的瓦解，所以，在那一溜长长的"干栏式"大茅草顶的竹楼里，按夫妇对数的多少，分别隔成小间，一对夫妇拥有一小间作为寝室。未婚的子女与父母同住，至于大屋中所设火塘的多少，是由家庭所需来决定的，1至4个不等，大多为2个，1个用于炊事，1个用于烧水。已婚子女虽然有了自己的寝室，但没有自己的火塘，他们紧紧守护着父母的火塘，同劳同食，让父母享尽天伦之乐。在温馨和谐的大屋子里，在火焰跳动的火塘边，人们围坐在火塘周围取暖做饭，或细心听取祖（父）辈对生产、生活的安排，或聆听那些引人入胜、感人至深的民间神话故事等。父母与世长辞后，已婚的儿女们（包括入赘的女婿）如果有分出单独另立户的愿望，可以搬出大屋子，自立火塘，在立新火塘时，火种一定要从父母的火塘中引出，以向世人表明，自己家是从父母的火塘中分出来的。

德昂族传统火塘的凝聚力，即是维系亲缘关系的纽带、生息的伴侣，这在传统火塘是德昂族家族的象征这一事实中已可见一斑。在不少德昂族的传统观念中，只有围着传统的火塘才能获得人生中最美好的一切：美满、幸福、温馨、恬静的生活。

现今，改革开放的灿烂阳光照亮了德昂人的村村寨寨，也照亮了现代青年的心，传统火塘对他们来说，已逐渐失去了原有的魅力。越来越多的青年人正在告别火塘闯荡社会，有的离家求学，有的外出工作，有的跑运输，等等。

总之，经济的繁荣，交通的发达，文化水平的提高，思想的解放，是现代文明促进传统生活习俗改变的前提，是使传统生活习俗向现代文明转化的重要条件。①

第六节　伦理道德观念

一　敬老爱幼

德昂族敬老爱幼的优良传统道德，特别是敬老，在经济一度暂欠发达

---

① 赵纯善、杨毓骧：《德昂族概览》，云南大学出版社，2006，第154～156页。

的镇康、耿昌、澜沧地区的德昂人中表现得尤为突出，至今仍保留着。古往今来，德昂族认为，是父母把他们带到人世间的，没有父母就没有他们。因此，父母是"活佛"，要尊敬赡养。所以，德昂族在家中孝敬长辈，在外尊敬长老，这已成为德昂族共同的社会风尚。用德昂族自己的话来说，"没有老人就没有我们自己"，所以要自觉地用实际行动去尊敬和赡养老人，下一代也会效仿。昆明圆通公园进大门不远的墙壁上，画有云南民族的大型宣传画，其中有一幅，画的就是德昂族人民的"敬老节"，这从一个侧面反映出德昂族敬老的特点。

（一）孝敬家中长辈

长辈是德昂族家中的核心和主宰，一切生产、生活都要听从长辈的安排。在劳动中，不让老人从事重体力劳动，仅让其在家中做一些力所能及的附带劳动。生活上，对老人的饮食起居给予无微不至的关心，把家中男长老的卧床安置在火塘的旁边。火塘上方的小平台，专供最年长的人坐，晚辈只能坐在侧面或对面，以示对长辈的尊敬。年轻人要出远门时，要向家中长辈行辞行礼。凡家中杀鸡，煮熟后，鸡肝、鸡肚要单独装一碗，放在长辈面前，鸡头敬给年纪最大、最受尊敬的长老或年长的客人。饮酒，同样要先敬长辈。用餐时，请男性长辈背靠火塘以示对其尊敬。如果儿子成家后，要分家时，首先必须自觉地留足父母的"养老田"。

（二）尊敬村中长老

德昂族在外面，对长辈同样非常尊敬，而且，人与人之间血浓于水的那种情感表现得特别深、特别浓厚。年幼者，不敢在长者面前说不文明的话或做不文明的事；凡有老人在场的地方，唱歌对调首先要向老人致敬，若要唱一些谈情说爱的内容，也要征得老人的同意，这使青少年从小就养成了尊老、敬老、爱老的习惯。路遇比自己年长的人，必须主动让路，并走下方，甚至低头而过。若遇长辈行路不便，或发生意外，会主动搀扶，送其回家。村中谁家老人病了，全寨人都要去问候、守夜。老人逝世，全寨人都去帮忙料理后事。在老人去世的一个月内，寨里人晚上要到死者家中围坐相伴，表示对亲属的慰问以及对死者的悼念与怀念。

（三）敬老节

德昂族除了在实际生产、生活中有着许多孝敬长辈、尊敬老者的规矩外，还有着不少具有敬老性质的节日，至今仍保留着。

1. 尝新节

德昂族的尝新节在秋粮收进家后举行，但日期可各家自行选定。届时要杀猪宰鸡，把老米和新米混合煮成饭，象征着老米吃不完，新米又接上，年年有余粮，年年庆丰收。每逢尝新节，家家都轮流把寨中的老人请到家中参与尝新，由其中一位德高望重的长者，首先端起饭碗，举过头顶，口念祝辞："给你们五谷丰登，吃不尽，穿不完！"大家齐声应道："谢谢金口，希望能像您老说的一样！"然后才兴高采烈地共同尝新。有的地区过尝新节比较简单，范围也比较小，只是自己家人在一起举行。但是，仍然是晚辈先盛饭敬长辈，待长辈尝新后，再说几句祝愿的话，全家人才能开始尝新。否则，会被视为不孝敬长辈。

2. 洗手洗脚礼

德昂族的洗手洗脚礼，对长辈来说是一次教育子孙的良机，对晚辈来说则是对长辈赎罪求德的好机会。用德昂族的话来说，"水可以洗净一切"。洗手洗脚礼，在盛典泼水节期间举行。泼水节一般举行4天，顺序为先洗"佛像"，后洗"佛父（爷）"，再洗"父母"，最后为老人"洗手洗脚"。老人的洗手洗脚礼，由各家自行举行。届时，德昂族家庭的晚辈把一盆温水端到祖（父）辈老人面前，向老人合掌叩头，检讨一年来不尊敬老人的错误，敬请老人批评、谅解；而老人同时也反省自己对晚辈不够宽容、不够和气的地方，祝愿今后全家团结和睦、平安幸福。然后，晚辈为老人洗手洗脚。晚辈为老人洗的越多越勤，就越孝敬和吉祥。如果父母已逝世，弟、妹要向长兄、长嫂等行洗手洗脚礼。德昂人的这种优良传统，对化解家庭成员之间的矛盾，形成家庭成员之间的团结、和睦关系，无疑起到了积极的促进作用。

3. 供饭节

供饭节是德昂族为同村寨老人，特别是"高寿"老人举行的敬老节日。"供饭"德昂语叫"喽蚌"，在农历清明节后十天泼水节期间举行。节日来临，各户家长会再三提醒主妇多备佳肴。节日当天，主妇们要把上好的饭菜，每样掐上一点，装在竹制食品容器里，由小姑娘或青年妇女约上全寨参加供饭的成员，一齐到寨中最年长的老人家里，为老人举行供饭礼。

接受供饭的老人，得知青年前来时，除病残外都要到竹楼门外的阳台上热情迎接。前来供饭的成员，要按序排队，逐个将食品用双手恭奉给老人，同时说一些祝福老人健康长寿的话，说罢即下跪叩头。老人则以平易近人的姿态，把叩头的青年扶起来，并向供饭者祝福，以示谢意。"供饭"的礼品，一般按各户经济条件而备，不一定只送食品，经济条件好的家庭，除送饭菜外，还送糖果、点心之类，也有送毛巾、套头、衣服等的。有时供饭节期间，一位老人就会收到近百人送来的礼品，使高寿老人在享受节日快乐的同时，感受到众乡亲的无限真情和温馨。

4. 堆沙节

堆沙节实为供饭节，只是在不同的地区的另一种叫法。每逢堆沙节，德昂家庭主妇就会把拌有蜂蜜的糯米，用冬叶包起来蒸熟后，让青年人带着逐一去登门向老人敬拜，让老人们享受节日的快乐与幸福。

（四）爱幼

德昂族青年敬重老人，老人也非常关心和爱护孩子。老人们不论是对自家的儿孙，还是对村中的其他孩童，都一样关心、一样爱护，且一样负有教育和抚育的义务。老人除了教育孩子从小遵守村规民约，讲道德、有礼貌外，还将生产、生活的基本技能传授给孩子们，让孩子们从小热爱劳动，从小掌握生存的技能。[1]

二 不乞讨

新中国成立前，德昂族虽然多数生活很贫困，但没有人去做乞丐，是"人穷志不穷"的民族。德昂族具有多次反抗统治阶级残酷压迫剥削的光荣历史，多次起义失败，又给他们增添了新的苦难，然而苦难的环境更锻炼了德昂族人民。据说在一次武装反抗土司起义失败后，房屋被烧，村寨被毁，人民被迫迁离故土。因战乱而丧失了土地、家园，迁徙到其他地方的德昂族，吃、用、穿、住都遇到极大的困难，饥饿、疾病在威胁着他们，但是德昂族的领袖对群众说："我们反抗土司压迫剥削的斗争失败了，处于无家可归的境地，逃难的人家都无吃无穿，这些困难也不是一人两人能解

---

[1] 李家英：《德昂族传统文化与现代文明》，云南民族出版社，2000，第23~27页。

决的，不必怨这怨那，也不要去乞讨，要靠自己。"的确，大批流离失所的群众集中在一起，大家都同样困难，向谁去讨？因此，他们有困难总是自己克服，绝不诉苦，也不会开口向他人要东西，甚至把向他人乞讨看作一种耻辱，这种观念一直保留至今，这正是他们引以为豪的"宁愿挨饿，绝不乞讨"的志气。

德昂人有困难，即使是在亲戚间也很少谈论，但是当他们知道或看到亲友有困难时，总是将自己有限的粮食、钱物送上门，乐于主动帮助他人。①

三　团结互助

德昂族在劳动生产中，凡是孤寡人家缺乏劳动力或籽种时，民族内的成员就会帮助其耕种和收割，不取报酬，仅招待帮忙的人一顿便餐即可。凡遇婚丧和盖房时，有互赠财礼的义务，建盖新竹楼时，全寨诸亲友，每户至少出一个劳动力帮忙。②

四　重视礼貌

德昂族在日常生活、社交活动中，不论是待人接物，还是探亲访友，都非常注重礼貌。在家中，靠近火塘边的座位是长辈坐的，家人、亲朋好友或宾客都不能擅自去坐；只有家族中德高望重的长老或佛爷来时，才能去坐客厅中家长的卧床；这里只有家族中老人、家长之妻能坐，其他家庭成员和宾客只能坐于火塘下方，以示对家长和主人的尊重。用餐时，对饭桌上的坐序有着严格的传统规矩，年纪最小的坐南向北，青年坐西向东（小方），中年人坐东向西（大方），年长者坐北向南（北斗），让长辈背靠火塘。老人使用的长杆烟袋，外人不能擅自使用，只有受尊敬的客人光临时，主人才会主动献上，以示尊重。宾客和亲朋好友来访，只能从竹楼正门进出竹楼，如果从后门进出，德昂人认为，这会引起家庭矛盾，甚至会导致婚姻破裂。而小伙子"串姑娘"只能从后门进出；小伙子进入女方的竹楼后，只能坐在火塘的右边，姑娘坐在小伙子的后面，并保持一定的距

① 云南省民族事务委员会：《德昂族文化大观》，云南民族出版社，1999，第115~116页。
② 赵纯善、杨毓骧：《德昂族概览》，云南大学出版社，2006，第106页。

离。有的地区，小伙子只能坐在靠门的火塘边，与姑娘对坐，父母和其他人有意回避；在姑娘出嫁的前夜，女青年领头人"首司帕"要为姑娘举行"告别青春"仪式，与会者中年长者靠近火塘而坐，年少的坐在后面；在婚礼进行中，新娘向婆家老人和亲友送礼时，先主后宾，主重宾轻。①

五 热情好客

德昂族有着热情好客的优良传统道德。这是因为，古往今来，在德昂族的传统观念中，始终保留着一种极其古老、极其淳朴的认识，认为亲朋好友、宾客所至，是对自己的尊重，是瞧得起自己。因而，对来访者，要给予热情周到的接待，煨茶招待，让坐上席；若宾客留住家中，即使经济特别困难的家庭，也要设法以粗茶淡饭款待；若是陌生人过路投宿，主人照样要热情接待。②

---

① 李家英：《德昂族传统文化与现代文明》，云南民族出版社，2000，第29页。
② 李家英：《德昂族传统文化与现代文明》，云南民族出版社，2000，第30页。

第五章
教育发展

第一节　传统教育

一　家庭教育

家庭是社会的细胞，也是人类自身繁衍的基本单位，同时也是文化传承的基础学校。而以村寨和社区为单位的社会同样进行着文化的传承和教育，家庭教育同时也是群体意识、民族内聚力的重要源泉。德昂族家庭教育的内容十分广泛，它包括生产知识、生活经验、人生哲理、道德规范、历史传统等。

德昂族的小孩，很早就在父母的带领下参加生产劳动，做些辅助性的活计，亲历劳动的各个环节，并自然形成性别分工。男孩学会放牛、套牛、牵牛以及与犁耕有关的劳作，稍大些时还要学会犁田、耙田；女孩除了帮助母亲做各种家务外，也学一些农活，如撒种、收割、打谷、种菜等，许多姑娘还未成年就已经学会纺线织布了。

德昂族是一个非常善良而又热情好客且重礼仪的民族。在德昂山寨，你很少能听到大声喧哗，更不用说打架骂人了。从孩子牙牙学语时起，家长就要教孩子认亲识戚、呼姐唤哥，不能直接呼别人的名字，还要尊老爱幼、团结互助、赡养无儿无女的孤寡老人。在节庆的日子里，要为佛爷、和尚洗手，为村中老人洗手、洗脚；在"尝新"的日子，要把第一包新米饭先给老人吃。老人们承担着口传教育的义务，德昂族的先民将他们的智慧结晶、人生观、世界观、行为准则等内容有效地纳入到各种神话传说、寓言、童话、叙事诗、民歌之中，再由老人一代一代传给晚辈，这成为本民族团结和内聚的源泉。[①]

二 社会教育

德昂族社会教育以家庭教育为核心，在家庭教育的基础上，通过村落社区的交往和社会联系，对本民族的成员进行文化传统、伦理道德、知识技能方面的教育。这种教育形式也是多种多样的。如围坐在火塘边，通过聆听老人讲古论今，在潜移默化中认识和感知本民族悠久的历史和文化传统；通过佛爷讲经或参加宗教文化活动，让年青一代了解宗教仪规、习俗，同时也使宗教本身所蕴含的丰富文化知识深入人心；通过婚丧嫁娶和集体性的生产活动，培养人们团结友爱、互帮互助的观念和意识；通过传统的节庆活动，使人们的思想情感得以充分交流、释放的同时，也有机地宣传了本民族传统的美德，弘扬了民族的文化传统；经常性的歌舞表演，给年轻人提供了学习各种民歌演唱技巧和舞蹈表演的机会。而所有这些社会关系和交往活动所形成的教育活动，都最终使民族的认同感和凝聚力得到增强和深化。[②]

三 口传文化教育

口传文化教育是德昂族教育的一大特色。没有本民族文字的德昂族，主要以口耳相传和行为模仿为手段，来进行传统文化知识、生产技能、道德行为等方面的教育。

（一）口传文化的教育形式与内容

德昂族口传文化教育形式多样灵活，有的在家庭火塘边举行，有的在奘房（寺庙）举行，有的在田间地头举行。在没有学校教育和现代传媒之前，这是传播民族文化的最有效途径。德昂族口传文化教育的内容比较丰富。一类是民族历史故事，主要讲述人类的起源、民族的迁徙历史、古代战争故事、民族英雄人物等。还有一类是民族口头文学，内容和形式比较

---

① 俞茹：《德昂族文化史》，云南民族出版社，1999，第 177 ~ 178 页。
② 《德昂族简史》编写组、《德昂族简史》修订本编写组：《德昂族简史》（修订本），民族出版社，2008，第 175 页。

丰富，有反映人类起源的《达古达楞格莱标》《宝葫芦》《洪水的故事》《龙女人祖》；有反映民族习俗的《不献坟的传说》《神女浴》；有歌颂忠诚善良美德的《松鼠和老虎的故事》《金凤凰》，有反映忠贞爱情的《芦笙哀歌》；有在不同场合唱的民歌，如在婚礼上唱的"迎亲调"、在野外劳动时对唱的"隔山调"、小伙子串姑娘时唱的"串调"、奘房做供时唱的"做摆"等。德昂族通过口传文学作品，传承了本民族的传统文化知识，讲授了做人做事的道理，人们在娱乐的同时受到了启迪和教育。如今，年轻人主要接受学校正规教育，加之广播、电视等现代传媒的冲击，民间口头文化传承已基本失去了市场，德昂族口头文化的传承面临着严重的断层。

（二）口传文化的教育功能

德昂族民间口传文化具有突出的教育功能，主要体现在以下几方面。

社会教育功能。民间口传文化的教育功能在对后代的教育上表现得极为突出。德昂族的民间口传文化所具有的社会功能和文化性质远远超出了文学，而包括了德昂族有史以来所创造的全部精神文化形式和物质文化经验的基本内容，是民间村社的教材总汇，是对后代实施教育的最好教材。德昂族民间口传文化的传授活动是一种传统村社的施教活动，其核心在于它汇聚着德昂族社会生活中的伦常准则和信仰观念，在于它具有对社会关系和行为观念的规范性功能。就此而论，德昂族在长时期无文字的历史中，古老的民间口传文化传播乃一套传统的行为模式。传统民间口传文化的这种最根本的社会教育之所以能够起作用，首先就因为，古老的口传文化作品包含了德昂族的先民认识和改造世界的思想成果及经验总结，具有关于宇宙天地和世间万物的认识论功能，从而使其作为一个原始的知识体系而代代相承。德昂族民间口传文化最根本的社会教育功能的另一个主要方面，是它记述了德昂族的发展历史和各种民俗仪礼的由来，具有提供关于习俗事象和古史传说的历史观的功能，从而使各种古老的德昂族社会传统在人们中间得以世代传承。

制约性功能。民间口传文化作为德昂族长期奉行的伦理道德传统的积淀，是人们行为原则、行为规范的约定俗成，它不仅铸就了人们的观念意识，而且对人们的思想和言行提出种种限定，使民族内的个体向传统习惯贴近而不得打破传统。一方面，这种制约使人们之间的关系得以正常化，使得该民族民众按照民族的传统有序地生活；另一方面，这种制约又会使人们思想和言行受到相应的限制，阻碍对新的思想意识的接受和意识形态的创新。制约功能在一个民族的生产生活中往往通过潜移默化的和群体性的整体认可而发挥作用。如德昂族史诗演唱活动，男女老少均可以参加，却与一般性的民歌演唱活动不同，具有庄严性与神圣性。

信息承载功能。民间口传文化作为人们民间活动的重要载体，承载着大量关于人类以往经验和生产生活的信息，记录着一个民族的历史。由于德昂族没有文字，其早期历史总会或多或少地收录在祖先口头流传下来的作品里，尽管这些记载是零碎、杂乱甚至扭曲的，但是德昂族的历史却可以由祖先传下来的口头作品反映出来，用口传的形象化的形式来保存和传播，所以，民间口头文学历来为德昂族所重视。德昂族的古歌、史诗、神话在千百年的口头流传中，显然带着社会发展各个不同阶段的烙印，它们从不同的侧面反映着德昂族的原始生活，讲述着德昂族的社会史，社会人与自然的关系，各氏族、部落之间的矛盾和斗争历史。俗话说："老的不讲古，小的失了谱。""谱"在民间相当于历史。许多民族的古歌就是讲述各民族历史的好材料，德昂族历史悠久，口传文学多数为代际传承，因此，它所反映的群体生活、自然环境以及人们的思想、情感、理想等，都是不限于一时的，而是长时段的，这就更增加了它的历史价值。特别是那些反映史前时期或远古时期的作品，具有很高的文化史价值和历史研究价值。[①]

第二节　学校教育

一　学校教育的起源

新中国成立前，德昂族的学校教育仍然是一片空白，当代德昂族的教育就是在这样的基础上发展起来的。

在我国西南少数民族地区，现代学校教育的发展历史较短，但是少数民族接受儒学教育却有较长的历史。据明代刘文征《滇志》卷八《学教志》

---

① 丁菊英：《德昂族的传统文化》，云南大学出版社，2012，第173～175页。

载："滇学，仿于汉章帝元和二年。"东汉时，云南开始兴办私学。唐太宗贞观年间，南诏的统治阶级非常重视汉文化教育，南诏王细致罗"劝民间读汉儒书，行孝、悌、忠、信、礼、义、廉之事"。唐贞元年间，西川节度使韦皋设太学于成都，持续办学50年，培训南诏子弟数以千计。宋代，大理统治集团率先"教童子""读儒书"。明代万历年间，"蒲人、英人、阿吕乃在邦域之中，杂华而居，渐变于夏，间有读书登芹泮，纳粟为吏承者矣"。这说明在明代晚期，德昂族先民蒲人就与汉族交错居住，文化习俗受到汉族的影响，而且也有个别人学习汉文化。清代，云南全省设置了上百所书院、义学，少数民族中读儒书的人数进一步增多。

1910年，云贵总督沈秉坤奏请朝廷，任命了永昌、顺宁、普洱暨镇边直隶厅学务总理，在云南边地设立128所简易学塾，云南少数民族开始接受近代学校教育。1924年，芒市共有7所公立小学。

1930年，为了推进边疆地区的教育发展，国民政府开始在边疆少数民族地区直接开办学校，兴办所谓的"边民教育"，第一批开办小学7所。次年，云南省拟定实施"边地教育"计划，把芒市划入"实施边地教育区域"。1932年，芒市建立第一所新学堂——潞西（芒市）公立两级小学，设置6个班级，招生100多人，多是土司家族和傣族头人的子弟。1936年，在勐嘎设立"省立潞西（芒市）小学校"，设6个班级，招生290多人。后来，"省立潞西（芒市）小学校"又在傣族地区设立法帕、那目分校，小学教育在傣族地区逐步推广。抗战胜利后，一度停办的学校教育得到恢复，至1948年，芒市共建有8所乡镇及中心小学，36所保国民学校，有教职工93人，设83个班级，学生1913人，适龄儿童入学率为36%。其中，傣族学生占1/3，汉族学生占2/3。至此，还没有德昂族学生入学的记录。

新中国成立后，少数民族教育发展揭开了新的历史篇章。1950年，中央政府批准的《培养少数民族干部试行方案》，明确了发展少数民族教育的方针和任务，在中央政策的支持下，潞西县的民族教育获得了长足发展。1951年，东山的景颇族山官在政府帮助下兴办了景颇族地区的第一所小学——瓮角学校，拉开了景颇族地区学校教育的帷幕。1952年，潞西县有省立小学2所，县立小学8所，民办小学12所，少数民族学生大约占学生总数的25%，其中有傣族、景颇族、傈僳族学生，但没有德昂族和阿昌族学生，说明德昂族的教育发展缓于当地其他少数民族。1952 年，德昂族地区建立了本民族的学校，如三台山乡的勐丹小学和邦外德昂族小学，从此，德昂族才开始成规模地接受学校教育，这标志着当地德昂族从此结束了没有学校教育的历史。在德昂族聚居的其他地方，在此之前也存在个别德昂族进入正规学校学习的案例，但比较少见。

综上所述，云南省潞西县的教育发展是极其不平衡的。汉族的近代教育始于 1910 年，傣族的学校教育始于 1932 年，景颇族的学校教育始于 1951 年，而德昂族的学校教育始于 1952 年。如果从历史进程来考虑德昂族教育，其目前发展水平与汉族、傣族、景颇族存在一些差距也就成为必然。[①]

二　新时期教育事业稳步发展

新中国成立前，德昂族地区除了少数富裕户有能力送子女到国民小学校就读外，多数子弟主要通过家庭教育与寺院教育方式获取知识。1949 年，德宏州共有小学 34 所，学生 1500 多人，而且多数为汉族学生，少数民族学生只有近 300 人；而中学更是凤毛麟角。1950 年，云南民族地区获得解放以后，人民政府逐步组织爱国进步教职工接管各类学校，采取"维持现状，立即开学"的办法，并开展双语双文教学，在各个民族地区、村寨建立小学，使教育事业不致中断。各级党政部门十分重视发展民族学校教育，慎重、稳定地对原有学校的教学内容进行改革。一方面，重视资金和人才的投入，教育经费逐年增加，并在立足培养本民族、本地区的师资队伍的同时，从外地（主要是汉族地区）分配许多教师支援本地区教育事业；另一方面，在教学方式上积极改进，采用少数民族语和汉语的双语教学方式，逐渐过渡。同时还举办了工（耕）读学校，以培养青年村社干部为目的，一边扫盲，学习算术、珠算、记账等，还一边从事生产劳动，学习农业技术知识。这部分人逐渐脱盲，并能把学到的方针政策、财务管理知识和农业先进技术带回寨子里，受到群众的欢迎。当时这种工（耕）读学校还由国家补助学生口粮。

从 1957 年起，寺院教育逐渐被小学教育所代替。1966 年"文化大革

---

① 丁菊英：《德昂族的传统文化》，云南大学出版社，2012，第 178 ~ 179 页。

命"前夕，潞西县小学校已发展到 1100 多所，在校学生 63000 多人，近一半的学生是少数民族；中学有 5 所，工（耕）读学校 36 所，但德昂族入学就读学生数量非常有限。直到 1978 年，原来的工（耕）读学校才改为普通中学。另外，少数民族学生在入学、录取等方面都能得到照顾。少数民族地区都办有民族中学、民族小学。这一切使德昂族的学校教育得到了长足发展。1979 年以来，随着宗教政策的落实，许多村寨又开始恢复寺院教育，但人数较过去已大大减少了。

20 世纪 80 年代，由于部分德昂族地区生源少、师资质量差，有的村寨出现"三一小学"，即一寨（自然村）一校一师（1 个老师）。有的一个老师教着两个班（复试班）的学生，学生总共还不到 20 人，一天上课不到两个小时。为培养出德昂族合格生，只有采取扩大寄宿制小学招生，将学生转送到附近乡村小学或寄宿制、半寄宿制学校。80 年代初期，云南省教育厅安排各地区开办半寄宿制高小点，主要解决经济落后的高寒山区、居住分散、就近入学难的儿童上学的问题。这一举措极大地提高了少数民族适龄儿童的入学率，特别是德昂族适龄儿童的入学率，使德昂族适龄儿童入学率一直保持着稳定上升的趋势。到 1995 年入学率已达到 95%（抽样调查），巩固率为 94%，升学率为 96%，基本普及了小学教育。德昂族聚居地区也和全国一样，坚持九年义务制教育。除此之外，教育部门还为德昂族培养出一批本民族的大中专生、本科生，以及教师和科技人员，同时还选派民族干部到当时的中央民族学院、云南民族学院等高等院校进修、学习。

1982 年，为使普通教育与职业教育相结合，三台山德昂族乡中学开办了"3＋1"职业班，即中学生修业 3 年后，再继续接受职业教育 1 年，为当地经济发展培养了中级技术人才，先后开设农学、甘蔗、茶叶、畜牧兽医等专业。

1985 年，在德宏州内小学读书的德昂族学生有 1272 人，在中学（包括附设初中班）读书的有 86 人。

1986 年，在盈江、陇川、瑞丽等县的几所村寄宿学校基础上，德宏州增办农业中学，在普通中学增设职业班，学生在有些中学和小学上几年文化课之后再学一年适用技术，实行"3＋1"或"6＋1"的办学制度。把文化教育、科技推广与劳动生产结合起来，让广大青少年能够学以致用、学以致富，并为改变山区贫困落后面貌做出贡献。

1984 至 1989 年，德昂族学生考上大学的有 3 人，考上中专的有 13 人。1990 年考上专科的 1 人，初中考上中专的 1 人。1988 年与 1989 年，德宏州在校德昂族学生招生数和在校生数分别为：小学有 246 人和 1374 人；普通中学有 77 人和 183 人；农职中有 12 人和 29 人；州内中专有 2 人和 10 人；州内外大专有 2 人。除德宏州以外，其他地州也有部分优秀德昂族学生考入国内大、中专院校就读。另外，还有选送到省民族中学、云南民族学院、西南民族学院、中央民族学院就读的一些学生，毕业后都参加了国家建设。

1990 年潞西市德昂族人口总数为 8153 人，每万人有大学生（含本科和专科）18 人，其中专科生 6 人；全省同族每万人有 16 人。每万人中有高中生 90 人，全省同族为 101 人；初中生分别为 343 和 429 人；小学生为 2827 和 2813 人。与其他民族一样，德宏州德昂族于 1998 年实现了"基本扫除青壮年文盲"。

1999 年，省委、省人民政府做出了《关于对全省边境沿线行政村以下小学生实行免费教育的决定》，从 2000 年开始，省民委在边境沿线行政村以下小学实施教育"三免费"，德宏州享受 1091.93 万元资金。作为全省实施"兴边富民行动"的重要措施，潞西市边境沿线的德昂族居住区 5 个乡（镇）、25 所小学实施了教育"三免费"，其中，所有德昂族学生申报享受"三免费"，按规定每个学生每年享受"三免费"150 元，其中，按书费 80 元、杂费 30 元、文具费 40 元进行兑现发放。3 年的实施，共挽回辍、失学儿童数千名，从境外回收学生数十人，使中山、芒海、勐嘎、遮放、东山等乡（镇）的德昂族到境外就读的现象彻底被消除，巩固了边境沿线的基础教育，促进了边民安定团结，充分体现了社会主义制度的优越性。

2000 年，云南省德昂族聚居区全面实现"两基普及九年义务教育"。2000 年，德宏州小学有 1400 余所，在校学生 11 万人；中学 66 所，在校学生 27000 多人；另外还有农业技术、财贸、卫生、农业机械、师范方面的 5 所中等专业学校，以及技校、党校、大专和成人短期培训班，在入学率、巩固率、专业人才培训等方面都取得了显著成绩。2000 年全部"三免费"教育共兑现 47.21 万元，小学生享受人数达 3147 人，其中，德昂族学生 302 人；2001 年兑现 47.25 万元，德昂族学生享受人数达 302 人；2002 年兑现

55.02 万元，有 350 名德昂族学生享受"三免费"教育；2003 年兑现 193.5 万元，德昂族小学生享受人数 348 人，中学生享受人数 10 人；2004 年兑现 285.98 万元，德昂族小学生享受人数 332 人，中学生享受人数 10 人。2004 年后，全州有 8 个乡（镇）享受"三免费"教育，80 所学校实施"三免费"教育，其中，中学 7 所，小学 73 所。

2000 年，德昂族聚居区的 4 个学前班基本采用"双语"教学，学生汉语听说能力明显提高，为其顺利进入九年义务教育奠定了基础。德昂族小学的课堂教学也尽可能采用"双语"辅助教学，帮助学生加深理解。但是，由于在德昂族小学任教的教师中，本民族教师较少，其他民族的教师基本不懂德昂族语言，因此"双语"教学无法全面展开。以德宏三台山德昂族乡为例，勐丹小学和出冬瓜小学是德昂族学生最集中的小学，共有 10 个教学班，28 位在职教师，德昂族教师只有 9 位，这影响了聚居区教育教学质量的提高。后来通过培养，配备和充实了相应的德昂族师资，使两所学校的教学质量得到了明显改善。

60 多年来，特别是通过改革开放以来的长足发展，德昂族聚居区各行政村都有完全小学，适龄儿童入学率达到 99% 以上，实现了普及六年制义务教育。党和人民政府十分关心边疆民族地区的民族教育，特别是党的十二届三中全会以后，采取了一系列特殊措施照顾民族生，促进了民族教育的发展。主要措施是开办寄宿制和半寄宿制民族中小学校，对学生实行"三免费""三包"，对民族生适当放宽入学年龄，同等条件下优先录取少数民族学生尤其是边远山区的民族生，适当降低录取分数线和实行定向招生制。这样，既照顾了民族生升学，又培养了急需人才，同时还打开了人才通向边远山区、民族地区的渠道，使各项民族事业逐步兴旺起来。①

① 《当代云南德昂族简史》编辑委员会：《当代云南德昂族简史》，云南人民出版社，2012，第 70~72 页。

第六章

民间文化

第一节　民间体育

民间体育是民族传统文化的重要组成部分。千百年来，德昂族在长期的劳动生产活动中，创造出许多优秀传统体育项目，至今仍在流传。主要有打篾弹弓、武术、打陀螺、跳绳、拔河等。

一　打篾弹弓

篾弹弓是弓箭中的一类，在边疆地区，不仅德昂族使用，其他民族也都使用。古代德昂族曾将它作为一种武器应用于狩猎、战争。现代，人们主要用它来为生产、生活服务，如猎取鸟兽、吆打离群的牛羊、驱赶危害庄稼的禽兽，在娱乐场所还将其作为体育器具，用于取乐或比赛。村寨里逢年过节，青年们常用弹弓进行打靶比赛，在竹竿顶系上 1 个绣花荷包或几元钱，看谁能射断系荷包或钱的线，谁就是冠军。学校里平时活动或开运动会，也开展篾弹弓比赛。1989 年云南省体委正式将篾弹弓比赛列为少数民族传统比赛项目。

篾弹弓的制作很讲究技术，一般要选取弹力好的龙竹片作弓，长约 1 米，弹片用柔软的鲜嫩竹制作，经过精心削制后，在中间开一个小口，编成弹丸盘即可。弓根据各人的拉力大小而定，拉力越强，射程越远、射力越大。弹丸有用橄榄子充当的，多数是用黑、黄胶泥捏成丸晒干即可用。

二　武术

古代的德昂族十分注重习武，以便为狩猎和军事服务，所在之地均辟有练武场，今赛号乡的顿洪后山上，有个占地四五亩的坪子，据当地老人讲，是当年德昂人开辟的练武场。德昂族勇士个个善骑马，善使弓箭，勇猛似虎，在历史上，德昂族曾统治陇川300余年。清代时，德昂族曾被征调并有功于清政府，受封为把总、千总、抚夷。新中国成立后，各民族平等，和睦相处。德昂族不再受其他民族欺负和掠夺，德昂族的武术则主要用于强身健体和节日喜庆时娱乐表演，习武的人渐少。但练武的习惯不变，现今，多数男子仍然懂得一两套拳路。在田间地头和娱乐场地，常有人耍棍弄刀助兴，凑个热闹。

德昂族现今保留下来的武术主要有拳、棍（齐眉棍、双节棍、三节棍）、刀（单刀、双刀）、枪（三棱矛），分"花把"和"洞拳"两类。"花把"即表演武术，动作随意，多在节日或其他热闹场合进行表演。"洞拳"为实战武术，一般不外传，现今掌握的人不多。德昂族武术动作朴实，拳路虚实相兼，高低并用，尤以近身打击取胜为特点，颇为武术界赞赏。

德昂族自创的拳术与其他拳术最大的区别，就在于它攻击对手时不以自身正面姿势攻击，是以侧身姿势进攻。而且它向任何一方向的进攻，迈出的步数都不超过3步。一些群众习惯上把德昂拳叫做"反拳"。

反拳大体包括12套：（1）梅花拳；（2）北肘；（3）罗布基；（4）气动六；（5）破大架；（6）四门；（7）移动架子；（8）席子拉开；（9）棒术；（10）单刀；（11）双刀；（12）枪术。每一套拳术中又可分为12路。每路反拳中都包含不同的招数，且有两三招是致命绝招。在演练时不允许使用绝招，只有在攻击敌人时才可以使出来。[①]

三　打陀螺

打陀螺也是德昂族群众喜爱的体育娱乐项目之一。每年春节，寨子里都进行打陀螺比赛，老幼皆参加。根据不同年龄分组，邀约对手较量，有

---

① 赵纯善、杨毓骧：《德昂族概览》，云南大学出版社，2006，第174～177页。

一对一单打，也有 3~5 人组队竞赛，还有村寨之间进行的比赛。

德昂族玩的是平头陀螺（与傣族玩的尖头陀螺稍有不同），直径一般为 10~12 厘米，高约 12 厘米，重 0.7~1.5 公斤。上好的陀螺用柚木制成，陀螺头大腰细为锥体，锥底有铁尖。玩时用绳子缠绕，用力抽绳，陀螺便直立旋转。比赛场地要求宽不少于 20 米，分放旋区和攻击区，一级攻击区距放旋区 2 米，二级攻击区距放旋区 4~5 米，依此类推。级数越大，距放旋区越远，最远达 20 余米。比赛方法为，甲乙双方（可个人或团体）同时放旋，先"死"（陀螺停转为死）为负。胜方为攻，负方为守。守方在放旋区放旋，攻方在一级攻击区攻击，若击"死"守方可升一级，若没有击中或击中后先"死"，则判攻方失败，守方即转为攻方，依此轮换。成绩按双方攻击的级数计算，距离远者为胜。

四 掷龙骰棋

德昂族称"玩比"。参加比赛的四方各置一块 3×5 空格的长方形棋盘，拼成"十"字形。轮流掷骰，决定各人每次跳格的步数，以最先跳完全部方格者为胜。骰子是妇女衣服上做装饰品的五颗贝壳，贝壳一面有一条锯齿形的黑线，另一面纯白。棋盘中间置碗一只，供掷骰用。掷下的贝壳全为一色者，可前进五个方格，有四黑或四白者可前进两格，少于此数者只能前进一格。前进中有跨越对方棋子者，谓"踏死"对方，对方棋子被"冲"回起始位置，须从头起步。①

第二节 民间文学

一 民间故事

在德昂族丰富的民间文学中，占重要地位的是民间故事。它所反映的社会生活，既有广度，也有深度。同时，表现手法多种多样，故事情节曲折动人，富有哲理，教育意义极强，比神话和传说大大向前迈进了一步。

---

① 《德昂族简史》编写组：《德昂族简史》，云南教育出版社，1986，第 181~182 页。

由于德昂族与傣族、景颇族交错杂居，其文学作品在风格上兼具傣族细腻与景颇族豪放的特色。民间故事主要分为生产劳动故事、生活故事和动物故事三类。

（一）生产劳动故事

《谷子的故事》：说的是古代有一位老人，发现一泡雀屎上长出了一蓬谷子，便悟出了地上也能长谷子的道理。于是，他把成熟了的谷子到处都撒，长出了成片的谷子。收割季节，他又发现，他用棍子松过土的地方，谷子长得特别好，从此又懂得了用棍子松土再种谷子的道理。他的儿子长大后，不仅懂得了这些道理，而且又有了新的发现。一次，他见拖木头的大象走过的地方，木头的枝丫把地划出了一道道小沟。于是，他又摸索出了用木做成犁、用动物来拉犁的方法。这则故事既生动又形象，既反映了德昂族生产技术发展的过程，也总结了人们在社会生产中不断积累起来的知识和经验。

（二）生活故事

生活故事比较丰富，主要有《两个寡妇》、《金凤凰》、《李保救嫂》、《智斗头人》、《彩礼》、《穷人的儿子与山官的儿子》、《弟兄俩》、《兔子治土司》、《七姑娘》、《筒叶伙子》、《看牛娃的故事》、《兔子和老虎》、《松鼠和老虎》和《守地》（《地棚》）等，其中《两个寡妇》和《金凤凰》最具有代表性。

《两个寡妇》：有一个人娶了两个老婆，各生得一个女孩。男人病死后，留下两个老婆和一对姑娘。这小老婆贪得无厌，心肠歹毒；大老婆却勤劳淳朴，心地善良。小老婆为了霸占家产，白天不下地干活，坐在家里想坏主意；晚上不做家务事，躺在床上谋坏点子。后来，她竟把大老婆推到深深的水塘里淹死了。她还想加害于大老婆的女儿，有好心人搭救，女儿才幸免于难。最后阴险的小老婆受到了惩治。

《金凤凰》：有两个孤儿，专靠打柴卖度日。一天，他们正在路边乘凉，忽然落下一只受伤的凤凰，紧接着传来一阵阵喊声。两人刚把凤凰藏好，就跑来了几个身穿绸缎的有钱人。兄弟俩觉得很奇怪，想问个明白，领头的轻蔑地哼哼鼻子说："我们射中的金凤凰全身都是宝。谁吃着它的头，不满三年就可以当皇帝；谁吃着它的肝，吐出唾沫，三年之内都是金银珠宝；要是你俩得到它的羽毛，也不用再上山砍柴卖。"兄弟俩十分同情金凤凰，等那伙人走远后，慢慢地抱起凤凰，轻轻拔掉凤凰身上的箭，扯一把草药，用嘴嚼烂后敷在它的身上。回到家里怕凤凰口渴，就背上竹筒，跑到山箐里去取清凉的水；怕凤凰的金光暴露出来，就用茅草和芭蕉叶把家里漏光的地方全遮好；怕凤凰的伤口化脓，就用温水把伤口上的血洗净擦干。整整六十五天的时间，经兄弟俩的精心照料，凤凰的伤口痊愈了。一天夜里，两人悄悄商量着送凤凰回家的事。谁知，凤凰听到了他们的话，趁兄弟俩上山干活的机会悄悄飞走了，走时还留下一堆金银珠宝。看到这些珠宝，兄弟俩一点也不动心，异口同声地说："凤凰留下的金银珠宝再多也是凤凰的，不能贪图别人的钱财。"于是，决定背着金银分别沿着寨子外的两条小道去寻找凤凰，把财宝送还给它。两人历尽艰辛，战胜各种困难，终于找到了凤凰。故事以鲜明的主题，热情歌颂了两个穷孩子正直善良、不贪财的高尚情操。

（三）动物故事

德昂族的动物故事也比较丰富，有《聪明的青蛙》《青蛙姑娘》等，最有代表性的是《聪明的青蛙》。说的是有一只小青蛙，正高高兴兴地在泉边唱着、跳着。突然，有一头狮子从水沟对面朝它走来，对它说："小青蛙，你见到我为何不跪下磕头呢？"小青蛙只是眨巴着一双小眼睛，一句也不回答。狮子又说："喂！丑青蛙，快给我跪下磕头。"小青蛙这才不慌不忙、慢悠悠地站起来说："丑狮子，你这话是什么意思？明明我先到这水沟边来，为什么叫我给你磕头？"狮子听后更加生气地对小青蛙说："跪不跪是你的事，但只有两条路，任你走一条。"小青蛙想听听狮子说的是什么样的路，就问："哪两条路？快说来我听听。"狮子说："一条是你给我跪下、磕头，另一条是死。"小青蛙听后，慢慢地伸了个懒腰说："丑狮子，请你不要在我面前作威作福、放大话好不好？"狮子怒气冲冲地说："你跪不跪？"小青蛙也不甘示弱地说："不跪，就是不跪，看你把我怎么样！"狮子又说："那好，这说明你是想死了。丑青蛙，你听着，我只要轻轻地叫一声，你就很快死在这沟边。"小青蛙神气地说："叫吧，莫说是叫一声，你再叫上一百声，我也不会死的。"小青蛙表现出满不在乎的样子。狮子见说不过小青蛙，吓又吓不倒它，就恼羞成怒地说："好吧，你就等着死吧。"它以为它的吼叫声一定会吓死小青蛙的。它叫了一声，看也不看小青蛙一眼，就走到泉边喝水去了。

狮子喝够水准备往前面走时，又见那小青蛙坐在对面的石头上了。狮子咆哮着说："丑青蛙，你怎么还不死？"小青蛙很和气地说："我不是早就跟你说过，你再叫一百声，我也不会被吓死的。"狮子听后，更加火冒三丈地直望着小青蛙，认为小青蛙小看它。它闭起眼睛准备使劲地猛叫一声。这时，小青蛙心想，如果它真的猛叫一声，恐怕不得了，不躲一躲真的怕会死掉的。于是，正当狮子闭上眼时，小青蛙跳进水沟里躲了起来。过了一会儿，等小青蛙从水里伸出头来看时。狮子已经倒在沟边了。小青蛙这才从水里跳出来，一跳一跳地来到狮子旁边看个究竟，原来那狮子叫时用力过大，已震裂了喉咙，死去了。穷凶极恶的狮子自以为王了不起，常常欺负弱小动物，不但没有压倒弱小，反而害了自己。《聪明的青蛙》形象生动，富有哲理性。

传说故事在德昂族人民的生活、劳动和斗争中产生、发展，在与汉族及其他兄弟民族的文化交流中不断丰富，在漫长的流传过程中得到加工、提炼和完善。①

二 诗歌

德昂族不仅创造了许多优美动听的神话传说和民间故事，而且还创造了许多形式多样又具有浓郁民族风格的诗歌，主要有史诗、叙述诗、抒情诗等。德昂族文学以口头的民间文学为主，传统的民歌占很大比例。民歌中情歌比较发达。青年男女交往、恋爱，大都离不开以歌传情。这些情歌多属短篇即兴之作，但也有长篇悲歌，如《芦笙哀歌》。叙事长歌有叙述民族迁徙的《历史调》、描写帮工生活的《下缅甸调》等。

（一）史诗

德昂族史诗中最具代表性的就是前面提过的《达古达楞格莱标》（又称"古歌"），它是德昂族的创世史诗。

每个民族对于人类起源及早期的历史都有自己的传说，德昂族人也不例外，古歌《达古达楞格莱标》就是德昂族独具特色的创世史诗。这首长达将近千行的古歌，不得不叫人赞叹上古时代生活在"茶树王国"境内的

---

① 丁菊英：《德昂族的传统文化》，云南大学出版社，2012，第84~86页。

那些原始先民们，确乎不失天才的想象力与天才的创作能力。只缘他们所处的那个时代，本是图腾神话笼罩一切的时代，亦即人类的童年时代。具体地说，那是一个天慧初曙、心灵乍醒的时代；那是一个八方神秘、万物灵动的时代；那是一个幻想逸飞、奇思高骞的时代；那是一个人性放歌、生命起舞的时代；同时，就我国大西南境内的"茶树王国"来说，它则又是一个茶道文化初萌、茶香四野飘逸的时代。须知，唯有在上述这般得天独厚的时空条件和时代背景之下，原始茶树图腾与原始茶叶神话才得以滥觞。

早从遥远的太古时代起，那些绵亘于中国澜沧江两岸、直到西双版纳一带的大茶山群峰中，就葱茏生长着蔽天盖地的古茶树森林，悄然诞生出了一方"茶树王国"。就在这方弥漫神秘氛围的"茶树王国"境内，亦即原始茶树的摇篮之地上，老早老早就有一个被大茶山养大的民族生息于斯、繁衍于斯、劳作于斯、歌哭于斯。这个民族就是当今依然生活在我国云南境内的德昂族，他们可谓地地道道的"茶树民族"。自古迄今，他们始终至虔至诚地抱守着一个图腾信念，那就是：茶树就是咱们的祖先。且听他们在《达古达楞格莱标》这首咏茶的图腾古歌中之诵唱：

> 茶叶是茶树的生命
> 茶叶是万物的阿祖
> 天上的日月星辰
> 都是茶叶的精灵化出
> 金闪闪的太阳
> 是茶果的光芒
> 银灿灿的月亮
> 是茶花在开放
> 数不清的满天星星
> 是茶叶眨眼闪金光
> 洁白的云彩
> 是茶树的薄纱飘散
> 璀璨的晚霞
> 是茶树的华丽衣裳

……

茶叶是崩龙的命脉

有崩龙的地方就有茶山

神奇的传说唱到现在

崩龙人的身上还揾着茶叶的芳香

——引自咏茶图腾古歌《达古达楞格莱标》

赵腊林（德昂族）唱并译

　　古歌的末尾，则是饱含感恩之激情，讴歌由天上的茶树精灵下凡而作为男人的祖先达楞和作为女人的祖先亚楞之不朽业绩，最后则千叮万嘱地谆谆告诫后人，要永远记住祖先的天恩，"喝着茶水莫把祖宗忘"，并把《达古达楞格莱标》永远"贴在心口上"。歌云：

种子撒进土里

庄稼苗壮成长

人类遍布大地

到处鸟语花香

各个民族都喝茶

喝着茶水莫把祖宗忘

未来的道路很远很远

还会有魔鬼和苦难

为了开拓新的生活

《达古达楞格莱标》要贴在心口上

——引文同上

　　上述这般的图腾观念，只是形成茶之图腾的要素之一。此外，还有图腾徽号，即把图腾崇拜之物当做本氏族、本部族的群体标志，以此作为区别其他族群的标志之用。当然，原始图腾崇拜本是发生于旧石器时代中期而风靡于旧石器时代晚期，即大约处于母系氏族社会的初期，距今一两万年。因此，那个时代图腾之茶所用的标志，其原样已然不复存在，然而其

图腾徽号的遗风却迄今犹存。其最引人注目的是当今德昂族的每一个村寨
都有寨旗。而这种寨旗，恰恰正是原始图腾标志的遗风。德昂族寨旗用的
是白布，其上绘有五色图案：上边绘的是太阳；下面绘的是茶树；右边绘
的是虎（虎亦为他们的图腾崇拜之物）；左边的图案则悉依各寨不同的建寨
日而择用相应的纪日兽图像，譬如羊日则为羊，牛日则为牛，鹿日则为鹿，
象日则为象，凡此种种，不一而足。每逢重大节日或是全寨祭祀活动，他
们就在寨门或集会场所，高悬起绘有上述图腾标志的寨旗，表示庄严与虔
敬。显而易见，这寨旗则与其原始先民奉行的图腾崇拜以及古昔所用的图
腾徽号是一脉相承的。由斯可见，茶树被选择当作图腾标志、图腾徽号已
很久远。

"达古达楞格莱标"为德昂语音译，意思是"最早的祖先传说"，它主
要通过神界故事和神界图景来曲折地反映远古时期德昂族的形成、发展及
其早期的社会面貌，所以，这部史诗通常也被看作德昂族的民间神话传说。
这部史诗主要流传于德宏地区，音译诗句共有550余行，诗句优美，结构严
密，层次分明，情节复杂生动，场面浩大恢宏，有着极高的艺术价值。同
时这部神话史诗中存储着大量德昂族远古历史的信息，因此它也成为研究
德昂族远古历史不可多得的珍贵文献资料。①

（二）民间叙事诗

德昂族有着自由恋爱、婚姻自主的优良传统，也没有严格的婚姻等级
制度。德昂族青年男女可以通过集体对歌、串门对唱等方式结识异性朋友，
进行自由恋爱。情歌以及爱情叙事歌曲就成了德昂族青年男女从认识到建
立感情乃至结婚的重要媒介。每逢婚礼、上新房和节庆，德昂族男男女女
就聚集在一起，通宵达旦地对歌。德昂族叙事长歌，多歌颂忠贞的爱情，
赞美男女青年为争取婚姻自由所做的斗争。因而，叙事长诗在德昂族民间
文化当中占有非常大的比例，主要有《聪明的果索》《雷弄》《腊亮与玉
相》《孤儿歌》《芦笙哀歌》《青春歌》《迎新歌》《回忆歌》《祝酒歌》等。
这些叙事长诗都有古本唱词，一般由歌手以口传心授的方式代代相传。《聪
明的果索》塑造了一个充满智慧的贫苦百姓英雄，突出了主人公的英雄形

———————
① 唐洁：《中国德昂族》，宁夏人民出版社，2012，第114～117页。

象，用语生动形象，结构紧凑有序，构思精巧，人物刻画形象，堪称上乘之作。《雷弄》《腊亮与玉相》都歌颂了忠贞爱情，赞美男女青年为争取婚姻自由所做的斗争。长诗《雷弄》共3000余行，是流传最广、影响最深的优秀作品之一。全诗共分约会、出门、途中、晚宿、赶集、归来、定情等几大章。它热情地歌颂了一对自由恋爱的男女青年的忠贞爱情，含蓄自然，表现得十分和谐而又真切。《腊亮与玉相》共有7节，350多行。全诗结构完整，详略得当。在德昂族的长诗中，还有反映习俗风情的，主要作品有《孤儿歌》《芦笙哀歌》《青春歌》《迎新歌》《回忆歌》《祝酒歌》等。《芦笙哀歌》是在德昂族中广为流传的爱情悲剧故事，它对德昂族原有的婚姻习俗、婚姻制度以及传统婚姻观念都有过极大的影响。作品中的主人公是勤劳勇敢的男子和美丽能干的姑娘。但是女方家庭嫌弃男方家庭太穷而阻止了他们的婚姻，导致青年恋人阴阳永隔。①

（三）民间歌谣

和其他民族一样，德昂族先民依靠他们的智慧创造了丰富多彩的民间歌谣。这些歌谣叙述了德昂族的历史，揭示了人类起源和历史进程，显示了德昂族的民族特色和民族风情。德昂族的民间歌谣主要包括山歌情歌、劳动古歌谣、生活抒情歌谣、习俗礼仪歌谣、婚俗歌谣、祭祀歌曲等。

1. 山歌情歌

德昂族是一个能歌善舞的民族，有丰富的民间歌曲，山歌情歌是德昂族最重要的传统民间歌谣之一。德昂歌以对唱为主要形式，可以在家中演唱，特别是在婚礼的晚上男女青年群体对唱、娱乐，常常唱至深夜或到天明，演唱的内容多以爱情为主。德昂族山歌由于支系的不同，其称呼和曲调也不相同。德昂族山歌常在山间、田野中自由高歌，抒发个人的内心情感，或青年男女对歌娱乐，或表达相互爱慕之情。山歌所表现的内容十分广泛，从生产到生活无不涉及，歌曲常常都是触景生情、随编随唱的。德昂族是一个以感情为婚姻基础的民族，有着开放的恋爱观，因而其情歌也显得较为奔放、直白，其感情真挚、强烈，毫不羞答和掩饰。从形式上看，德昂族山歌情歌有独自抒怀咏唱的，有男女对唱对答的，也有混合同唱的；

---

① 周灿、赵志刚、钟小勇：《德昂族民间文化概论》，云南民族出版社，2014，第152～153页。

从内容上，则可根据恋情发展的阶段分为相会歌、思情歌、恋情歌、结婚歌和失恋歌。代表作品有《我站在高山上》《就怕你变脸只给我以留恋》《初见》《远方的妹妹》《很想出去看一看》《喜相逢》《年青一代过着幸福生活》《只要你真心实意》《像江河水流不断》《我就只走这条路》《看到一朵美丽的花》《你变菜来我变锅》《我的心飞进了筒帕》《变只小牛跟随你》《还是各走各的路》《我们各奔东西》《希望不要分手》《不常来常往就不能长久相爱》《爱情不能单相思》《我深深地思念着你》等。

2. 劳动古歌谣与生活抒情歌谣

劳动古歌谣是指德昂先民在劳动过程中所形成的与生产劳动内容有关的歌谣。"它主要是把劳动的全过程，平铺直叙地编成歌进行传唱。不讲辞章和格律，体现了劳动创造财富、一分耕耘一分收获的哲理。如《挖地歌》唱道：'举起手中的锄头，翻起黑得发亮的泥土，让日头把它晒干，把它敲得碎碎的。'这首作品反映了德昂先民勤劳质朴的思想品质和道德情操。《收割歌》也唱道：'金黄的谷穗快坠到地上，耕种时的汗水没有白淌，雨水滋润了禾苗，汗水把谷穗染黄。'讲的也是一个简单的生活道理。男耕女织的分工，使妇女勤劳善良的形象留在了德昂族的歌谣之中，《月亮照着我织布》便是这类歌谣的代表。"①

生活抒情歌谣产生于德昂族生活当中，与德昂族社会生活内容有着密切的联系，反映了德昂先民在社会生活中情感的方方面面，有酸甜苦辣也有喜怒哀乐。这一类型的"代表作品主要有《敲水鼓》《孤儿歌》。《敲水鼓》的特点是平实质朴，没有任何的怪腔，没有任何的造作，不讲技巧，不拘形式，随着情感而起，跟着情绪律动，明白如画。《孤儿歌》具有较强的社会意义，它却有过多的修饰，表面看似平淡，但内里蕴藏着深深的悲伤，简直是含着血泪的倾诉。《受苦》可以说不是一般的歌，而是心底里发出的呐喊。它用说话一类的语言，把胸中的愤愤不平一泄而出。美好的东西被撕碎了，悲剧就是把这些美好的东西撕碎给人看。像《等你回来安埋我》这样具有艺术魅力的民歌给德昂族民间文学的宝库生色增辉不少"。②

---

① 杨忠德：《德昂族文学概论》，《德宏文艺》2013 年第 24 期。
② 杨忠德：《德昂族文学概论》，《德宏文艺》2013 年第 24 期。

3. 婚礼习俗歌

每个民族都有其独特的婚俗礼仪文化，它关系到一个民族的繁衍和兴盛，与每个人的幸福都息息相关。德昂族有着独特而丰富多彩的婚俗文化，婚俗歌则是最重要的内容之一。德昂族从谈恋爱到结婚都离不开唱歌，青年男女结婚的时候，乡亲们聚集一堂，一方面为新人祝福，另一方面也给男女青年提供一次传情达意的机会，所以德昂族的婚礼实际就是一次歌咏的盛会。德昂族各个支系都有属于自己的婚俗礼仪歌曲，虽然曲调不一样，但所唱内容都大体相同。布列支、饶薄支、饶扩支、饶卖支对嫁娶调均称"春醒"；饶静支称婚嫁调为"格坎"，译为宝带，意为像宝带一样把两人和两家连在一起。据说婚礼习俗歌中的《迎亲歌》最早的古本出现在唐宋时期，只是后来在传唱中有了很多变异。《迎亲歌》从迎接新娘开始唱，一直唱到婚礼结束，从头至尾都不间断。其间，《迎接歌》这个演唱活动要由歌手、媒人和新郎、新娘的父母以及众人组成的歌队来完成。婚礼习俗歌曲中的《哭嫁歌》是"德昂族婚礼上不可或缺的礼仪之一，一个生于斯长于斯的姑娘，即将告别父母亲人，即将与从小朝夕相伴的伙伴们分离，而等着她的前程却是外乡他寨，不无几分扑朔迷离。对亲情的留恋、对友情的惜别、对前程的憧憬等，都在一哭之中升华，都寄寓于低沉的歌调当中，进而形成了德昂族特有的歌"。[1]

三　作家与诗人

与很多民族一样，没有本民族文字的德昂族的书面文学起步较晚，于20世纪80年代才开始出现，此后陆续走出本民族的作家和诗人。《崩龙族文学作品选》是德宏州文联于1983年编辑整理出版的德昂族第一部文学作品选，为培养第一代德昂族作家奠定了基础。

德昂族现代作家以杨忠德为代表，他的散文《醉人的歌》和短诗《小溪》分别荣获第二、第三届全国少数民族文学奖。杨忠德收集、整理了许多德昂族散文和诗歌，具代表性的有《金凤凰》《聪明的松鼠》《青蛙姑娘》《螺蛳姑娘》《披蓑衣的怪物与长尾巴的老头》《串》等。

---

[1]　周灿、赵志刚、钟小勇：《德昂族民间文化概论》，云南民族出版社，2014，第153～156页。

艾傈木诺，德昂族现代女诗人，著有诗集《以我命名》，组诗《蝴蝶情绪》获云南省边疆文学奖和全国第九届少数民族创作骏马奖。她的诗作充满了激情和憧憬，具有浓郁的现代气息。

《以我命名》是德昂族出版的第一部用汉文创作的文学作品集。《以我命名》不仅是一部个性鲜明的诗集，而且也是一部把诗人的生命体验和人生感悟融入德昂山寨的山山水水的诗集，极富乡土气息和民族特色。这部诗集由"以我命名""蝴蝶翩跹""苇花茫茫"三卷组成。第一卷抒写了女诗人对故土乡亲刻骨铭心的儿女情怀。第二卷通过蝴蝶的各种意象，抒发了诗人对生活的独特感悟和生命体验。第三卷"苇花茫茫"则是女诗人在纷杂的大千世界中，感受生活的忧伤、疼痛、欣喜后的抒情。艾傈木诺的诗作既有对德昂族民歌的自觉吸纳和运用，也有对中国古典诗词和现代诗歌不同流派手法的借鉴。艾傈木诺的诗作，与许多少数民族诗作一样，带着明显的乡村抒情意味。如《风过黄草坝》《写给六月》《苦茶》《幸福的水鸟》《谷娘》《边河月色》《香菜塘》《二古城》《松山》等，读来清新感人，富有乡村气息。①

第三节　民间医药

德昂族人民多居住于比较偏僻的山区，这些地区交通比较闭塞，科技不发达，使德昂族医药卫生条件较为落后。而他们又长期居住在天然药用植物十分丰富的亚热带山区，积累了丰富的草药验方和诊断疾病的经验。一个村社或是一个小区域里，都有一两位草药知识比较丰富、平时也爱采集草药的老人，他们虽不是专职医务工作者，但村社里或附近有人生病时，常请他们诊治、用药。求医者大都是亲戚朋友、邻里熟人，只是送点米、菜、草烟给他们作报酬，有的也送点钱，但都是群众送多少算多少，他们从不开口多要。

德昂族"草医"诊断疾病及加工炮制民族草药的方法比较简单古朴，对疾病的诊断是采用观察和诊脉，药物使用方法主要是煎、煮、敷、涂等。

---

① 丁菊英：《德昂族的传统文化》，云南大学出版社，2012，第86～87页。

号脉法：通过号病人脉搏断病。若脉搏微弱不起，说明有病症。再通过揉手或揉脊背等方法加速脉搏跳动，若经过这些方法处理后，脉搏跳动仍微弱，说明有肺结核等重病。

观察询问：看病人皮肤是否发黄，是否有明显消瘦情况，请病人自述病情，询问是否有全身乏力、肚子疼痛和不思饮食等现象。

通过观察询问诊断的常见内科疾病有以下几种：若患者四肢无力，平时流鼻涕、皮肤发红、夜间盗汗、饮食量多，可能为肺结核；若病人痰多、吐血、平时流鼻涕、四肢无力，可能是患支气管炎；若病人全身不适、腰痛、小便发黄、解小便困难，疑为肾炎；若病人四肢无力、头昏眼花、发烧、小便发黄、便秘、肚痛等，疑为肝炎；若病人四肢无力、头昏、性情急躁、夜不成眠，则疑为神经性疾病；若病人胃疼痛、吃饭前两小时剧痛、恶心、吐酸水等，疑为十二指肠溃疡、胃溃疡等病；若病人饭后肚胀、便秘、便血，疑为慢性肾炎。

德昂族不仅有本民族传统的诊治方法，还配置了一些比较行之有效的偏方，能有效地医治大肠下坠（脱肛）、头痛、腹胀、疟疾、食物中毒等内科疾病及骨折、枪伤、刀伤、跌打等外伤。较常见的药物偏方、配方有几十种。略举例如下。

将风流草、芭蕉花晒干，碾碎后煮成汤，可医治大肠下坠。

将野豌豆、细苦子捣碎并以植物油作引子，生食，可治痔疮。

将毛丹子、喜碧波两种草药捣细后，生食或敷于头部，可医头肿。

将毛椿、草茶、黄姜、毛丹子、藿香、川芎、臭草、喜逢草、墨蒿、扁扁叶、爬哈这几种草药舂碎后，放于铁锅内煮沸，然后将烧红的鹅卵石投入药锅，使药物蒸气冒出，肿疾患者接受蒸气熏及用药水擦洗患处，两三天后即可消肿痊愈。

将菖蒲、亚老君根两种草药同煎，可治疟疾。

将黑药、黄龙尾、寄生草、细叶子、龙爪树、树葱、树头蓁、剪子麦这些草药和若干谷物装入竹筒内，密封烘烤，取出筒中药物，用开水浸泡三四日，可服用或擦洗，以治风湿或惊风。

将壁虎、台岩参、母夏煎服，能治肚子痛。

将癞蛤蟆叶、无名草捣成粉末咀嚼，然后吐去，能治口腔肿痛。

用青树根、草藤捣碎敷用，可治骨折。

把灯笼草、细叶黄叶捣细，敷用，能治枪伤、刀枪。

把铁树、老格果、金刚钻舂细，敷用，有消炎作用，可治皮肤脓肿。

德昂族曾使用傣文，据说有用傣文记载的医书，但至今未收集到。因此，他们的医疗知识和经验，普遍还是靠世世代代口头相传。近些年来，有些医药科学工作者，曾对德昂族的民间医药进行过搜集整理，并于1990年用汉文出版了有史以来第一本《德宏德昂族药集》。该书对德昂族一些常用的、确有疗效的民间药学知识进行了收集整理，共收录植物药102种、动物药3种，并附单方、验方40个。该书是对当代流散在德昂族民间的医药知识的较详细的记录，弥补了德昂族医药卫生方面的空白。据说尚有许多单方、验方和医疗经验未搜集到，有的已失传。总之，德昂族医药知识是祖国医药宝库中不可缺少的部分，有些还值得进一步发掘。①

第四节　传统音乐

德昂族的传统音乐由民间音乐和宗教音乐构成，前者是主体，后者包括南传上座部佛教音乐和原始宗教音乐两部分。

一　民间音乐

（一）民歌

德昂族民间音乐类型丰富、形式多样、风格浓郁，以民歌见长。民歌中情歌比较发达。青年男女交往、恋爱，大都离不开以歌传情。这些情歌多属短篇即兴之作，也有长篇悲歌。民歌就其内容来说，主要有古歌、山歌、情歌、劳动歌、仪式歌、求婚歌、婚嫁歌、赞歌等类别。德昂族的民歌在庆贺丰收、过年过节、社交、赶集、串亲友及田野劳动时都可以唱。歌词几乎都是触景生情、随编随唱的，内容也相当广泛，古往今来，天上地下，以及自然界和人类社会生活中的各种事物、各种现象等都可以唱。德昂族由坝区迁往山区仅有数百年的历史，其民歌较多保留了坝区民歌优

---

① 云南省民族事务委员会：《德昂族文化大观》，云南民族出版社，1999，第163~166页。

美细致的特点。

1. 古歌

古歌以德昂族长老口口相传的《茶祖歌》(《达古达楞格莱标》) 为代表，此外还有《初见》《你得到了漂亮的姑娘》《我在半路上等你》《拜佛爷》《婚礼祝福》《串寨》《洗脚歌》等。德昂族古歌充分展示了德昂族的民族性格、心理特征、风俗习惯、伦理道德等文化内涵，是德昂族原生态的音乐。

2. 山歌

德昂族山歌主要在山间田头演唱，旋律自由、悠长，以五声调式为主，多使用上下句结构，如"勾烂""个鄂""个鄂布来""加泪"等，既有触景生情的即兴独唱歌曲，也有男女青年的对唱。曲调类似汉族的山歌，多为混合节拍，速度较自由。

3. 情歌

德昂族情歌短小精悍，易于掌握，它可以抒发感情，但不一定是爱情，多用来表达问候、赞美之意，如《竹楼上的赞歌》《雷弄》《串》等。情歌多为对唱形式，或在山间田野，或用于娶亲当晚，或在节日举行的男女对歌活动中演唱。内容有赞美歌、对答歌、思念歌等。情歌节拍规整，旋律柔缓，具有乡镇小调歌曲的特点。

4. 劳动歌

劳动歌是德昂族进行某种劳动时，赞美劳动的歌。

5. 仪式歌

德昂族每从事一项较大的活动都要举行仪式，例如，结婚仪式、盖房仪式、赶摆仪式、泼水仪式等，仪式歌就是在这些场合唱的。

6. 求婚歌

求婚歌是男青年到竹楼上见姑娘时与姑娘对唱的民歌，用生动的语言、形象的比喻来倾诉彼此间的感情，如 "这幢竹楼我从来没到过，楼上姑娘像鲜花一朵；这里的楼梯我第一次踩，漂亮的姑娘惹我喜爱""不嫌竹朽楼烂，阿哥就常来坐。不嫌叶枯花谢，阿哥就采这一朵"。

7. 婚嫁歌

婚嫁歌有 "格坎"、"春醒"（祝福歌）、"苏达望"、"个鄂卡厄" 等，主要用于婚礼仪式过程中，常由母亲或长者演唱，内容多为诉说母女分离的难舍之情，或嘱咐即将出嫁的女儿，或表达对新婚夫妻的祝愿等。不同支系的婚嫁歌的使用和风格有所区别。

8. 赞歌

德昂族人民对某一事物、事件或人物产生某种特殊的赞赏感情而唱的歌即为赞歌，如对家乡、生活、丰收的赞美，对伟大祖国、对老一辈革命家的歌颂。

（二）曲调

德昂族民间音乐，就其曲调来说，主要有五种。一是"迎亲调"（或叫"婚礼调"）。这种调只能在婚礼的过程中唱，德宏州的芒市、梁河、盈江等地，由歌手领唱，三四十个小伙子伴唱。而有的地区则是男子对唱，一边代表女家，一边代表男家，各方都为各家讲话，向对方表达意见，这种形式在镇康、耿马一带颇为流行。二是"隔山调"（或叫"对歌调"），是男女青年在野外劳动时的对歌调。对歌时，用左或右手掌（也有用食指的）轻捂耳朵，表示呼唤对方。三是"串调"，是小伙子串姑娘时在竹楼上唱的一种调。四是"采茶调"（德昂语叫"赛课"），用以叙述一件事或一个故事。五是"做摆调"，是到奘房做供和拜师时唱的，用以祈求上天保佑全家平安吉利、人畜兴旺，但与佛爷念经截然不同。这五种曲调都脱离不了唱"古本"和唱"现实"两种内容，"古本"是原有的唱词，人人都会几套，它可以集体唱，也可以单独唱；"现实"则是触景生情，即兴编唱，是男女双方为了回答对方的提问而唱。

二 宗教音乐

宗教音乐是德昂族音乐的重要组成部分，包括原始宗教音乐和佛教音乐。原始宗教音乐多与民俗生活相关，有在新房落成时由安长（先生）唱诵的长篇经书"古本"（上新房调）、春节前祈求丰收的"祭谷魂"仪式中唱诵的"请谷魂调"和"拜谷魂调"等。自南传上座部佛教传入德昂族聚居地，其对德昂族的民俗音乐、宗教音乐就产生了极大的影响，带有南传上座部佛教文化色彩的仪式音乐在德昂族宗教音乐中占有不小的比例，主要有僧侣日常诵经音乐和泼水节、安居节仪式中的经文套曲。在德昂族的安居节时唱的祈祷歌"色董"、"格厄安格龙"（韻大鼓唱的歌）和"别赶朵"，都是德昂族地区很有特色的宗教歌种。其中，"别赶朵"就是德昂族较有代表性的宗教音乐。这一歌种曾经盛行于除德宏外的德昂族居住地区。"别赶朵"为一问一答式，起调时要先问候对方，唱一些夸赞对方的话语，而后开始问答，歌词涉及宗教内容，讲述德昂族的来源、乡村习俗、劳动技能、生活知识，并祈求五谷丰登、六畜兴旺、家庭平安，具有祝福意味。这样的歌没有歌本，全靠歌手的记忆力和机敏的反应。

三 德昂族传统音乐的艺术特征

德昂族传统音乐受佛教文化和世俗文化的双重影响，从结构上看很多元；从节奏上看，节奏舒缓、节拍规整、旋律简洁、柔美抒情，有乡镇小调歌曲的特点，旋律多伴有装饰性和轻柔的颤音等；从内容上看，神圣与世俗、庄严与娱乐始终是其表现的主题。宗教音乐所流传的曲目，都经过了多人传唱。无论词曲，都是以最简单、明畅、质朴的词语和方式表达人的所见、所闻、所思和所感。宗教音乐材料简单，但所表达的感情和塑造的音乐形象丰富、真实。德昂族把生活的感悟、生活的智慧、祖先的历史一代代传承了下来。德昂族音乐与宗教可谓相辅相成。

四 传统音乐的保护与传承

（一）德昂族传统音乐的现状

"文化大革命"期间，传统音乐也受到中国大环境的影响。如今，只有宗教氛围浓厚的德昂村寨还保存着一些德昂族传统曲调，但善唱者都年事已高，德昂族的传统音乐样式正面临失传的境地。如何在现实社会生活中提出传承本土传统音乐文化、音乐资源的策略，寻找传承本土传统音乐文化、音乐资源的有效途径，显得非常重要。

（二）保护传统音乐生存的土壤

传统音乐生存最重要的土壤，就是民俗和信仰。民俗是一个国家或民族中广大民众所创造、享用和传承的生活文化，它来自于人民，传承于人民，规范于人民，又深藏于人民的行为、语言和心理中，是非常珍贵的文化遗产。民俗所承载的文化内涵是无法被替代的，对民俗的保护和传承，是民族自信的体现，是民族古老感情的释放，是对民族文化的尊重。尊重民俗、保护民俗就是对传统音乐文化生存土壤的保护。

尊重民间信仰是对传统音乐文化生存土壤的一种极好的保护，民间信仰是中国传统文化的重要组成部分。文化部向社会公示的含501个项目的"第一批国家非物质文化遗产名录推荐项目名单"中，大部分少数民族的项目都与民间信仰有关。少数民族民间的节日、习俗、婚礼、葬礼都是各个民族历史文化的反映，既是信仰，又是民俗，更是艺术。民间信仰是德昂族音乐生存的肥沃土壤。

尊重宗教信仰是对传统音乐文化生存土壤的又一种保护。宗教信仰是一种文化，是一种历史的客观存在，也是我国非物质文化遗产的一个组成部分。比如，佛教传入中国之后，逐渐与中国固有的文化相融合，并形成了内容丰富、影响深远的佛教文化。闻名于世的我国十大石窟艺术，其中敦煌、云冈、龙门、麦积山的壁画、雕塑，堪称世界艺术瑰宝。我国现存古代建筑大部分是宗教寺观。德昂族的宗教信仰也不例外，它蕴涵着德昂族深厚的文化内涵，成为德昂族传统音乐生存的土壤。

（三）传统音乐的保护与传承

保护民歌传承人。德昂族民歌传承人既是民族历史的记忆者、讲述者，也是民族音乐的保护者和教师，同时还是民族节日礼仪的司礼者。德昂族是没有文字的民族，其文化一代代口口传承。对德昂族而言，歌手就是该民族无法替代的文化保护者和传承人，如今，德昂族老一辈歌手不仅为数极少，而且年事已高，很多音乐样式面临着失传的危险。因而保护传统音乐的传承人显得非常重要。保护老一辈歌手，就是保护传统音乐、保护民族文化。地方政府职能部门应该采取积极有效的措施，对这些濒临灭绝的文化和传承人进行保护。对德昂族传统音乐的传承人，政府要给予一定的待遇，减轻传统音乐传承人的生活压力，让传承人有一个活动的空间，便于传统音乐的传承；要从维护民族团结、国家统一的高度，从维护世界文化多样性、维护国家文化主权的高度，辩证地、历史地看待传统文化，在全球化、现代化的过程中保护住我们民族的精神、民族的血脉、民族的根。

张小英，当代德昂族女歌手，出生在德宏州瑞丽市勐秀乡广犬村，成名作是德昂族原生态歌曲《格旦古歌》，歌词大意是：吃饭不忘种田的辛苦，喝水不忘挖井的艰辛。她用德昂语演唱，歌声婉转、清新、悠扬，极有古歌韵味。张小英的演唱是对德昂族即将流失的原生态民歌曲调的保护和传承。①

举办培训班，学习民歌唱法，培养新一代民间歌手。德昂族大分散、小聚居的居住特点，特别是德宏三台山德昂族乡附近村寨集中了我国70%左右的德昂族的现实，为集中举办德昂族民歌培训班提供了可能。在相关职能部门的主导下，请出老一辈民间歌手，传承民歌唱法，弘扬民族文化，是一个非常好的途径。培养新一代歌手就是抢救民间音乐。

举办各种民间活动，搭建歌手展示平台。充分利用民间婚礼、丧葬、建房、祭祀等民俗活动和宗教活动，鼓励民间歌手展示民歌，增强民歌的影响力。积极搭建民间歌手演唱平台，传承民族文化。利用德昂族的各种节日进行民歌演唱、对唱，扩大民歌的影响面。②

第五节　民间乐器及器乐文化

传统民间乐器在整个德昂族民间音乐文化中占有非常重要的地位。德昂族乐器多与歌词相配合演奏，富有本民族特点。德昂族乐器有打击乐器和管弦乐器两大类。打击乐器有象脚鼓、水鼓、蜂桶鼓、石鼓、圆鼓、铜鼓、韵板、铓锣、钹、鱼磬等数种。管弦乐器有马腿琴、葫芦丝、叮琴、笛箫、小三弦、口弦等多种。德昂族打击乐只能在泼水节、进洼、出洼、做摆、烧白柴等宗教节日及结婚喜庆时使用，禁用于"串姑娘"。"串姑娘"时多用三弦、葫芦丝等管弦乐器。

一　水鼓

水鼓又叫抬鼓，德昂族打击膜鸣乐器，德昂语叫"格椤当"，为大鼓之意。它是德昂族独有的一种乐器，流行于云南省德宏和保山地区。德昂族水鼓有着悠久的历史，早在1500多年前，德昂族民间就流传着这种大鼓了。明代李思聪《百夷传》载："其乡间饮宴，则击大鼓，吹芦笙，舞（盾）牌为乐。"说明它广泛用于盛大节日和民间娱乐场合中，几百年来在傣乡盛传

---

① 丁菊英：《德昂族的传统文化》，云南大学出版社，2012，第88～91页
② 丁菊英：《德昂族的传统文化》，云南大学出版社，2012，第95～96页。

不衰。德昂族水鼓既是乐器，又是信号，更是鼓舞士气、凝聚人心的重要武器。德昂族不能没有水鼓，水鼓是德昂族的命脉。德昂族被称为鼓的民族。沿着鼓声的豪迈，人们可以回忆起《达古达楞格莱标》中记载的水鼓起源。

　　根据老人们的传说和 300 多年前的经书记载，母系时期，女王统治着诸多的茫蛮部落。但这些部落各行其是，互相还产生争斗，不统一，遭受了许多外来民族的侵略和野兽的攻击。在这非常时期，有一个叫阿龙国扎的男青年，头脑灵活，作战勇猛，武艺高强，多次率领出战都能得胜。他还是一位好猎手。一天，女王叫他除掉害人的老虎，他毫不犹豫地去了。到了深山老林里，两只猛虎一公一母、一前一后地尾随他。他内心十分恐惧，但为了拯救部落民众，决定与虎决一死战。这时，突然刮起狂风、下起暴雨，弄得老虎晕头转向。虎与人被逼到峡谷里。一场厮杀后，两只老虎都受重伤，准备逃跑时因为峡谷很滑又摔下来了，终于被阿龙国扎打死了。他深深叹了口气，说道："天助我也。"他把害人的两只大老虎抬回了部落里，还将虎皮剥下，紧紧地绷在一截空心楠木树上，一张绷一头，展示于众。由于老虎凶残暴虐，伤人很多，还吃了不少家禽，族人非常气愤，每天用石头和木棒击打虎皮。每次击打虎皮都会发出震天动地的"咚咚"之声，族人既解气又好奇。几天后，虎皮干了，声变小了，族人发怒地将脏水狠狠往虎皮上泼，水流进了树缝里，树筒积了水，虎皮也潮湿了，当再击打时声音又洪亮了。每次击打虎皮的时候，响声总会引人集聚。大家觉得虎皮发出的声音不但好听，而且能振奋人心。数年后虎皮破了，于是部落首领叫族人模仿虎皮覆盖的树筒制作了第一个水鼓。人们将圆柱木桶锥一个孔，击鼓前先将水灌入，以湿鼓身而获得较好的共鸣效果。鼓声雄浑激越，豪放大气。于是水鼓成为部落发出信号、凝聚人心、鼓劲奋战、庆功立业的大鼓。从此，鼓声统一了各部落的思想和行动，勇猛善战的阿龙国扎的威望与日俱增，成为德昂族历史上第一个改变母权和女王权的首要人物，也是德昂族历史上第一位男性大首领。每次阿龙国扎率领族人出战时都如得到神仙助威；每逢节日来临，只要水鼓一响，节日的气氛就十分浓厚。由此德昂族认为水鼓一定有魂，鼓魂从此成为德昂族的保护神，受到族人的祭拜。每当出征、节庆击鼓前，德昂族都要祭鼓魂和运鼓魂。

德昂族水鼓用当地生长的梧桐树、芒果树或椿树的大树干掏空制成，外形与水缸相似，两端一头大、一头小，两面蒙以牛皮、麂皮或其他兽皮。鼓身大小不一，规格尺寸不定，一般全长 100～120 厘米，大的一端鼓面直径 50～60 厘米，小的一端鼓面直径 25～30 厘米，鼓的内部结构特殊，掏成中间可以互通的两个鼓腔，故能产生良好的音响共鸣效果，有着较长的余音。鼓身中部一侧还开有一个直径 3～5 厘米的圆孔。水鼓在使用前，要从圆孔灌入一定量的水或酒润湿鼓身，以获得较好的音响效果，故而有水鼓之称。演奏水鼓时，体积较小的鼓，由年轻力壮的小伙子一人背鼓，两人边击边舞；体积较大的鼓，由两人用长竹竿抬鼓在前，一人随后双手各执一根木制鼓槌敲击粗端鼓面，边击边舞。众人也随乐起舞，并有象脚鼓、铓、镲等乐器参加合奏。[①]

二 象脚鼓

象脚鼓是德昂族、傣族、阿昌族、景颇族等民间使用较广泛的传统打击乐器。大的象脚鼓长两米有余，小的长 1.2 米左右；鼓身用芒果树干掏空制成，鼓面用羊皮制作，直径约 30 厘米；敲打时在鼓面上粘一圈糯米饭，使发音雄浑深沉，产生良好的共鸣效果。鼓身雕有花纹，鼓尾饰以孔雀羽毛，造型美观大方，多以铓、钹配合表演。象脚鼓的演奏形式十分丰富，往往随着表演情绪需要而指、掌、拳、肘、脚并用，鼓点纷繁多变。鼓手边敲边跳，不时做出摆鼓、甩鼓、摇晃转身等动作。[②]

三 排铓锣

排铓锣由 5～7 个大小不等、直径 10～40 厘米的铓锣，从低音到高音排列固定在一个特制的木质架子上而成。敲击用的小锤，亦根据铓锣大小比例制作，并被固定在一长条击柄上。排铓锣具有音量大、音色浑厚、激昂有力和声音传得远的特点，敲击时发出激动人心的声音。它是民间伴奏孔雀舞、象脚鼓舞等不可缺少的乐器。排铓锣在固定场所敲击时，一般置于

---

① 周灿、赵志刚、钟小勇：《德昂族民间文化概论》，云南民族出版社，2014，第 107～109 页。
② 俞茹：《德昂族文化史》，云南民族出版社，1999，第 172 页。

地上由一人敲击；在节日活动行走或游行队伍中，则由两人肩扛，由后面者边行边演奏。①

四 葫芦丝

葫芦丝主要流行于德昂族、傣族、阿昌族、布朗族、佤族等民族中，是这些少数民族最喜欢、使用最广泛的乐器之一。德昂语称"布赖"，"布"有吹之意，"赖"即为葫芦。德昂族由于各地方言的不同，又分别称之为"比格保""窝格保""布雷翁保"等。葫芦丝可分为高、中、低音三种类型，常用的调为降B、C、D等调。葫芦丝的历史较为悠久，可追溯到先秦时代，它是由葫芦笙演进改造而成的。在构造上仍保持着古代乐器的遗风，箫管数目正与三管之龠相同，两支副管不开音孔也和古箫完全一样而发出持续的五度音程，与古龠的"以和众声"相似。但它的主管开有7个音孔，与后世的箫笛非常近似，又显示出它在历史上的飞跃。

葫芦丝的形状和构造别具一格，它由一个完整的天然葫芦、三根竹管和三枚金属簧片做成。整个葫芦是气箱，葫芦底部插进三根粗细不同的竹管。每根插入葫芦中的竹管都镶有一枚铜质或银质簧片。中间的竹管最粗，上面开着7个音孔，把它作为主管，两旁是副管，上面只设簧片，不开音孔（指传统葫芦丝）。只能发出与主管共鸣的和音。通常左面副管发"3"音，右边副管不发音（或发低音"6"音）。葫芦丝在演奏上相对于竹笛、唢呐等民族吹管乐器要简单一些，没有那么多复杂的技法，这也是由于它构造本身的局限所致，但是它甜美的音色却极富表现力。葫芦丝在演奏中常用的技术有吐音、连音、滑音、震音、颤音、叠音、打音以及循环换气等。

葫芦丝和葫芦箫都与葫芦有关，葫芦是德昂族的神物和宝物。葫芦被认为是造就德昂族的宝物，传说德昂族是从葫芦里出来的，没有葫芦就没有德昂族，因此，葫芦成了德昂族的随身物品，无论是平常生活还是宗教信仰，德昂族都离不开葫芦。据传说，2600多年前，德昂族艺人阿保在洼子放牛时，看见竹棚上挂着许多葫芦。他无意中抓一节被虫打了几个眼的

---

① 《德昂族简史》编写组、《德昂族简史》修订本编写组：《德昂族简史》（修订本），民族出版社，2008，第171页。

山竹给葫芦钻个洞，准备灌水。当竹子套进葫芦里时，随便一吹便响，第一个葫芦箫就诞生了。德昂族葫芦丝有五个调，即哀调（又称泪水调）、悲伤调（又称分别调）、求情调（又称招亲调）、欢乐调（又称娱乐调）、祝贺调（又称欢庆调）。哀调主要针对已故的恋人或亲人而奏，源于一对恋人的爱情悲剧故事。此调让人一听，便有悲伤感。悲伤调主要是针对失去情人或悲惨的历史而奏。此调源于一对情人忧伤而坎坷的人生故事。求情调常用于年轻人"串姑娘"和一年一度的出洼节奘房葫芦丝献礼活动。欢乐调主要在"串姑娘"、串亲戚、节庆及娱乐时奏。此调老年、中年、青年都可以奏，主要以饶卖、饶扩语为主。其使用范围很广，有时还用于伴奏叮琴。祝贺调主要用于祝贺婚礼和庆贺重大节日，也用于乔迁新居等活动。一般情况下边奏边跳，大多用于伴奏独唱或合唱，快乐奔放。①

五 叮琴

叮琴是德昂族的弹拨乐器，琴身用整块的木头刨制成，面板为竹，发音是靠指甲弹拨的。叮琴比较含蓄，声音很小，但穿透力比较强。一般是用于男女青年谈情说爱时，特别是夜晚在竹楼旁边，感情色彩性很强，很奇特，很深情，专门弹给自己喜欢的人，自己喜欢的人听到就会出来。叮琴很符合德昂族人比较含蓄的性格特点，不会说得明明白白，会通过琴声表达自己的情感。

叮琴在德宏、孟连一带比较流行，现在不是很多了。叮琴中有小的叮琴，叫叮三塞，三股金属弦。小叮琴是女孩子弹的，弹到快的地方，不是每个音都弹，是用滑音的，声音很奇特，音色明亮、清脆，尤其到了晚上，在寨子里听起来特别好听。另外还有大叮琴，叫叮二塞，筒是用葫芦做的，只有两根弦，声音比较粗，是男孩子弹的。②

六 口弦

口弦又称响篾、篾弦，德昂语称"咯"。据考证，口弦是德昂族最先使

---

① 周灿、赵志刚、钟小勇：《德昂族民间文化概论》，云南民族出版社，2014，第113～114页。
② 唐洁：《中国德昂族》，宁夏人民出版社，2012，第133～134页。

用的古乐器之一。用竹片制作的德昂族口弦，是德昂族男女谈情说爱时所用的乐器。口弦具有悠久的历史，形式多样，在我国的大部分地区都很流行，可以独奏、齐奏、合奏或为歌舞伴奏。在我国原始社会母系氏族时期，口弦就有了，当时名"簧"。簧在古代与竽、笙、篪等乐器相提并论，可见其重要。据汉魏以来的文献记载，簧是一种用竹或铁制成的横在口中演奏、和口弦同一类的乐器，甚至在当时还有类似今天多片弦那样的多片簧存在。从先秦至晋的古籍记载可知，簧是贵族使用的一种高雅乐器，为文人雅士所喜爱。据《汉宫阙疏》记载，在汉代皇宫中还建有一座"鼓簧宫"，可见簧在当时的统治阶层和上流社会中已颇盛行。早在晋代，著名道家葛洪所著的《神仙传·王遥》中就记述过一个弹奏五舌口弦的故事。一次，王遥带着自己的弟子登上一座小山，进入山中的一个石室。石室中有二人，于是王遥让自己的弟子取出所带匣中的 3 枚五舌竹簧，发给石室中的二人，自己取了一枚，三人并坐，一起弹奏起了口弦曲。故事带有道教的神秘色彩，它透露出这样一个信息：五舌竹簧在当时已很少有人能演奏，是一种秘技。我国少数民族地区，自古就流行着簧这种乐器。据史籍记载，至少在公元 4 世纪末，在四川、云南、贵州一带的少数民族地区，簧已经非常流行。北宋陈旸《乐书》中载有竹簧和民间流行的铁叶簧，这是目前见于文献的最早图像。元代以后，簧在中原逐渐失传，簧的名称也渐渐被人们遗忘了。明代以来，口弦以口琴之名见于史册。清乾隆时成书的《清朝通典》在谈到口琴时说："以铁为之，一柄两股，中设一簧，末出股外。横衔于口，鼓簧转舌，嘘吸成音。"《大清会典图》对其也有详细记述，并载有其图。

德昂族口弦根据制作材料的不同，分竹制和金属制的两种口弦；根据簧片数量的不同，分单片弦和多片弦；根据演奏方法的不同，又分用手指弹拨和用丝线抻动的两种口弦。口弦由长 8～10 毫米、宽 2～3 毫米的竹片削制，弦身中间有一小片精细的竹簧，演奏者用口腔对准竹簧弹奏。口弦主要用牙齿、舌头、手指配合而奏，音色微弱而动听，是交流感情的主要工具。演奏时，演奏者要用左手的拇指和食指夹住乐器的手柄，将簧舌部分放在两唇之间，用右手的拇指和食指来回拨动乐器的顶端，引起簧舌振动，发出明亮的声音。用丝线抻动的口弦的演奏方法更为独特，演奏者在每个簧片的尖端系上一条丝线，把线头套在右手指上，用手指牵线使簧片振动而发音。①

<h1 style="text-align:center">第六节 民间舞蹈</h1>

一 德昂族舞蹈及其分类

德昂族的民间舞蹈，题材较广泛，风格亦各异，总体上可分以下几种。

（一）水鼓舞

水鼓舞是德昂族独有的民族舞蹈，德昂语叫"嘎格楞当"，多见于喜庆场合。舞蹈时，将水鼓挎在脖子上，鼓在身前，边敲边跳，以大铓、大钹伴奏。鼓声深沉、庄重。水鼓舞可以单独跳，也可大家跟随水鼓节奏起舞，气氛十分热闹。水鼓舞主要流行在瑞丽和保山一带德昂族民间。

（二）象脚鼓舞

德昂族有在重大节日中跳舞的习俗，较有代表性的是象脚鼓舞。由敲着鼓，打着铓、钹的男子带头，其他男女老少跟在后面，按一定步法、手势绕圈而舞。也有男女分成两圈，男子组成外圈，女子组成内圈，由一戴草帽的男子带头击鼓，其他男子跟随，提起大裤脚，露出腿上所刺花纹，绕场欢舞。妇女组成的内圈，排头的女青年击铓锣，与击鼓男青年配合，跟随的妇女亦与外圈男子并排兜圈而舞。

（三）戛光舞

戛光舞又叫跟鼓舞。德昂族的戛光舞比傣族的戛光舞幅度小，稍缓慢，具有本民族特色。

（四）竹竿舞

竹竿舞是一种丧葬舞，只有在年过七旬、德高望重的老人去世时才能跳。舞者腰缠马串铃，用四根细、两根粗的竹竿做道具，置于地上敲击而舞。竹竿代表马，敲击声代表马蹄声。此舞蹈在众人守灵的三天之内进行，每天分早、中、晚三次。既用以颂扬死者生前功德，也用以表示让死者的亡魂骑上"马"去西天，不必步行，以免吃苦。

---

① 周灿、赵志刚、钟小勇：《德昂族民间文化概论》，云南民族出版社，2014，第118~119页。

（五）夏养舞

夏养舞即养人舞，主要流传于陇川县的户弄村、瑞丽市的勐休等地区。

（六）跳摆

跳摆主要流传于临沧地区的镇康县，属于男性跳的一种圆圈舞。

（七）佛鼓舞

佛鼓，意为"佛"之鼓，德昂语称"耿冷牙啪拉"，是佛爷专门保管并经佛爷批准才能使用的鼓。用佛鼓作伴奏乐器而跳的舞，叫"佛鼓舞"。相传，很久以前，奘房每举行一次大的佛事活动都要由佛爷走村串寨通知百姓，后来有一个叫怕煞达的佛爷精心制作了一个声音洪亮的大鼓，每当奘房有佛事活动就敲击大鼓，百姓听到鼓声就赶来参加活动。

（八）长鼓舞

德昂族的长鼓舞又分两种类型。一种是流行于梁河、盈江两县的德昂族聚居区的长鼓舞，为击鼓者与击镲者的对跳或两个击鼓者的对跳，舞蹈分为"四方步""孔雀开屏""双凤朝阳""鸡啄谷子"等类型。舞蹈时，穿插有拳术、棍术等表演，特色十分明显。另一种是流行于德宏三台山德昂族乡的长鼓舞，先是鼓手边击鼓边舞蹈。铓手和镲手在鼓手的左右两侧或一侧边击铓镲边舞蹈，而后，由男女老幼组成的舞队围成大圆圈，跳起德昂族传统的"欢乐舞"，统称为"长鼓舞"。舞蹈由"取水""浇花""丰收""祝福"等舞步组合而成。舞蹈时还穿插有武术、拳术、刀术、棍术等表演，气氛热烈隆重。①

（九）坐鼓舞

坐鼓舞主要流行于德宏州和临沧市的德昂族聚居区。所谓坐鼓，即不用抬、不用背、不用挎，而将鼓置于特制的支架上。舞前，先将坐鼓置于场中央，用焦泥糊于两头的鼓面上。焦泥的用量，以达到特定的音量为止。然后，配以直径约 40 厘米的大镲和直径约 60 厘米的一至两面大铓作伴奏。舞蹈时，由一至两名鼓手大声吆喝着入场，然后挥臂击鼓，或甩臂，或仰身，或跳跃，或转身，边击边唱。铓、镲与鼓齐鸣，箫、马腿琴、口弦等齐奏，形成欢快、节奏感极强的舞曲。这时，成百上千的男女分成内外两

---

① 周灿、赵志刚、钟小勇：《德昂族民间文化概论》，云南民族出版社，2014，第 133～134 页。

个圆圈，男子在外圈，女子在内圈，踏着鼓的节奏，边转圈，边起舞。男子跳时，有意提起肥大的裤脚，露出文在腿上的花纹，女子则跟随在领舞者之后，跳着纯朴、优美的欢乐舞。①

二 德昂族舞蹈的艺术特征

德昂族的民间舞蹈大都是以鼓、镲作为特定的伴奏乐器。德昂族每舞必鼓，鼓是德昂族民间舞蹈之魂，这是德昂族舞蹈的一大特征。鼓舞还是德昂族最具代表性的舞蹈，多在重大节日时跳。德昂族鼓舞，大致有保山、梁河、盈江、耿马的"长鼓舞"，陇川的"抬鼓舞"，芒市、保山的"水鼓舞"，镇康的"佛鼓舞"，芒市的"短鼓舞"。德昂族舞蹈由于受世俗文化、宗教文化和傣族文化的影响，以优美、含蓄、庄重为特征，形象、生动地再现德昂族的历史文化和民俗风情，体现了德昂族的审美心理、审美意识和民族性格，是不可多得的活态民族文化遗产。②

---

① 周灿、赵志刚、钟小勇：《德昂族民间文化概论》，云南民族出版社，2014，第134页。
② 丁菊英：《德昂族的传统文化》，云南大学出版社，2012，第93~95页。

第七章
文物、历史档案与传统文化保护

历史上德昂族人民反对芒市土司的剥削压迫、争取民族平等的武装反抗失败后，德昂族被迫迁离他们世世代代建设起来的家园，除潞西外，陇川、盈江等地的德昂族也因土司实行排挤政策而难于继续居住，遂相继迁离了。德昂族虽然迁离了，但在德宏州保留了许多其遗址和遗物。[①] 此外，现今德昂族的日常生活中还保存了一些具有特色的传统文化，对传统文化的保护也是当下应考虑的问题。

第一节　历史文化遗址

一　"女王宫"遗址

陇川县城东约 5 公里，有巴达山从帮瓦后山缓缓而降，山峰依次走低，最后有一个山丘，与巴达山相依，前方地势开阔，站立其上，可以尽览陇川坝的景色。这即是德昂女王建立宫室的地方。现住这一带的景颇族群众称它为"南生广"（"南生"为德昂女王名，"广"为山丘或山坡），即女王山。"南生广"，现已是一座绿树葱葱的山丘，但遗址隐约可见。山顶有 1 亩左右的平地，其左右前三方均环山砌有石基，石基明显是两重，部分地方有三重。第一重环山顶平地而筑，第二重落差约 2 米，平台宽约 3 米，平台边沿也残留着岩石基。

---

① 《德昂族简史》编写组、《德昂族简史》修订本编写组：《德昂族简史》（修订本），民族出版社，2008，第 186 页。

　　女王宫建筑在山顶平地，残砖断瓦遍地皆是，有厚度约 2 寸、边长约 8 寸的铺地砖；有厚度约 1 尺，两边为半圆形的薄砖；有长 1 尺、厚度约 1.5 寸、宽 4 寸、高 8 寸，两侧有模压图案的屋脊花砖，均为明代砖瓦规格。还有土质、涂过绿釉的折角斗拱等。遗迹东侧半坡有一块石碑，总长 6.2 尺多，厚 3 寸，宽约 2.1 尺，顶为半圆形，插入碑座部分为 1.2 尺。石碑灰白，两面磨光，正面光滑，但未刻字。这些残迹说明，德昂女王的这座明代建筑，曾是富丽堂皇的。

　　女王宫东侧山箐原有砖瓦窑址，因长期雨水冲刷今已不存。山箐的另一侧是茶山，现今居住这一带的景颇族称为"牙因广"（德昂语，即"女王茶山"之意），德昂语在这里还沿用着。

　　现今住在德昂遗址附近的居民，不论是景颇族还是傣族或汉族，在开垦田地或整理菜园时，常常都能挖到德昂族先民的陶器，如陶罐、陶花瓶、陶纺坠、陶碗等。上釉陶罐和花瓶上，有鸭绿色云纹或凸形图案，外表光滑美观，后人甚为赞赏。潞西市遮放莫列佛寺旁边的塔群曾被盗掘，在被打破后抛弃于地面的佛爷骨灰罐中，有一个黑陶罐，高约 6 寸，腹部直径约 10 寸，底部比上口宽，质地细腻，未上釉，内外光滑，胎薄，底部厚度仅 2 毫米，颈部厚度为 8 毫米，火候足，质地坚硬结实。这反映出德昂族有较高的制陶手工技术水平。此外，人们常拾到德昂族人的陶烟斗。烟斗比今日常用的要大些，而且多有艺术加工，多在烟斗两侧刻画捧合的双手，或者刻上两个对称的孔雀或其他动物图像等，它反映出古代德昂族人喜爱抽烟，而且烟斗的外观比较讲究，人们赋予它艺术美的形式。少数地方还发掘出细瓷器，如小杯、碗、碟等，属外地运来的高档品。

　　德昂族烧制砖瓦的窑址距"女王宫"1 公里左右，此地至今仍称为瓦窑山。陇川帮瓦"千家寨"遗址，相传在寨子脚山里有一窑砖瓦，已烧好，但未出窑德昂族即迁移，后曾有人去找过，但未能找到。不管怎样，在明代及清代前期，陇川大城附近德昂族已建了相当数量的瓦房，现今所知窑址有两处：一处在"女王宫"东侧，一处在帮瓦山麓，处在德昂城后山麓。另外在盈江回龙河边的遗址上也出现了大量瓦片，分布比较广。这说明德昂族烧制砖瓦已有较长的历史。①

---

　　①　唐洁：《中国德昂族》，宁夏人民出版社，2012，第 86～87 页。

二 "允德昂"城遗址

陇川县城西六七公里处,有一傣族村寨名"近允"(系傣语,城角之意),因村寨建于明朝军队戍守城的一角而得名。在它北面的一大片地方,傣语称为"允德昂"(德昂城)。现在这里已看不到城墙的遗迹,当年德昂人的许多宅基地已被开垦,原来的石脚已被撬起堆于地边。但现居当地的民族都说,历史上这里的德昂人很多,地方繁华,是德昂族的重要聚居地区之一。现今的陇川城东傣语称为允弄(大城)的地方,有一座180多亩的明朝军队的戍守废城,城东、北有2000余亩土地,现已育为森林,但在明朝及清朝前期都是德昂族先民的大村落。这里虽然因随后德昂族的迁离而荒芜了,但多有德昂族先民遗留的房屋石脚和断瓦残砖,每幢房屋的建筑面积为100~180平方米。德昂族常说过去他们的房屋建筑是很好的,有瓦房和花园等,这些传说能与遗物、遗址相互印证。

此外,陇川城郊还有许多德昂族村落遗址。①

三 德昂路遗址

现今陇川大街,傣语旧称"档德昂"(德昂路),明朝时期这里的德昂人较多,此路是他们往来的通道,路面用石子铺成。德昂人不论居住在坝区还是山区,都很重视道路建设,尤以铺设石头路著名。许多道路虽然随着德昂族的迁离,长期被雨水冲刷而被破坏了,但在许多遗址上仍能依稀看到他们往日辛勤建设的业绩。潞西市遮放坝尾弄喊,原有40多个德昂族村寨,德昂人从弄喊寨到贺喊再到拉里等地,沿山麓修筑过20多公里的石头路面。石头多系从河沟中拾来,也有人工打制的条石或不规则的块石,有的地段由三行条石夹两行鹅卵石混合铺成。这条干线的路面宽度,一般都在2米以上,今日在贺幌寨仍可见到宽达4.5米的路面,足够两辆汽车对驶。同时德昂族在莫列山顶建筑起质量上乘的佛寺,最兴旺时有僧人四五百人。从山麓到山顶修筑了两条各长10余公里的道路,都是用石块砌成、路面约有一米多宽的石头路,这在当时可以说是一项大工程。德昂人在建

---

① 桑耀华:《德昂族史略》,云南大学出版社、云南人民出版社,2015,第87页。

筑道路时，也修过一些石拱桥和石板桥，有些被河水冲毁，或因路线改变而废弃，到 20 世纪 60 ~ 70 年代尚有潞西轩岗坝的三座石拱桥、弄喊的一座石板桥仍在使用。这些桥虽然不大，一般跨度为 1 ~ 1.67 米，宽仅 1 ~ 1.33 米，但它们至今还在为往来行人免除涉水之苦。

　　作为德昂族历史遗迹的道路和桥梁是具有特殊价值的。古代德昂族先民在工具简陋、生产力水平低的条件下建设这些工程很不容易，它们向人们展示了古代德昂族先民的工艺技术和文化水平。[1]

四　户育遗址

　　户育乡的雷亮、雷相光两座山坡遗留有德昂族先民种的茶树。景颇族在山上种地时，经常挖到德昂族先民使用过的陶碗、陶烟斗。该乡原有崩龙柯、崩龙东、崩龙山、崩龙坝等地名，与德昂族先民曾经居住过有关。该乡中部的邦岭山、西部的雷弄，过去也是德昂族先民的聚居地。雷弄附近的深山中有几处石穴、石洞，曾发现德昂族供奉的木雕佛像和石雕佛像。[2]

五　龙阳塔

　　龙阳塔又称喇定塔，是德昂族的标志和灵魂。它来自于德昂族视太阳为父、龙为母的传说，世代流传在德昂族人的心中。德昂族自古为中华民族的一员，是龙的传人。目前，德昂族的喇定塔在云南省陇川县章凤镇户弄村、昆明市民族文化村、缅甸南坎地区布滇镇各有一座。在今潞西市轩岗乡芒乱别德昂遗址中，也树立着一座奇怪的"石塔"，高 2.4 米，塔身为长方体，边长 1.2 米，顶部盖着一个八角形的大石块，厚 9 厘米。整个石塔由打制石块砌成。在陇川县曼怀、弄怀德昂族古遗址也有类似的"石塔"，本地人把它叫作"石帽"，调查认为，"石塔"系原始宗教遗存。

　　喇定塔底座为梯四方形，分四级，四面记载德昂族人的事件和德昂族文字的字母，顶部为盘龙和太阳，龙的底盘为茶叶和茶花，龙代表圣母，

---

①　《德昂族简史》编写组、《德昂族简史》修订本编写组：《德昂族简史》（修订本），民族出版社，2008，第 188 页。

②　唐洁：《中国德昂族》，宁夏人民出版社，2012，第 88 页。

太阳代表圣父，茶叶代表古老的茶农文化，茶花代表春暖花开的地方。龙体上部为浅黄色，下部为浅蓝色，代表太阳照耀下的德昂族人希望和平、祥和与美好。每年 8 月 30 日为德昂族的盛大节日——喇定节。龙阳塔青龙腾升，艳阳高照，象征德昂族人民奋勇向上、追求光明和幸福的精神。此塔记叙了德昂族人起源的传说。①

六　佛教遗迹

德昂族信仰南传上座部佛教，而且都很虔诚，在他们住过的地方，都有佛塔、佛寺之类遗迹。这里仅能提及有代表性的几个地方。

（一）金佛寺

陇川县锅济山中段名"总坎"山，由傣语"庄喊"（金佛寺）演化而来。"总坎"三面环山，它低于周围诸山而高于河谷坪坝，它处于高山可以俯视、坝区可以仰望的位置，是个远近皆能看到的适中之地。它的四周过去有很多德昂族居住，他们经济比较发达，曾建起过一幢辉煌壮丽的佛寺。有的人说这座佛寺的瓦顶是贴了金的，有的人说是镀了铜的，在阳光照射下能向远远近近的人们射出闪闪金光，所以被人们称为"金佛寺"。后来德昂族与其他民族发生矛盾，德昂族的首领们聚集到这里开了三天的会，为了避免民族之间的残杀，他们在一夜之间迁走了。佛寺随德昂族的离去而荒废了，但它的盛名流传至今。②

（二）金水缸

瑞丽与陇川之间横贯着新中山，中段为邦岭（元代史书写作"不岭"），德昂人在这里建过一座很有名的佛寺，其中又以它的金水缸最负盛名。这是一块有房间那么大的石头，外形似佛寺里的净水缸，但它顶上有裂缝，底下是溶洞，人们从缝隙中投入金属货币后，随着金属货币向深处滚动会发出叮叮当当的响声。这种自然现象在这种低山地区是少见的，又经佛教徒们附会渲染，人们更加感到奇异无比，而且以能亲眼看看、亲耳听听为幸福。所以远远近近的人们，每当宗教节日都争先恐后地到这里朝拜，坝

---

① 唐洁：《中国德昂族》，宁夏人民出版社，2012，第 88~89 页。
② 桑耀华：《德昂族史略》，云南大学出版社、云南人民出版社，2015，第 88 页。

区的傣族有走几天路去瞻仰的。德昂人迁离了，但它作为一种古迹仍留在邦岭山中。①

（三）雷列佛寺

"雷列"是傣语铁矿山的意思。雷列山位于潞西县遮放坝尾龙川江西边，海拔 1400~1500 米，山顶有一块 4~5 亩的平地，雷列佛寺即建立在此。主房面积 180 平方米，正面由打制工整、长 70~80 厘米的石条砌成 1 米多高的基础（不包括地下部分），有直径为 50 厘米左右的鼓形柱磉，说明原来的柱子很粗大，是比较好的建筑物。这座佛寺最兴旺时，和尚多达四五百人，但到清代后期随着德昂人迁离而逐渐衰落，到 21 世纪初已完全倒塌成为废墟。

佛寺北面 100 多米处为一塔群建筑，多为红砖，但塔基中也间杂有明代大青砖，说明这个遗址在明代就有了，以后主要是继续扩建和更新。塔群曾被盗掘，主塔基下距地面 3.5 米左右的坑道中，藏着银质和木质的佛像、和尚骨灰罐等。

雷列山东侧一山峰，有许多大大小小岩洞，有高 4~5 米、地面宽 20 多平方米的，也有仅能容纳个人藏身的，这也是和尚们修道的地方，在这些岩洞中曾供有成百上千的汉白玉和木雕释迦牟尼佛像，但已因无人管理而损坏了。②

（四）广允缅寺

广允缅寺位于云南省沧源佤族自治县城勐懂镇大街北侧，俗称"学堂缅寺"，始建于清代，为佛教建筑，是云南省西南部较有影响的寺院之一。广允缅寺据传是道光八年（1828 年）清政府调停耿马土司内讧、册封罕荣高为土司的时代所建，距今 180 多年。建筑较多地受到汉族建筑风格的影响，保留了南传上座部佛教寺院的基本形式，是汉式建筑外形与傣族庭院内部装饰的有机结合，在建筑艺术风格上独具一格。广允缅寺由于其历史、地域、人文、宗教的重要地位，于 1988 年 1 月 13 日被国务院列为第三批全国重点保护文物。③

---

① 赵纯善、杨毓骧：《德昂族概览》，云南大学出版社，2006，第 197 页。
② 赵纯善、杨毓骧：《德昂族概览》，云南大学出版社，2006，第 197 页。
③ 唐洁：《中国德昂族》，宁夏人民出版社，2012，第 93 页。

第二节　历史文化遗物

一　德昂鼓

在今日的德宏傣族景颇族自治州，还能见到几面德昂鼓，其中有代表性的是两面。

一面是南算佛寺里的大鼓。距盈江县弄璋乡南算村不远的地方原是德昂村子，建有一座很好的佛寺，德昂族迁离后无人管理，久经风雨剥蚀，濒临倒塌。南算傣族群众看到这座三叠式的佛寺，四壁和横枋上均有浮雕，质量又好，因而把它迁到南算，以后虽几经翻修，但柱梁多是原有的。寺内还有一面大鼓也是随佛寺迁来的，这面鼓的鼓身是由一棵大树锯下一段，挖空中心制作成的。鼓身长 2.8 米，大头直径为 1.1~1.2 米，小头直径为 1~1.1 米，鼓身外用粗白棉布缠绕，再涂以黑漆保护，两头的鼓面蒙上牛皮，此鼓在当地傣族群众中还有一个神秘的故事。据说，此鼓里面原有一种特殊装置，声音特别响亮，震动力强，当寺庙周围人家的母鸡孵蛋时，如果击鼓次数多了或击重了，受震动后的蛋便孵不出小鸡来。后来人们把那件特殊装置取掉了，所以现在并没有过去响了。此说虽属传闻，但也说明这面鼓由于鼓身大、音域广，击时远近皆闻。

另一面是赛鼓。是一面鼓身长不过 1 米、直径不过 0.33 米的小型鼓。传说很久以前，遮放土司为了庆祝其统治下的升平盛世，通知所辖各族各寨均制作一面鼓，届时参加比赛，得胜者受奖。比赛结果是，德昂族的鼓由于制作精良、声音清脆，受到好评，名列第一。后被土司留下，现仍保存在遮放傣族群众家中。

这两面鼓既表现了德昂族的聪明才智，也表现了他们精湛、高超的手工技术。[①]

二　德昂族人的银子

在针对德昂族的社会历史调查中，常听人们讲起"过去德昂人很有钱，

[①] 桑耀华：《德昂族史略》，云南大学出版社、云南人民出版社，2015，第 90 页。

银子很多"的事。据说，德昂族人迁走得急促，来不及将他们世代积累下来的财富带走，银子还埋在地下。因此就有许许多多这样的说法：某年某月德昂人在某地挖走了银子；某次德昂人已找到银子，背不动去请人运，但遇到狡猾的人，银子被盗走了；等等。盈江县高里寨背后，地名叫"德昂地基"，在当地群众中就有这样的说法：德昂人在这里埋了许多银子，至今未被发现，如果要找到这些财宝，必须解决一个口诀：上七丘，下七丘，中间七七丘。谁要找到了，就买得起一个腾越州。还有的说，有个傣族土司向德昂族人派款，要三两银子，傣话叫"三荒拉"，但这句话在傣语里与"三田沟"音相近，不易分辨，被德昂族人误解为土司要"三田沟"银子。德昂族头人叫百姓拿出所有的银子，但只装了两沟半，凑不足土司"规定"的数目，只好迁走了。

德昂族人居住在中缅交通古道两侧，历史上接触商品经济较早，农业较发达，茶叶出名，用甘蔗生产的红糖纯净透明，在集市上享有盛誉，经济生活比较富裕是可能的，当地群众中的传说也并非无稽之谈。陇川县王子树坡坎寨曾有一姓杨的汉族青年，原来是地主家的帮工，民国初年，他在邦东德昂遗址挖到一批银子，有说十二驮，有说六驮，真实数量外人不详，但他得了这批银子之后，便买田置地，大兴土木，建造楼房，由帮工变成了地主，这则是人们皆知的。[1]

第三节 德昂族传统文化的界定与基本特征

一 德昂族传统文化的界定

德昂族传统文化是德昂族在长期的生产劳动、社会生活中创造和发展起来的有别于其他民族的物质和精神财富，以及可以创造物质、精神财富的经验和行为模式的总和。它包括德昂族的传统生产、科技、建筑、交通、饮食、服饰、节日、社会制度、恋爱婚姻、家庭、人生礼仪、哲学、宗教、语言、文学、艺术体育等，涉及德昂族生存、生活的物质、行为（制度）和精神的各个方面。

---

[1] 俞茹：《德昂族文化史》，云南民族出版社，1999，第204~205页。

德昂族传统文化是形成和发展于云贵高原西南边缘横断山南延地带的少数民族历史文化，是具有鲜明历史和民族特点的边缘地域文化，为德昂族世世代代所继承和发展，其内涵丰富，是云南民族文化的重要组成部分。它反映着德昂族历史发展的水平，体现着其民族精神。

文化个性特征是文化发展过程中受地理、人文等多种因素影响而形成的具有独特色彩和个性的表征。它既呈现为一种外在的地域形态，也内化为一种潜隐的文化性格。就区域性文化而言，德昂族传统文化是云南民族文化的一个组成部分，既与云南各区域民族文化存在共性，也有其地域色彩和个性特征，与云南其他地域文化既有联系又有区别。下面，我们将详细介绍德昂族传统文化的基本特征。

二 德昂族传统文化的基本特征

（一）文化的多样性并存特征

1. 文化的多元一体性特征

德昂族文化的多样性表现为多元一体、多元共生并存。"多元"即文化的多样性；"一体"指多元文化的相互联系与交流，形成共性，结成不可分割的整体；"共生并存"则指多元文化的相容、共存，和而不同，和谐发展。

一方面，德昂族文化的整体是由多个支系的文化构成的。德昂族历史悠久，支系众多，其方言也十分复杂。据说，历史上有20多个支系和部落，现今居住在缅甸一侧的德昂族主要有自称绕买、革肚、恩诺、棒宁、勐几、汝果、布列、滚海、东麻、桃然、绕全等的十余个支系。中国境内的德昂族主要有布列、梁、饶卖、饶静、饶扩、饶薄、饶竞等支系。根据服饰和语言，人们又习惯地把德昂族分为红德昂、黑德昂和花德昂。使用布列方言的德昂族支系，根据其服饰特征，称为红德昂；使用饶卖方言的德昂族支系，根据其服饰特征，称为黑德昂；使用梁方言的德昂族支系，根据其服饰特征，称为花德昂。

目前，从德昂族的居住状况来看，人口仅2万人的民族，却散居在十多个县市之中，形成典型的"大分散，小聚居"格局。同时，在山区，他们与景颇、傈僳、佤、布朗、汉等民族交错而居；在坝区，他们与傣族、阿昌族和汉族杂居。因此，该民族除说本民族语言外，还会说傣语、汉语、景颇语和佤语等。德昂族支系众多，方言复杂，使用民族语言较多，体现了多样的语言类文化，加之居住分散等因索，其民族文化呈现出多样性和差异性特征。

另一方面，在漫长的历史发展进程中，文化的多样性并未导致德昂族的离散与分裂，各支系和谐共处，都不同程度地吸收了异质文化并加以整合，产生了许多同质性的文化特质，并对不同支系的德昂族文化产生着强烈的认同感，使之都能融入德昂族多元文化一体结构中。同时，这种"一体"的认同与凝聚并不排斥和妨碍德昂族始终保持和发展自己文化的独特性，从而使得德昂族传统文化整体上一直显示出文化的多样性和差异性特征。

2. 文化的多源性特征

所谓"多源性"指民族文化是多向的，同时又是相互交融的。每个民族的文化中，不仅具有其所属的原始族群的古文化因子，而且具有诸种外来文化的因素。德昂族不仅具有百濮原始族群的文化因子，而且还有诸种外来文化的因素，如有南传上座部佛教文化、东南亚文化和汉文化等文化因素，这些因素积淀而体现出文化的多源性特征。

3. 文化历史形态的多样性特征

历史学家把云南称作保留多种社会历史发展"活化石"之地。德昂族文化即具有文化历史形态多样性的特点。从德昂族的历史形态来看，其还保留着独特的原始文化。直到20世纪50年代，一部分居住在山区的德昂族还处在原始社会末期，如临沧地区镇康县军弄乡的德昂族中有的父系大家庭一直延续到20世纪初期，其文化表现出那个历史阶段的特性，保留着原始公社制的物质文化和精神文化，而德宏地区的德昂族早已解体为小家庭，其文化表现出阶级社会历史阶段的特性。

文化多样性并存是德昂族传统文化的一个特点，它能长期存在，说明德昂族文化具有民族性和兼容性。这是德昂族文化的优良传统，这种传统在未来德昂族文化的建设与发展中具有重要意义。

（二）文化的交融性与共享性特征

德昂族先民千百年来在云南这块土地上生存着，与其他民族交往着，互相影响，互相融合，互相依赖，互补互助，虽然有冲突和矛盾，但并不是主流。文化的互相交融与共享是德昂族传统文化的一个显著特征。德昂族传统文化与傣族、景颇族、阿昌族、傈僳族、汉族等许多共处一个环境中民族的文化都是这种关系，比如，陇川阿昌族打造的刀具除供本民族使用外，主要就是供德昂、傣、景颇、汉等其他民族使用，而德昂族按照其他民族的要求制造的银器、茶叶更多是走向集市，供其他民族使用，傣族亲切地称呼集市上卖茶叶的德昂族妇女为"茶叶妈妈"。多民族文化交融共享在德昂族居住的土地上是很普遍的，也具有悠久的历史。

德昂族传统文化的特征用费孝通先生的话来概括就是："各美其美，美人之美，美美与共，天下大同。"这是多民族文化和谐发展的理想，德昂族的这种文化关系既是历史的文化关系，也是现实的文化关系。长期以来，德昂族与相邻民族和平共处，相互很少排斥，各自都相对独立发展，有"各美其美"的特点；相邻民族都很尊重和赞赏德昂族的文化，有"美人之美"的胸襟；各民族文化相互融合共享，呈现出"美美与共，天下大同"的和谐发展的境界。当今，德昂族与相邻民族团结和睦、长期共同发展的良好民族关系是建立在与相邻民族文化并存发展、互补互助、交融共享的基础上的。

（三）文化的国际性特征

德昂族是一个典型的跨国民族，从古至今，其文化都在一定程度上受到境外文化的影响，具有一定的国际性。首先，德昂族先民居住在我国古代通往印度的"西南丝绸路"的两旁，是较早接触中原文化与印度文化的民族，受两种文化交流的影响较深，而且受到久远的、长期未断的国际性文化关系的影响。其次，我国德昂族跨境而居，与缅甸境内的德昂族交往密切，历史上，无论国家关系友好还是交恶，中缅德昂族民间的交往从未间断，南传上座部佛教传入德昂族地区后演变成为民族化的佛教文化，而且这种文化关系十分友好。①

第四节　民族文化发展困境及影响因素

一　发展困境

在今天的德宏、保山、临沧一带，德昂族留下了许多引人注目的历史

---

① 丁菊英：《德昂族的传统文化》，云南大学出版社，2012，第3~6页。

遗迹，而在德昂族聚居区还保留着许多"活态"的德昂族传统文化。德昂族的茶文化、水鼓文化、口传文化、服饰文化、规范文化、节庆文化、宗教祭祀文化等都具有独特的价值和内涵，无论是在显性文化方面还是在隐性文化方面都还有许多有价值的东西需要深入挖掘并加以保护、传承。然而，在这方面，德昂族同胞面临着许多困难和挑战。

（一）"大分散，小聚居"中的多重文化包围

与同样属于云南人口较少民族的独龙族、基诺族相比，德昂族的居住环境处于真正的"大分散，小聚居"的状态。即使是在中国德昂族的最大聚居点德宏三台山德昂族乡，全乡德昂族人口占了56%左右，在乡中算是第一大民族，但是文化的格局是很难用行政的格局来套用的。与三台山地域相连的其他乡镇则很少有德昂族村寨，本来在三台山人口处于少数的汉族、景颇族和傣族与周围连片来看，人口都比德昂族多得多，特别附近的市场集镇，如遮放、芒市等都很少有德昂族人居住。市场不仅是商业的中心，其实也是文化的辐射中心。也就是说，从稍大一点的范围看，三台山的德昂族文化还是处于被辐射、被包围的态势。弱小的德昂族文化在多重强势文化的包围下，面临着自身传承发展的困境。

当然，德昂族"大分散，小聚居"的局面和被多重文化包围的情况自古就存在，但是今天这种局面却日益成为德昂族文化保护与发展的一个挑战性的问题。因为，随着社会经济的发展、市场的不断开拓、社会交往的不断扩大，文化之间的碰撞和交融也出现了前所未有的激烈态势。时至今日，一种民族的传统文化要在一个小范围内固守已经越来越困难了，尤其是像德昂族文化这样分散而弱势并处于重重包围之中的民族文化形态，变迁是必然的趋势。问题是这种文化变迁的驱动力主要是来自文化主体的外部，主体处于被动适应的情况下，难免会被迫放弃或牺牲传统文化中许多有价值的东西。

（二）经济发展滞后冲击着文化自信

《2003～2004年云南民族地区发展报告》中的《德昂族发展报告》根据实地调查，反映了德昂族社会经济发展滞后情况：长期以来，困扰着中国各地德昂族的最大问题就是贫困；贫困是几乎覆盖所有德昂族聚居区的一个共性问题；德昂族的贫困面大且深。即使在小范围内与其他相邻的民

族横向比较，德昂族的经济生活也存在着巨大的差距。

过去德昂族人都住在难避风雨的草顶竹篾屋中，他们最大的愿望就是有一幢自己的瓦房。经过多年的外援扶贫和自身发展，至今三台山已有三分之二以上的人家盖了瓦房，但仅仅有挡风雨的瓦房并不代表他们走出了贫困，正如当地人流行的一句话："屋顶盖瓦，锅中缺粮；身上穿着漂亮的服装，包中无分文。"这的确是三台山德昂族人生活状况的写照。

由于经济的贫困，德昂族人对自己的民族文化也产生了怀疑的态度。这样的认识对于德昂族文化的保护与发展是极大的威胁。来自民族群体内心深处对民族文化的冲击比任何来自外部的力量都要强烈。因此，在德昂族中出现巨大的代际鸿沟，也就容易理解了。

（三）代沟阻隔着文化的传承

人类学家米德在《代沟》一书中说："我开始明白，认同和义务的无常是同一个更大问题的一部分，即整个世界处于一个前所未有的局面之中，年轻人和老年人——青少年和所有比他们年长的人——隔着一条深沟在互相望着。"德昂族传统文化传承正处于同样的情况：德昂族新老两代人之间出现了巨大的代际鸿沟。文化需要代代传承，但这一条无形的鸿沟却阻碍了民族传统文化的传承。于是出现了民族传统文化的断层，致使一些文化样式正濒于消失。如上面所提到的水鼓，这是具有德昂族文化特质的一种文化载体，老一代的德昂族人无论是过节，还是在婚丧嫁娶的人生仪礼上，都离不开水鼓。水鼓构成了德昂族老年人的文化情结，可是青年一代德昂族人觉得它十分陌生，他们更钟情于强势文化的东西。至今除了保山潞江坝和德宏三台山的出冬瓜村还保留着个别水鼓外，其他德昂族村寨几乎都找不到水鼓了。有的地方的德昂族青年，从小到大还没见过本民族的水鼓是什么样的，更不用说知道怎样敲水鼓了。随着水鼓的失传，其实许多与水鼓相关的文化习俗和情感都会随之消失。

同样的情况也反映在德昂族的茶文化中。德昂族被公认为"滇西最早的茶农"，有着悠久的茶文化传统。德昂族的古歌《达古达楞格莱标》中就认为人类起源于茶叶，德昂族与茶叶有着共同的历史。在德昂族村寨周围，随处都可见到一片片葱葱郁郁的茶树林。德昂族善于种茶，更善于用茶，他们常说："离了茶办不成事情"，"有茶才能表明茶到意到"。他们赋予茶叶更多、更广的文化内涵。茶叶成了德昂人生命中不可缺少的一部分，茶叶礼俗几乎始终伴随着每个德昂人的生命历程，有"出生茶""认干爹茶""成年茶""集会茶""社交茶""恋爱茶""说亲茶""定亲茶""成亲茶""敬老茶""上房茶""分家茶""和好茶""祭祀茶"等各种关于茶的礼仪。这些用茶的种种习俗行为，全面地折射着德昂族的历史传统、民族性格、道德观念和价值取向。如今在德昂青年一代的意识里面，对茶文化的情感已经越来越淡漠，许多茶俗也名存实亡，茶俗文化中折射的价值观念和行为规范也大受冲击。其实何止只是水鼓和茶文化，在整个德昂族文化的各方面都有相似的表现。许多年轻人对传统的东西持不屑的态度，自然也不会用心去感受和传承民族文化。[①]

二　影响民族文化发展的因素

随着社会的发展、外来文化的渗透、大众传媒覆盖面的增大，德昂族文化发展和传播受到严重的挑战。影响德昂族文化发展的因素有以下几个方面。

（一）人口规模的限制

文化是由人创造的，具有一定的社会功能。文化的传承必定要以受该文化影响的人口为前提。在德昂族受傣族土司管辖的时代，傣族文化对德昂族的影响最突出，尤其在南传上座部佛教的流传、傣文的使用、傣族历法的流行等方面体现出来。新中国成立后，就德昂族而言，本民族的文化只能在民族乡内成为自己的主体文化，但影响他们的强势文化不仅有汉文化，还有周围人数较多的其他少数民族的文化，如傣族文化、景颇族文化和傈僳族文化等。德昂族以其2万余人的微薄之力，在多种强势文化的包围影响下，要保持本民族文化的特色并有所发展是不容易做到的。

（二）受自身文化特点的影响

德昂族文化具有与其他民族文化等同的价值，其表现形式尚不完备。如除了整理的民间口传文学外，文学作品比较少，特别是精英文化作品。传统规矩较多制约了发展和创新，因此在舞台上人们很少能看得到德昂族

---

① 黄光成：《中国人口较少民族丛书·德昂族》，中国民族摄影艺术出版社，2007，第112～117页。

歌舞。德昂族的文化艺术是在群众自娱自乐中表现出来的，较少提升为舞台艺术，还没有达到可参加商业表演的程度。从市场作用看，任何文化流传于世，都依赖于一定规模的喜爱该民族文化产品的人群。德昂族的文化产品，首先要赢得本民族的喜爱，表现出文化的先进性，在逐步成熟后才能走向社会，走向市场。然而本民族受众有限，缺乏人口数量的支持，许多文化项目往往因为难以形成规模效益而不能启动，市场狭小限制了德昂族文化的发展和开发。德昂族自身特点和文化特点制约着文化创造能力。

（三）受全球化背景的影响

全球化给人们带来种种意想不到的好处，但在全球化浪潮的影响下，民族传统文化必然受到剧烈的冲击，这是当代社会发展面临的普遍问题。在少数民族地区，随着西部大开发的实施和全球化进程的加快，现代文化对传统文化的冲击空前加大。这种冲击产生两个方面的结果。一方面，打破了少数民族地区的封闭状态，增加了少数民族文化对外接触、交流和互相影响的机会，使少数民族在吸收各民族优秀文化的同时，发展自己的民族文化，借助全球化的浪潮走向世界。在"文化搭台、经济唱戏"的利益驱使下把已经失传的民间民俗活动恢复起来，并进行再创造，成为发展旅游业的一种手段。这种活动虽然商业气息较浓，但是起到了传承保护民族文化和推动民族文化发展的作用。另一方面，在全球化的作用下，民族文化也会由此面临变异、衰退和改变，甚至丧失。如今青年人痴迷于流行歌曲、电视、网络文化，这对民间故事、礼俗、谣谚的家庭传承造成冲击。传统民居、服饰、节庆等正在被"现代趋同"。相对于精神文化，物质文化的丧失速度更快。一些少数民族的传统生产工艺，在现代技术和廉价工业品的冲击下很快失去了竞争和生存的能力。人口较少民族在现代化进程中遇到的异文化的撞击更为激烈，社会变革也更为剧烈。因而，人口较少民族比起人口较多民族，散杂居住的民族比起聚居的民族，文化丧失的可能性更大。

第五节 历史档案、文物保护情况

德昂族历史档案、文物是指德昂族地方政权、土官、僧人和其他成员等新中国成立前在其社会历史发展中直接产生的，反映民族生产、生活等方面状况的，具有保存价值的各种形式的历史记录和实物。德昂族历史档案独特、珍贵，对史料研究、民族研究、地方发展研究、边疆研究都具有十分宝贵的价值。新中国成立后，民族文化发生了巨大变化，这种变化使德昂族历史档案、文物的传承、保护受到重大影响，某种程度上加剧了德昂族历史档案、文物的破坏、流失与消亡。

一　德昂族历史档案保护取得的成果

民族文化产生了巨大变化，德昂族历史档案传承保护亦受到了极大的影响。（1）征集、保护了众多德昂族历史档案。国家历来重视对少数民族历史档案的征集工作，德昂族博物馆为中华民族园 56 个民族博物馆之一，馆内建筑为德昂族依照自己的民族风格而建造，然后运往北京，该博物馆于 1999 年建设，2001 年开馆，占地面积 1900 平方米，建筑面积 596 平方米，由民居毡帽形木楼、佛寺、白塔、寨杆、泼水亭、粪房等组成，规划为山寨环境，馆内展品征集于云南德宏地区，年代为清代至近代，约二百年历史。多年来，德宏州先后对 51 个乡镇（街道）、336 个村民委员会、37个居委会所属村（居）民小组进行了文物普查，在普查过程中查出具有特色的文物集中处两百余个，征集、保护了数百份德昂族历史档案，整理编辑档案文字资料数百万字，还有大量音像、绘画、影视等其他形式的档案资料，对抢救保护德昂族历史档案做出了重大贡献。（2）德昂族口述历史档案、文物收集成绩显著。德宏三台山德昂族乡建有一座中国德昂族博物馆，建设经费近两百万元，占地七百平方米，馆内设施完备，展品共两百余件，展示德昂族生产、生活的各个方面，博物馆对公众开放，以传承德昂族历史文化为开馆目的。民族乡里的国家级博物馆，表现出我国保护、传承德昂族文物、口述历史档案的决心。德宏州长期致力于德昂族口述历史档案的收采工作；此外，形成不同级别的非遗项目百余项，确定非遗传承人两百余人；投资各类研究项目数百万元，用于资助贫困德昂族乡村脱贫，支持民族文化活动。在德昂族民族文化保留较完整、民族艺术活动较频繁的地区进行区域性文化保护，是德昂族口述历史档案传承工作中的一大特色，现在，建成的保护区域已有十几个，如三台山乡、大等喊村等，这一措施极大地促进了德昂族口述历史档案的系统性、可持续性传承。

二 德昂族历史档案、文物保护存在的问题

虽然现在德昂族历史档案、文物保护工作已取得一定成绩,然而保护工作中仍然存在许多问题,无法适应民族文化变迁对保护工作提出的新要求。主要体现在以下几个方面。

(1) 德昂族历史档案、文物保护意识薄弱。在德昂族民族地区,少数民族群众普遍缺乏档案、文物保护意识,对德昂族历史档案、文物的珍贵价值缺少认识,在生产建设活动、日常生活中随意对历史档案、文物进行处理甚至损毁。如芭蕉寨,位于王子树村东侧的山坡上,从村里下坡步行四五十分钟即可到达,据该寨老人赵廷兴介绍,这里原为德昂族住地,群众在村寨脚及下面 200~300 米的小山丘一带挖出过白瓷、兰花细瓷碗、碟子等,老人说,这种瓷不是上釉的陶器,属细瓷,但又不是江西瓷,他挖园地时也挖出过,但不重视,小孩打坏了。又如王子树村的各寨,在其与梁河接界的山麓田坝(传说德昂族住过)挖出过上釉陶花瓶十多个,上面有狗脚迹花;还发现小土杯,当地称为牛眼睛杯,形容其体积小;还挖出罐子、碗,碗上有咖啡色的釉,比较光滑,外有模压成的龙凤花纹,由于群众有迷信思想,发现这些东西都不敢要,要么打碎,要么抛弃,故没有保留下来。在德昂族地区,类似因档案、文物保护意识淡薄而损坏民族历史档案、文物的事件时有发生。有些相关政府部门和文化机构尚未从档案、文物的角度认识到德昂族物质文化保护的重要性。如云南省少数市、县级档案部门仅重视对政府机构档案文件的管理,尚未将少数民族历史档案列为档案收集整理和保护抢救的重要内容,往往导致散存德昂族历史档案因没及时收集,或散失或被贩卖,这些德昂族历史档案一旦流失将很难再进行征集抢救,造成民族历史文化遗产的重大损失。只有相关政府部门和文化机构认识到德昂族历史档案的重要价值,将德昂族历史档案作为特色档案进行重点保护与抢救,才能有效地促进德昂族历史档案保护工作的全面开展。

(2) 大量德昂族历史档案、文物损毁严重。在民族文化变迁背景下,德昂族历史档案、文物保护存在许多有待解决的问题,其中尤为严重的是德昂族历史档案、文物的损毁流失问题。德昂族历史档案、文物的损毁流失是由于多种原因造成的。首先是人为因素。例如,今勐休村后面坡顶上

原是德昂族的奘房地基，小学校在这里建校舍时挖出过石佛，多到四五十个，大小不一，有一市尺高的、七八寸高的不等，但挖出后当场被打坏了。又如，据姐线贺双的傣族曼喊等介绍，雷拱（尖山）佛寺系德昂族的佛寺，建筑得比较堂皇，在坝区的傣族佛教徒中享有盛誉，老一辈人宗教节日时常到这里朝拜、赕佛，这座佛寺在"文化大革命"中被毁，据当地群众讲，之前去那里逛山打猎，还看到一对二三尺高的石狮子和几块雕刻着人、动物的大石板。此外，自然因素也是造成德昂族历史档案、文物损毁流失的一大原因。如崩龙山坡中段有一环形壕沟，再上一段又是一个环形山沟，接近坡顶又似一环山壕沟，这些壕沟均已被洪水冲积的泥沙所填，但能看出其残迹，进入山顶，有一长约 18 米、宽约 5 米的长方形平地，四周有垒土，此地曾作过德昂族防守阵地，现已不存。

（3）德昂族口述历史档案流失严重。近年来，社会现代化发展迅速，民族地区城市化发展显著，随着传统农业日益衰落和民族文化的变迁，德昂族民族文化面临着巨大冲击，大量优秀德昂族口述历史档案流失。德昂族口述历史档案十分丰富，包括创世史诗、神话传说、民间故事、民间歌谣、工艺技能等，内容涉及德昂族历史发展的主要史实、科技文化的重要成果、文学艺术的经典作品、哲学伦理的深刻思想、民族宗教的教规教义以及独特的民风民俗等。德昂族口述历史档案主要由土司、佛爷、民间艺人和一些群众以口耳相传的方式进行传承。随着民族文化的变迁，德昂族口述历史档案的生存环境日趋恶劣：以收音机、电视、录像和 CD 以及轿车等为代表的现代生活方式，逐渐代替了"串姑娘"、乡间歌舞等传统生活方式，民族地区年轻人的民族传统文化观念逐渐淡漠，已经不愿传承老人的历史文化、传统技艺和民族歌舞，许多珍贵的德昂族口述历史档案因无法传承而流失。另外，德昂族老人熟知民族文化，掌握很多口述历史及本民族特有的舞蹈、绘画等传统文化，他们的去世带走了丰富的民族历史文化，致使大量宝贵的德昂族口述历史档案无法传承下来；更令人忧虑的是，掌握民族知识老人的去世还导致了现藏于各个文化机构中的一些德昂族历史档案难以解读，造成了德昂族历史档案的隐性流失。

（4）德昂族历史档案、文物法规建设与执法问题。德昂族历史档案、文物是国家档案财富的重要构成部分，其征集保管、分类整理、档案信息资源的发掘利用等科学管理活动都有赖于国家法律法规的规范与保护。如今，在民族文化发生巨大变迁的背景下，德昂族历史档案、文物的抢救更是需要依靠国家法律法规予以相应的保障与支持，因此，应建立健全保护法规体系，对德昂族历史档案、文物进行依法保护。在民族文化发生变迁的背景下，德昂族历史档案、文物保护工作可依据的法律法规很多，如国家法律有《中华人民共和国档案法》《中华人民共和国档案法实施办法》，云南省法规有《云南省民族民间传统文化保护条例》等，这些国家、地方法律法规对德昂族历史档案的抢救都有重要的规范与保护作用。然而，在德昂族历史档案、文物保护的实际工作中，相关法律法规尚未发挥应有的保障与支持作用，主要问题有二：一是缺乏依法保护意识，没有积极运用相关法律法规保护德昂族历史档案、文物，更谈不上对这些法律法规的整合性运用；二是相关法律法规，尤其是云南省颁布的地方法规还缺乏针对性，缺少对德昂族历史档案、文物这一类民族历史档案、文物保护的专门条款，从而导致在德昂族历史档案、文物的保护工作中，相关法规缺乏可操作性。

在执法方面，德昂族历史档案、文物大量散存在民间，加之部分执法部门执法力度不够，缺乏协作，致使德昂族历史档案、文物的贩卖流失问题十分严重，许多珍贵德昂族历史档案、文物被不法分子收购。如贺幌寨线瑞庄保存着一顶古代武士帽，说是明朝皇帝赐给他的高祖的，但据推断，经 4 代人有 100 年，加本人 61 年，共 160 余年，为清道光年间，不会是明朝；据说原料是象皮，皮厚 4.5 毫米，帽檐直径 35.5 厘米，高 20 厘米，原有银顶高约 15 厘米，如三台葫芦形，已被其三伯父拿到缅甸卖了，现只剩外面是黑漆、里面是红漆的一个皮帽壳了。①

第六节　现有传统文化保护政策措施

近年来，相关主管部门出台了诸多针对云南省少数民族传统文化的保护政策，尽最大可能保护和传承现有的少数民族文化。例如，2009 年，云南省委省政府出台了《关于进一步加强民族工作 促进民族团结 加快少数民

---

① 李佳妍：《民族文化变迁背景下的德昂族历史档案保护研究》，《兰台世界》2016 年第 16 期。

族和民族地区科学发展的决定》。2010 年，云南省财政厅、云南省民宗委发布了《关于印发〈云南省少数民族传统文化抢救保护专项资金管理暂行办法〉的通知》，从 2010 年起，省政府设立 25 个世居少数民族传统文化抢救保护专项经费，每年拿出 1000 万元，用于实施 25 个世居少数民族传统文化抢救保护项目；每年拿出 500 万元，用于实施 25 个世居少数民族文化精品工程。在 2016 年，云南省民宗委出台《云南省百名民族民间传统文化突出人才扶持管理办法》和《云南省百项少数民族文化精品扶持管理办法》，从 2016 年起，每年拿出 1000 万元，用于实施民族民间传承文化"百名人才培养"项目；每年拿出 1000 万元，用于实施民族文化"百项精品"扶持项目。

我国德昂族主要分布在云南省德宏傣族景颇族自治州，依据德宏州文体局提供的相关资料，我们可以了解当前德昂族传统文化的保护状况。

一 国家级非物质文化遗产

2008 年，德昂族民间文学《达古拉楞格莱标》、民俗文化"德昂族浇花节"被列入第二批国家级非物质文化遗产保护名录。

二 非物质文化遗产传承人

（一）国家级传承人（1 人）

2009 年，李腊翁被确定为第三批国家级非物质文化遗产《达古达楞格莱标》项目代表性传承人。

（二）省级传承人（2 人）

2007 年，杨忠平被确定为第三批省级非物质文化遗产"叮琴制作工艺"项目代表性传承人；2010 年，张飞被确定为第四批省级非物质文化遗产"水鼓舞"项目代表性传承人。

（三）州级传承人（4 人）

王腊生、赵家祥被确定为州级非物质文化遗产"德昂族浇花节"项目代表性传承人；李三所被确定为州级"德昂族水鼓舞"项目代表性传承人；李腊拽被确定为州级德昂族创世诗——达古拉楞格莱标"项目代表性传承人。

（四）县市级传承人（13 人）

1. 芒市（3 人）：李腊拽被确定为"德昂族创世史诗的唱颂及民间文学

创作"项目代表性传承人；李二经被确定为"水鼓舞表演"项目代表性传承人；李三所被确定为"水鼓舞表演"项目代表性传承人。

2. 瑞丽（10 人）：曼相、岩相、岩旺、依崩、弄青、依万 6 人被确定为瑞丽市"舞蹈类"项目代表性传承人；毛相义被确定为"雕刻、美术"项目代表性传承人；岳相、瑞板被确定为"剪纸"项目代表性传承人；李腊补被确定为"德昂族水鼓制作"项目代表性传承人。

德宏州文体局、民宗局等部门近年来不断加大对德昂族文化传承与保护的力度，相关资料显示，德宏州文体局在 2014 年争取资金 60 万元实施《达古达楞格莱标》文化传承保护项目；争取资金 20 万元，用于实施"芒市三台山德昂族传统文化保护区"项目；在 2016 年 4 月，对国家级传承人李腊翁进行抢救性拍摄，收集《达古达楞格莱标》项目表现形式"德昂族浇花节"仪式视频、图片收集，共计 255G；2016 年 5～6 月，对《达古达楞格莱标》项目表现形式"德昂族婚姻习俗"进行了调查，收集视频、图片 74.3G；2016 年 10 月 10 日至 13 日，三台山乡人民政府举办"2016 年德宏州国家级非物质文化遗产名录《达古达楞格莱标》培训班"，全州 3 县 2 市的德昂族同胞 80 多人参加了培训；2016 年 11 月 3 日至 8 日，在梁河县河西乡勐来村委会二古城老寨活动室，举办"德宏州国家级非物质文化遗产名录《达古达楞格莱标》培训班"，100 多名德昂族群众参加了培训。

德宏州民宗局在 2010～2016 年，通过多方努力为保护与传承德昂族文化做出了重要贡献。主要有如下项目。①建设中国德昂族博物馆。2010 年 9 月，投入国家、省级资金 298.5 万元，在芒市三台山乡建设"中国德昂族博物馆"：其中，展馆设施占地面积 3280 平方米、展馆面积 680 平方米；展示设施展示面积 680 平方米，有 11 个展柜；配备专兼职人员；收藏的实物展品 256 件（个）。②出版《达古达楞格莱标》：2010 年，投入省级少数民族传统文化抢救保护专项经费 7 万元，出版德昂族创世史诗口传文学《达古达楞格莱标》一书。③开展德昂族博物馆文物征集、展示：2010 年，投入省级少数民族传统文化抢救保护专项经费 9 万元，用于实施"境内外德昂族文物征集、布展、保护"项目。④举办民俗培训班：2011 年，投入省级少数民族传统文化抢救保护专项经费 6 万元，开展"五种世居少数民族民间文化培训"，其中，德昂族民俗民间文化培训班共培训 50 人。⑤出版

《德昂族传统文化图集》：2011 年投入省级少数民族传统文化抢救保护专项
经费 2 万元，实施出版《德昂族传统文化图集》，采集近千张涉及历史文
化、宗教文化、特色建筑的德昂族文物照片，从而实现非物质文化的"无
损"并得以永久性保存，供专家学者进一步研究分析。⑥开展德宏州人口
较少民族优秀传统文化普查：2012 年，投入省级少数民族传统文化抢救保
护专项经费 9 万元，开展"德宏州人口较少民族（景颇族、德昂族、阿昌
族）优秀文化普查"。⑦开展梁河县人口较少民族传统文化抢救保护项目：
2013 年，投入省级少数民族传统文化抢救保护专项经费 7 万元，对梁河县
阿昌族、德昂族、景颇族三个人口较少民的传统文化进行深入调查、收
集、建档，并开展传承人培训；2014 年，投入省级少数民族传统文化抢救
保护专项经费 6 万元，开展"阿昌族、德昂族、景颇族传统文化传承"项
目，用于实施梁河县的阿昌族、德昂族、景颇族三个人口较少民族的传统
文化保护，在主要聚居区建设传习点，开展培训，培养 5~10 个传承人。⑧
修缮德昂族特色建筑：2015 年，投入省级少数民族传统文化抢救保护专项
经费 8 万元，用于实施梁河县"修缮德昂族古式建筑"；投入省级少数民族
传统文化抢救保护专项经费 8 万元，用于实施瑞丽市"傣族、景颇族、德
昂族特色建筑修缮及保护"项目。

在德昂族传统文化人才培养方面，为充分调动民族民间艺人、传承人
的积极性，促进云南省民族民间文化的繁荣发展，促进云南省民族文化产
业发展，2015 年，云南省民宗委开展了"云南省百名民族民间传统文化突
出人才"的评选活动，经逐级推荐、初审、小组初选、专家评审和评委会
审定，共确定 100 位传承人为"云南省百名民族民间传统文化突出人才"。
其中就有德昂族国家级非物质文化遗产传承人李腊翁，云南省"百名人才"
培养工程将逐年对传承人进行扶持，扶持资金每人 50 万元。

第七节　保护传承德昂族文化的对策建议

由于长期处于封闭和经济滞后的状况，德昂族的原生传统文化及民族乡
土知识至今还保留得相对完整，在其生产、生活、社会交往、社会规范、节
庆活动、人生礼仪等方面都还有所反映并起着一定的作用，而今在经济全球

化的浪潮冲击下，中国各民族社会处于急剧转型之中，各民族的传统文化受到了前所未有的冲击，云南民族文化多样性受到了极大的威胁，文化多样性的保护已成当务之急。特别是像德昂族，他们经济滞后，文化上受到多重强势文化的包围和挤压，处于青黄不接的状况，老一辈的文化承载者正在不断减少，新的一代则往往因认识不到自身民族文化的价值而造成认同和接受困难，因此民族文化和民族乡土知识的传承面临断代和消失的危险。

当今，需要对处于弱势的民族文化加以特别保护和传承，否则，任其发展下去，不久的将来许多像德昂族文化这样的文化就将从地球上彻底消失，所谓民族文化的多样性就只剩下一个空壳了。因此，我们建议应该针对德昂族文化采取一些特别的保护对策和措施。

一　处理好经济扶贫与文化传承的关系

的确，一般在文化上处于弱势的民族群体，在经济上也多是弱势的。过去，我们对民族贫困地区的外援扶持可谓不少，但未必达到预期目的，甚至有人得出这样的结论，说是把一些受扶持者"养懒"了。究其原因，主要是我们仅仅把一些民族社会和文化的问题简单地当作经济问题来看待。如果因为一个民族在经济上是弱势群体，就单纯地考虑经济扶贫的问题，而不顾及其文化的保护和传承，不顾及对民族精神的培养，不唤起民族的自觉，最终收效甚微也是可想而知的。借用过去扶贫工作中常用的"输血"与"造血"这两个词语来说，单纯的经济扶贫，只能是"输血"，要真正解决好"造血"的问题，就需要在经济扶持的同时更多地考虑民族文化的保护、传承和发展。有道是，扶贫要先扶志，所谓"志"者，即民族之"志"，乃是至关重要的。

二　恢复文化的自信与自觉

对于像德昂族这样一个弱势民族，民族文化自信心受到了打击，产生了对自身文化价值的怀疑，新老两代人之间产生了巨大的代沟，新旧思想之间难以沟通；文化上难以认同，就会造成许多有形和无形的民族传统文化后继乏人，许多有价值的文化正在迅速消亡。要让德昂族文化得到有效的保护、传承和发展，最重要的是要在民族群体的内部树立起一种文化的自觉与自信。民族文化一如接力棒，没有来自民族内部的接力者，文化将无以传承，如果接力者缺少文化的自觉与自信，也就少了文化传承的动力。尤其是德昂族，被诸多的外来强势文化包围着，年轻一代德昂族人对本民族文化已不甚了了，对本民族文化的价值认识不足，有必要通过开展民族文化传承和乡土知识的教育活动来恢复其民族文化的自信和自觉，从而达到对民族文化的保护、传承和发展。

三　扶持民族传统组织传承民族文化

我们认为民族文化传承的有效途径是在民族内部形成动力和机制。因此，近年来云南省德昂族研究会正在探索从民族社会组织内部来推动德昂族文化传承的思路。目前，在一些德昂族山寨，民族传统的组织形态和制度还有所保留，并起着一定的作用。笃信南传上座部佛教的德昂族人对佛爷、阿章（还俗佛爷）和老人特别敬重，一般在村寨的行政组织之外还保留着长老议事的制度；大多数村寨还保留着男女青年的传统组织。

德昂族的青年组织一般是由未婚的青年和部分已婚留村的青年人组成，经过民主选举选出"首包脑"（小伙子头）和"首包别"（姑娘头）。由小伙子头和姑娘头分别带领的男女青年组织多在民俗活动中发挥作用，如组织节庆活动、帮助操办红白喜事以及召集青年人的集会之类。而今，德昂族的男女青年组织虽未消亡，但日渐式微，与此相应的是民族传统文化的衰落。在周围其他强势文化的包围和冲击下，年轻一代对自身民族传统文化的自信心受到严重打击。通过扶持延续了千百年的男女青年组织来进行民族文化的学习和传承活动，让德昂族青年参与其中获得更多的传统教育，应该是一条有效的途径。

希望有关部门给予支持帮助，摸索出一条在民族传统组织内部进行自觉保护文化、传承文化，进行民族乡土知识教育的路子。一方面可以减缓德昂族文化消亡的速度，通过对其文化的保护、传承，以及开展民族乡土知识的教育活动，提高民族的自觉、自信和自尊；另一方面可以探索民族文化保护与民族社会经济发展相协调的路子。[1]

---

[1]　黄光成：《德昂族文化传承中的困境》，《民族艺术研究》2004年第6期。

第八章
政治、社会、经济发展

第一节　政治与民间社会组织

一　新中国成立前的政治制度与社会组织

新中国成立前，不论居住在德宏州境内还是镇康、耿马等县的德昂族，都是傣族封建土司的属民。在德宏地区的德昂族头人，多数已世袭，或由土司直接任免。傣族土司为便于统治和剥削德昂族人民，委派他们的村寨头人为属官，管理本村寨，头人为土司派款和收缴贡物。德昂族头人中最大的是"达岗"（汉语称"总伙头"），总伙头统管若干个村子；其下是"达吉岗"（汉语称"伙头"），达吉岗是一个村寨的头人；此外还有"达朴隆""达基格"，他们与伙头一起处理寨内一切事务。他们原是德昂族村社内为群众办公共事务的人，但经土司委派职务后，就变质成为土司统治德昂族人民的爪牙。他们具体负责为土司及国民党反动派向德昂族人民征收粮食、门户捐、杂派以及征兵等。赋税由总伙头收集后转送土司衙门。土司也给这些德昂族头人一定的权力，允许他们在其所管村寨负责赋役事务，一般是每户收一箩谷子、派一个白工，这些头人就凭借着这个政治特权，对本民族劳动人民进行压迫和剥削。他们中有的已成为本民族中的地主、富农。但从整个民族人口的比例来考察，他们仅占百分之二左右，而且其经济力量还是十分薄弱的。

镇康、耿马等县的德昂族，在其社会组织中还保留了自己的若干特点，包括以下几个职位。

"达岗"：俗称总伙头，由各寨头人"达吉岗"联合选出，负责与土司衙门联系，执行土司和国民党当地政权的法令，是本民族中最大的头人。

"达吉岗"：又称伙头，除具体负责征收门户捐、派粮、征兵外，还管理村公地的出租、接收绝户及迁出户的土地和给迁入户分配土地等。

"达朴隆"：类似副伙头，具体处理门户钱，把各种苛捐杂税分摊到各户，并管理本寨的婚姻事务。

"达基格"：具体管理民事，如诉讼、盗窃、土地纠纷等。

他们之间是有隶属关系的，如"达基格"不能解决的事情请示"达吉岗"，"达吉岗"不能解决的请示"达岗"，如"达岗"仍不能解决，则召集所属村寨头人会议共同商议决定。

镇康、耿马等县的头人并非世袭，与德宏略异。"达朴隆""达基格"是由群众公选。群众还有一定的罢免权，如群众认为某头人"心不好"、办事不公平等，便反对他，群众有权罢免其职务。总伙头是由各村寨头人联合选出后报请土司委任的，但到近代这种群众会议及头人会议已成为形式上的"民主"，实际是执行土司、国民党分派负担的机构和传达统治阶级法令的组织了。①

二　新中国成立后的行政设置

新中国成立之初，为了团结少数民族上层、稳定边疆局势、集中力量进行对敌斗争和恢复生产，潞西行政区划仍按各司署上报的畹②设置，但废除了保甲制，将"甲"改为"里"。考虑到多种因素，遮放司辖地和芒市司辖地的山区仍保留保甲制，直到1952年。

1953年至1958年是建立区、乡人民政权的时期。为了便于管理和领导，1953年首先在遮放区设金龙山乡（辖区为今三台山德昂族乡区域，不含出冬瓜行政村）。到1956年，潞西全县共设立了9个区（文化站），61个乡镇。从1958年开始的"人民公社化"，一度使区（站）改为公社，乡

---

① 《德昂族简史》编写组：《德昂族简史》，云南教育出版社，1986，第60~61页。
② 畹，德宏一些地区过去使用的行政区划单位，相当于现在的乡。

（镇、办事处）改设生产大队。到 1984 年初，区（镇）名称被重新恢复。同时设立勐丹、三台山、出冬瓜 3 个德昂族乡，另外还有 2 个傈僳族乡和 1 个阿昌族乡。不过当时民族乡的范畴与现在有所不同。

1987 年 12 月，云南省决定将区级行政单位改设为乡，原乡（镇）改为行政村（办事处），原来的三台山区改为三台山德昂族乡。三台山是中国境内德昂族最大的聚居区，现有德昂族 3644 人，也是德昂族建立的唯一的单一民族乡。在云南临沧地区的耿马 1988 年 3 月由佤族、拉祜族、傈僳族、德昂族联合建立军赛民族乡，但在该乡德昂族人口较少，只有 235 人。我国的民族自治区域分别有相当于省级单位的自治区、相当于地区级单位的自治州和自治县三个层次，民族乡是民族区域自治的补充形式。三台山德昂族乡，在乡村推行基层民主，实行村民自治，进行了乡村政治体制的改革。

2001 年年底，三台山乡直接选举了村委会。2002 年年初，又召开了两代会（人代会和党代会）选举出乡长和乡党委书记。按照法律规定，村委会不是一级政权组织，而是设置于农村的群众性自治组织。虽然它所行使的权力也是一种公共权力，但是这种权力不是由政府授予的，而是由村民通过民主选举产生的，是一种自下而上的授权。村委会的职责是管理村社中的公共事务，维持社会秩序。三台山乡政府的选举，情况要比村委会选举复杂得多。村委会选举是村民直接投票选举，而乡党委书记、副书记及乡长、副乡长的选举，则要召开全乡两代会进行间接选举，开会前要选举党代会代表和人代会代表。但不论是村民选举还是乡政府选举，当地均采取了按民族划定候选人名额的办法，实行在一定范围内的自由竞争，在做到公平竞争的同时，也保证了当选人员中各民族应有的比例。而且更为重要的是，广大德昂族群众在享受政治权力的过程中，切实感受到了个体政治权利的现实存在，深刻地体会到了自身社会政治地位惊天动地的变化，其所具有的历史意义无疑是极其深远而重大的。①

三 现代社会中的民间组织与作用

新中国成立以后，国家在德昂族地区建立起了自上而下的行政管理体

---

① 《德昂族简史》编写组、《德昂族简史》修订本编写组：《德昂族简史》（修订本），民族出版社，2008，第 101～103 页。

制。改革开放以后，随着民族政策和宗教政策的落实，德昂族的一些传统民间组织又开始活跃起来，在乡村的民间事务和宗教、文化活动中起着重要的作用。负责这类组织的主要有"青年头"和"老年头"两类。他们作为体制外的权威，其存在的合法性也得到政府的认可。德昂族未婚青年中有传统的"青年组"，男女青年各有一个头目，由大家选举产生，在过去还要经"伙头"及有威望的老人共同审查批准。担任青年头目的人需具备一定的条件，另外，为了加强对青年组的领导，有时还要委任一位已婚青年担任总头。

青年头在德昂族年轻人中有一定的社会地位，各村社的青年头都有其相应的职责，如负责村里青年的成年仪式；组织青年参加村里的婚丧嫁娶以及盖房、修路等公益活动；协调和处理男女青年之间的矛盾，排解婚姻纠纷，处理违反习惯法的案件；组织青年男女进行正常的社交和"串姑娘"活动；等等。另外，青年组织集会的地点通常也要由青年头决定。如果青年头结婚，则另行推选新头目，而且新老头目之间还要进行简单的交接仪式。

在德昂族老年人中，也有负责老年组织的老年头。老年头有"波奘"和"先生"（安长）两类。"波奘"负责寺庙的后勤。比如，佛爷到本村寨寺庙后，他负责安排由哪家给佛爷送饭，负责给佛爷摆饭、洗碗、扫地、烧水等；佛爷走时，他负责安排饭菜，接收和管理人们送给佛爷的礼品，并负责将佛爷及其所收的礼品送到下一个要去的寨子，交给下一个寨子的"波奘"。"先生"则主要负责一些念经拜佛的事情。比如，村民新房落成后，常请"先生"前往念经祈祷"祭房神"；哪家老人去世了，"先生"负责接收客人送的礼品，并要念经为死者超度亡灵。

在德昂族村社中，目前青年头和老年头这类传统社会组织首领和民间权威还普遍存在着。不仅如此，与之相邻的其他民族，如傣族、景颇族、阿昌族也存在类似的组织，甚至在三台山勐丹行政村的几个汉族村寨现在也有"青年组"。每逢村寨内有喜丧节庆或要搞公益事业，都由青年组出面来筹措和举办。

德昂族社会中长期存在着的青年组、老年组等社会组织，并不仅仅是历史传统或历史惯性的结果，而且是表明其具有某些重要的社会功能。

首先，这些以不同年龄段的人组合在一起的社会群体有其存在的必然性和合理性。因为在一生中，人们在不同的年龄阶段中都要面对和解决不同类型的问题，如在少年儿童时期，主要是顺利地完成社会化，为将来独立生活做好准备；而在青年时期，就要解决恋爱婚姻和成家立业等问题；在中年时期，既要抚养子女、赡养老人，还要做到事业有成；而到了老年时期，就有一个安度晚年问题。于是这类"同龄群体"就可以组织同龄人有针对性地解决这些问题。在现代社会，上述问题可以通过高度发达的服务体系来解决。而在类似德昂族这样的简单社会中，人们也可以组织起来，通过自我管理、自我服务来解决上述这些人生中遇到的困难问题。

其次，农村基层政权的管理服务体系尚不健全，还有许多覆盖不到的地方。如目前村委会的职权大体可以分为两大部分：一部分是自治性的职权，如负责农村公共事务和公共事业、调解民间纠纷、维护社会治安、开展文体活动、管理和维护村里的集体财产、服务与协调经济活动、保护和改善环境等；另一部分是协助乡镇政府履行行政性的职权，如推动和促进村民纳税、服兵役、接受义务教育、计划生育以及制定农产品定购合同等。从以上这些可以看出，村干部要对上面负责，如负责搞经济建设、维持社会秩序以及完成上级委派的任务等。这些跟政府直接有关的事情与老百姓的日常生活相距较远，而老百姓的一些"琐事"，诸如青年们谈恋爱及结婚生孩子、安葬去世的老人、修奘房拜佛等，村干部一般是不过问的。但是这些事情往往不是一家一户力所能及的，因此需要社会动员。于是这些事务便落在了"青年头"与"老年头"身上。民间组织实际上起到了村民们自我管理、自我服务的作用，它填补了乡村社会管理的一些真空地带，对基层政权的功能也是一种补充。因此这种组织形式有的不仅得到地方政府的认可，甚至还得到政府的支持。①

第二节　族际交往

考古资料表明，德昂、布朗、佤等民族的先民哀牢夷濮人原居住在东

---

① 《德昂族简史》编写组、《德昂族简史》修订本编写组：《德昂族简史》（修订本），民族出版社，2008，第103～105页。

起澜沧江以东、西达伊洛瓦底江上游、南逾西双版纳至缅甸东南部的广袤
地区，这是一个生存环境差异十分显著的地区，有高山深谷和大河的阻隔，
却也正处于古代中国通往印度的"蜀身毒道"（西南丝绸之路）上。《史记·
货殖列传》就曾经记载，濮人生产的桐华布在汉初大量运入关中出售，以
至公开规定了它们的交换价格。后因蜀都商人转手贩运甚多，又被称为
"蜀布"。显然，这条非同寻常的通道对于早期的濮人、茫蛮部落、金齿之
国等德昂族先民肯定有着长久而巨大的影响。后来德昂族分散到山区之后，
失去了处于交通和信息通道上的那种经济和文化交流的优势，除了与相邻
而居的其他民族群体来往之外，他们较少与外界沟通。几百年来，进入山
地的德昂族人在社会政治方面处于区域社会的最底层，却极力固守着其祖
先留下来的文化传统和生活方式。

直到 20 世纪 30 年代，德昂族还保留着父系大家庭公社的特征，一个大
家庭由三四代有血缘关系的若干小家庭组成，一般为 30~40 人，也有多达
上百人的。后来随着小家庭私有经济的发展，大家庭公社才日渐瓦解。据
说，直到前不久在缅甸一侧的某些德昂族山寨还能见到这样的大家庭。

历史上德昂族与汉、傣、景颇、阿昌等民族都有密切的关系。我国境
内的德昂族分布在德宏、保山、临沧、思茅四个地区，居住非常分散。由
于德昂族居住在社会经济发展水平很不一致的傣族、景颇族、佤族、汉族
之间，因此无论在政治上、经济上、文化生活上都不同程度地受到这些民
族的影响。其中受傣族的影响特别深，这与其明清时期长期处在傣族土司
统治之下以及其居住的周围傣族人口较多有着密切关系。这些原因使德昂
族失去建立独立社会经济体系的条件，与所居住地区的多数民族共同处于
同一种经济体制之中。[①]

一 德昂族与汉族的关系

从洱海区域到永昌（今保山市至腾冲县、德宏州一带），是我国中原—
印度古道的必经之地，远在商周时期，这里就是濮人（德昂、佤、布朗等
族的先民）的聚居地，因此他们是较早接触中原文化的民族，当今考古学

---

① 唐洁：《中国德昂族》，宁夏人民出版社，2012，第 246 页。

界已证明，以澜沧江、怒江流域云县芒怀为代表出土地区的双肩石斧，以剑川海门口为代表出土地区的双肩青铜斧的主人即是"昆明"人。20世纪中期，有的学者已经提出"昆明"即是"高棉"，《隋书·史万岁列传》中记载的"大勃弄""小勃弄"和樊绰《云南志》记载的"勃弄川"中的"勃弄"即后来的"崩龙"。当今民族史的研究也进一步说明，昆仑、昆明、克仑有渊源关系。四川三星堆遗址出土的3000年前的海贝，史学界多认为是从古"蜀身毒道"流入的。这些研究表明，早在3000年前，德昂族先民就与我国中原文化和印度文化有联系。

西汉时，汉武帝与昆明人进行了数次大的战争，在昆明地区设立5个县。东汉王朝加深了对昆明地区的统治，诸葛亮南征后为昆明人作国谱，昆明人受到汉文化的深刻影响是必然的。唐朝时期的德昂族先民，是隶属于南诏国茫人部落的一部分，宋时是金齿民族的一部分，元时隶属大理金齿都元帅府，他们和中原王朝的关系历来是比较密切的。到明王朝"三征麓川"时，他们和蒲人一道承受着明军的沉重赋税和差役。

鉴于历史原因，明军在边地的戍守城多建立于德昂族先民住地。现今陇川县城东北角，有一座180余亩的明军戍守城，当地群众称为"营盘"或"孔明城"，傣语称"允弄"（大城）。这座古城的东方、北方都是德昂族先民的大村落，距此四五公里的"巴达"即是德昂女王住地，"女王宫"仿明代建筑，砖瓦尺寸都是仿明代的。与大城相距约七公里的"近允城"是明军的戍守城，此城背后也是德昂族先民的聚居地，傣族把德昂族大村落遗址称为"德昂城"。陇川章凤附近的明军戍守城，也距德昂村落不远。同时，在这些德昂族的聚居地和交通沿线、建筑遗址上，常能看到明代烧制的砖瓦。这反映了古代德昂族，不论是房屋建筑、砖瓦烧制，还是泥、木、石工匠都受到汉族的影响。可以说德昂族是较早接触汉文化的民族之一。[①]

二 德昂族与傣族的关系

德昂族和傣族相互为邻居的历史已相当久远，德昂族先民强盛时，金齿地区的八个民族中就有白夷、繖（暹），即史书常记载的大白夷、小白夷，亦

---

① 桑耀华：《德昂族史略》，云南大学出版社、云南人民出版社，2015，第61~62页。

即傣族先民中的两个部分。元代后期至明清，傣族社会经济和文化进一步发展，人口迅速增加，在政治上居主导地位，而德昂族处于从属地位，在几次反抗土司压迫的斗争中失利，人口日益减少。德昂族没有文字，信奉南传上座部佛教后用傣文抄写经书，用傣语念经，和尚都识傣文。同时德昂人的商品交换仰赖于以傣族为主的市场，德昂族一般都能讲傣语，因而在与傣族数百年的交往中，受傣文化的影响特别深，也有许多德昂人融合于傣族之中。至今人们还清楚地记得某些傣族村寨的居民是由德昂人转变而来的。

德昂族、傣族长期共处，宗教信仰相同，傣族佛教徒做摆（大的拜佛活动），附近的德昂族佛教徒会去祝贺；逢重要的宗教节日，傣族一些教徒也到德昂族佛寺朝拜有威望的德昂族佛爷。傣族居住坝区，经济条件较好，农忙时德昂人也去傣族地区帮工，换得粮食维持生活；德昂族住山区，自己种棉花，因纺纱费工，德昂族妇女常将棉花交给傣族妇女纺成纱，纺得的纱线各得一半，不必付报酬。因此，有一些傣族群众也把德昂族邻居看成是傣族，只不过称他们为"傣雷"（山上的傣族）。[1]

三 德昂族与景颇族的关系

明末清初，原居住在江心坡及其北部、东部的景颇族，进一步扩大了其在现今德宏傣族景颇族自治州的分布范围。当景颇族进入德宏山区时，德昂族早已开发了这一带地区，他们的村落遍布山谷小坝和半山区，其遗址很多。景颇族进入初期，与德昂族为邻，两族头人之间互相通婚。

传说现今盈江县和平乡老散朋景颇族岳姓，原住"夹谷摆马"，生了个女儿，人品出众，发长七尺，缅王来娶，岳家不嫁。缅王又说，只要把女儿嫁过去，愿把国土的一半赠给岳家，岳家仍不同意。于是岳姓八代祖便带着全家人迁到老散朋，因和德昂人相处很好，岳家就把女儿嫁给德昂官。

景颇族进入德昂族山区时，生产工具简陋，技术落后，只会种旱地。旱地灾害多，产量不稳定，而德昂族种水田，产量高而且稳定，这引起了景颇族对水田的兴趣。起初，景颇族并不适应水田农业，经过一个较长时期之后，才逐步向德昂族学种水田。20 世纪 50 年代在景颇族中进行民族调

---

[1] 云南省民族事务委员会：《德昂族文化大观》，云南民族出版社，1999，第 138～139 页。

查时，许多景颇族群众还赞扬德昂族帮助他们开挖水田和传授种植水稻技术等。

德昂族和景颇族之间，友好相处是主要方面，但也有不和谐的地方。德昂族信仰南传上座部佛教，特别是信仰"左抵"教派的信徒是从不伤害生命的，而部分景颇族信仰原始宗教，凡献鬼都要杀鸡杀猪。这在德昂族的心理上会造成一些隔阂，但只要互相尊重宗教信仰，是会互相谅解的。

清嘉庆十九年（1814年），潞西（今芒市）德昂族武装反抗芒市封建土司的压迫，芒市土司武装屡战屡败，最后芒市土司得到清朝地方政府、德宏地区其他土司武装、汉族地主武装的支持，土司还胁迫利诱景颇族山官组织武装参与镇压德昂族人民，加深了民族间的隔阂。但这都是封建统治者的罪恶行为，新中国成立后，封建土司的统治结束了，中国共产党和人民政府的民族团结政策在各民族中深入贯彻落实，德昂族与景颇族都是社会主义大家庭的一员，团结友好关系更如紧密。[①]

四　德昂族与阿昌族的关系

德昂族属南亚语系民族，阿昌族为氐羌族系民族，他们的先民早在新石器时期就相互为邻、互相融合，当德昂族先民在龙陵大花石、剑川海门口率先进入青铜器时代时，就有许多氐羌族系居民融合到德昂族先民当中。保山市龙陵县出土的新石器，有有肩石斧（德昂族先民使用）和梯形石斧（氐羌系民族先民使用）。东汉时永昌郡外有个掸国，学术界多认为其地在今缅甸掸邦一带。建立掸国的掸民族，有主张为傣族先民的，有认为属缅族的。从现有资料看，历史上傣族就称阿昌为"掸"，现在多写作"尚"。傣族把"保山"称为"宛尚"，这里的"尚"就是专称阿昌族的。现今德宏州的傣族依然称户撒阿昌族为"掸"，因此"掸"民族属于缅语族民族中的阿昌族支系的先民是较为有据的。这个掸国后来被南亚语系民族建立的骠国代替了，这两个国家的更替，也说明他们长期相互为邻、互相融合的历史很久远。清人董善庆在《云龙记往》中就记载了阿昌族与蒲人交往的历史。[②]

---

① 桑耀华：《德昂族史略》，云南大学出版社、云南人民出版社，2015，第63~64页。
② 桑耀华：《德昂族史略》，云南大学出版社、云南人民出版社，2015，第64页。

五　与缅甸德昂族的关系

德昂族是跨界民族。据缅甸的德昂族首领介绍，缅甸 18 岁及以上登记在册的德昂族有 50 万人，如果加上 18 岁以下未登记的人口，估计缅甸的德昂族不低于 70 万人。缅甸的德昂族主要聚居在距离中国镇康县不远的崩龙大山地区，在边境线的缅甸一侧，如南坎、木姐、果敢等县沿边境线分布着许多德昂族村寨。据说缅甸的德昂族有十个支系，有些语言不通，但是制定了统一的文字。在德昂人自己办的学校中，儿童入学先读几年德昂文，然后再读缅甸文，德昂文可以使用到初中阶段，有条件的学校也开设英文课程，但是政府并不鼓励德昂族使用自己的语言文字。

中缅山水相连，两国之间没有天然屏障的阻隔，加之两国长期和平友好相处，政治环境比较宽松，因此，两国边民包括双方的德昂族之间一直保持着密切的联系。缅甸德昂族的经济来源以茶叶为主，缅甸出口的酸菜是当地的德昂族生产的，据说在西藏市场销售的红茶也出自缅甸德昂族之手。缅甸德昂族的主要经济来源还有柚木生产。中缅两国有边民互市的传统，两国边民不需要办理护照，凭边民证可以随便进出。边民们跨过小溪或田埂就可进入对方境内，在市场上出售农产品，换回日常生活用品，其方便程度，就如同在国内农民到农贸市场赶集一样。中国从缅甸进口的主要有木材、玉石、药材等，缅甸从中国进口的主要有水泥、煤油、铁锹、石棉瓦、油毡等日常生活用品，还有粮食、鸡肉、猪肉、食糖、饼干等。近年来，为配合国际社会打击毒品犯罪活动，中国政府帮助缅甸边民种植甘蔗，以实行鸦片替代种植计划，收到了较好的效果。沿边境一线的一些汉族、德昂族农民在缅甸租赁土地种植甘蔗，取得了一定的经济收入，同时也带动了缅甸的经济发展。总体来讲，缅甸自然条件较好，土地资源丰富，但是连年战乱，群众生活比较贫困。缅甸德昂族居住的多数是茅草房，卫生条件和生活条件都不如中国。近年来，两国德昂族互相探亲访友，来往日益密切。来中国探亲的德昂族感叹中国的经济发展得非常快，认为中国德昂族的生活比他们好，有的说早知道现在的情况，他们当时就不出去了。

国内外的德昂族在文化方面也有一定的往来，如缅甸举办德昂族文化节等大的文化活动也要邀请中国德昂族代表参加。近年来，缅甸政治局势相对缓和，为德昂族开展本民族的文化建设创造了条件。他们在每年的8月30日举办德昂族文化节，这个节日是为了纪念本民族文字的创立（1972年在缅甸文的基础上创立）而举办的，一般每年举办一次小会，四年举办一次全缅甸德昂族参加的大会。文化节的内容一般是：各村寨的头人聚会研究生产发展和协作等问题；表彰在德昂族文化艺术创作方面有贡献的人；现场集资资助发展本民族教育，如资助德昂族学生读高中、上大学等；晚上以村寨为单位举行唱歌、跳舞比赛，如比赛敲象脚鼓和敲大鼓、比赛唱古老的山歌等。缅甸德昂族加强本民族文化建设，如创立本民族文字等，目的在于加强民族认同和本民族的内部统一。

缅甸德昂族的文化建设活动对中国的德昂族有一定影响。如在陇川县建立的德昂族标志性建筑物"龙阳塔"上，就刻有缅甸创立的德昂族文字字母。虽然中国的德昂族没有本民族文字，也很少有人认识缅甸德昂族的字母，很少用该文字印刷出版图书资料，但是他们认同这种文化创造，最起码也用这种方式表达了他们对发展德昂族文化的迫切愿望。另外，国外德昂族的民族歌舞艺术对国内也有一定影响。过去，国内德昂族村寨的文化生活比较贫乏，除了宗教活动时敲象脚鼓和婚礼时集体对歌外，平日很少有娱乐活动，在单纯追求经济发展的过程中，传统民族文化丢失得比较快。而缅甸德昂族人口较多，经济发展相对滞后，传统文化保持得还比较完整，特别是近年来的德昂族文化建设活动取得了一定成果，吸引了国内德昂族开始关注民族文化的发展。如陇川县的德昂族青年在政府支持下，成立了业余民族舞蹈队，他们所跳的一些德昂族舞蹈就是从缅甸请老师来教的，舞蹈形式也是从缅甸学来的。三台山乡的德昂族文化活动起步较晚，近年来也有人借鉴缅甸歌舞形式给学生传授一些德昂族歌舞艺术。从国内外德昂族的文化交往来看，缅甸德昂族文化对中国德昂族有一定影响。但是放在大的文化背景下来看，中国文化特别是汉文化对缅甸德昂族的影响要远远大于缅甸文化对中国德昂族的影响。

国内外的德昂族都信奉南传上座部佛教，在宗教上也存在一定的联系。德昂族与傣族虽然信仰同一宗教，但寺庙之间的联系更多在本民族内部发生。这种联系一般基于同属一个教派，该奘房由某位佛爷所建，不同奘房的佛爷、和尚有师徒关系等原因而发生，因此有的联系就延伸到国外。如国内德昂族寺庙的高僧一般都有在缅甸德昂族同一教派的寺庙学经的经历，也有个别缅甸小和尚来到中国德昂族寺庙拜师学经。由于有同民族和同教派的联系，国内外的德昂族寺庙之间一直保持着一定的交往关系，如修装房时请对方的高僧来念经，过泼水节或赶摆时互相邀请对方参加并带领青年人串亲戚，等等。当然，中国的德昂族寺庙都能按国家宗教事务部门的规定办事，一般不会出现国外寺庙干涉中国宗教事务的事情。

中缅两国的德昂族大部分沿边境线两侧居住。长期以来，中缅两国关系比较和睦，两国的边界是在20世纪50年代最终划定的。过去，边民的国家概念比较模糊，往往哪边日子好过，人口就往哪边流动。德昂族既有从中国到缅甸的，也有从缅甸回迁过来的。边民在跨界流动中很容易形成跨界的亲缘关系，一人婚嫁或者搬迁到另一个国家，其父母和兄弟姐妹还留在原地，他们之间保持着密切往来就是情理之中的事情了。如缅甸大山中的德昂族，多数人都说他们原来是从中国迁徙过去的，有的还能说出其祖先在中国居住的地名，许多人在中国还有亲戚。而现居于中国保山市、镇康县等地的部分德昂族就是从缅甸迁回来的。在边境线附近的中国德昂族村寨，大部分村民在缅甸都有亲戚。在近代，中缅两国的德昂族之间有较大规模的人员流动，而小范围的人员流动在当代也持续不断，因此双方的亲缘关系还是比较近的。现在，中国的政治稳定，经济发展，民族关系和睦，也吸引了缅甸德昂族以探亲、婚嫁的方式向中国流动。

中国德昂族人口较少，又有本民族内部通婚的习惯，再加上近年来部分德昂族女青年远嫁到内地，从而造成了一定程度的德昂族未婚男女青年性别比例失调。生活在边疆的德昂族小伙子在本族内找不到合适的对象，自然把眼光投向国外。而国外德昂族也羡慕中国德昂族的生活，因此愿意通过婚嫁来改变他们当前的生活处境。总的来说，这种跨国婚姻是嫁到中国的多，而嫁到缅甸的少。在三台山乡南虎寨，笔者曾见到一位从缅甸来探亲的德昂族小伙子，是缅甸德昂族学校的初中毕业生，他已经在该村寨住了一段时间。据他说想来探探路，找点活干，如果有合适的对象，也不排除在这里成亲的可能。在镇康县硝长沟村，近4年来从缅甸嫁过来6个姑娘，上门2个小伙子。然而，村民对国外婚嫁过来的人算不算村寨的正式成员持比较谨慎的态度，如有的规定试看一段时间，在15年内如果表现好的才可以算本村成员。

第三节　新中国成立前的社会经济状况

一　德宏地区德昂族的社会经济

（一）经济状况

元朝对德昂族直接进行封建统治的结果是使德昂族的奴隶制趋于瓦解，元末傣族麓川思氏建立的花川王国，有自身比较完整的封建领主经济体系，而德昂族又长期处在领主经济体系之中，其政治、经济、文化都归属于领主经济的一部分。到清代后期，汉族地主经济迅速向云南边疆渗透，加之德昂族反抗傣族土司失败之后，长期建设起来的家园被毁，绝大多数的德昂族人民被迫放弃故土迁往他乡；即便没有迁离的少数德昂族人民，在遭此大难之后，生产难以恢复，生活十分贫困。经济基础十分薄弱的德昂族，更容易受到高利贷和封建地主经济的剥削而丧失水田，成了封建地主经济下的贫农、雇农。从整体上说，德昂族当时是社会地位低下、生活贫困的民族。

德宏地区德昂族的水田、茶园和住宅旁的园地已属个体家庭私有，谁首先开垦归谁长期占有使用。到20世纪初，个体家庭长期占有使用的水田可以自由典当或出卖，但在典当或出卖之前首先得征求本村头人的意见，头人和家族成员有优先购买权。德昂人长期处于政治上无权、经济上又极端贫困的境地，本民族中很少有能力将要出卖的水田买下的人家。同时，这个时期傣族的领主经济也在向地主经济转化，他们的上层如老岗（类似乡长）、老幸（村长）这部分人有财力购买德昂人的水田，此外还有距德昂族村落不远的汉族中的富裕人家。因此，德昂族的水田基本上是出卖给傣族的老岗、老幸及汉族的地主、富农。

（二）典当水田的形式

德昂族典当水田有两种形式。一种是以较低的价格出典，双方商定好金额和年限，在典当期间，可由承典人来耕种并收获，也可由原主耕种，每年向承典人纳租，典当期满原主不必支付典当金额即可收回典出之田自己耕种。另一种是双方商定典当金额与年限，典当期满，原主支付典价，收回水田，当地称为"银到田归"。水田典出期间，如承典人属劳动者又有条件自耕的可以自耕。若是典给距离较远的地主、富农，多由原主耕作并每年向承典者纳租。这种典当方式常常产生严重的后果，那就是期限到了，原主无力支付赎金，只好长期向承典者纳租，或由承典者增加一定数额的田价，将田"卖死"，原主即丧失对这些田的所有权。

典当买卖水田何时出现在德昂族之中，目前尚不太清楚，但在交通沿线、与汉族较早杂居的地区出现就早一些。明代三征麓川及万历年间抗击缅甸侵犯边疆时，保山一些蒲人头目就因无力支付赋税和差发而典当水田。都鲁凹（今昌宁县境）的大石碑就记载着蒲人首领因无力支付明军运粮款而以400两白银将一块水田典出之事。明军在陇川的戍守城均筑在德昂族的大村落附近，汉族地主经济在德昂族中产生了影响。但因明朝戍守城荒废了，德昂族也迁走了，水田的买卖关系难以考查。

若从现今芒市三台山德昂民族乡的情况看，有较多汉族迁入这个地方多在清咸丰、同治年间，即19世纪中后期。当时清政府的民族压迫政策激起了回族人民的反抗，声势浩大的回民起义发生了。其间，不少汉族人民逃离大理、保山、腾冲等地而进入德宏地区避难，这些汉族进入边地之后，大多数和德昂族、景颇族杂居。除种植一些谷物之外他们多种植罂粟、进行商业贸易等，当他们有积累时就在这些少数民族中放高利贷和买田置业，封建地主经济迅速在德昂族中蔓延。云南回民起义失败后，有的汉族迁回原籍，也有一些定居下来，高利贷、田产买卖这些规则也随之延续发展。特别是19世纪末20世纪初，常往来于内地和缅甸之间的商人，往往把他们经商所得的利润转向在少数民族中放高利贷和购买田产，这就加速了德宏地区领主经济向地主经济的转化。

当时贫困的德昂族人民成为高利贷者首先影响的对象。当贫困的德昂人向债主借贷时，债务人必须要有抵押品，水田便是最理想的抵押品。当借贷金额相当于某块田产的价值时，债权人往往要求债务人将抵押的水田典当或出售给债主。长时间还不了债的贫困者，在债主本加利、利滚利的剥削之下，祖祖辈辈开垦的水田，不用几年时间就成为地主的财产了。德昂族的水田就是通过这种方式被转移到傣族头人和汉族地主、富农手中的。

如三台山勐丹寨，原有水田 120 亩，到新中国成立前仅有 40 亩集中在德昂族上层手中，其他农民的水田早已典当和变卖了。南虎寨原有水田 130 亩，仅有 14 亩掌握在本民族伙头手中，约 90% 被典当和变卖了。邦宛寨原有水田 240 亩，最后只剩下 13 户还拥有 90 余亩。茶叶箐村原有水田 300 多亩，到新中国成立前仅剩下 20 余亩。保山潞江坝大中寨 80 多户德昂族，一分水田也没有，连旱地也在被典当之列。陇川县章凤村上百户德昂族，70% 的人家是种土司练田（土司兵的口粮田）和腾冲县所属学田（收田租作为办学经费）。瑞丽县山区德昂族耕种的水田，是从景颇族头人那里租来的。梁河县二古城的德昂族全是地主的佃户。德昂族把他们所处的这种状况概括为："头顶别人的天，脚踏别人的地。"他们基本上是无产的佃耕民族。

（三）丧失水田的德昂族农民

居住在山区的德昂族，除了水田已基本典当之外，还可耕种一些村社公有旱地。但随着村社成员的增加，村社公有旱地已被反复开垦，水土流失，休耕期越来越短，地力难以恢复，产量很低。当雨量充沛时有点收成，但旱地产量一般只有水田产量的三分之一左右，再多也不过二分之一，如遇灾害常常一无所获。而水田产量高，除特殊灾害外，一般产量比较稳定，因此对缺少水田的德昂人来说，唯一的出路是佃耕水田和做雇工。梁河县二古城的德昂族全是地主的佃户，陇川县章凤村的 70% 德昂族是土司和地主的佃户。佃户的命运是十分悽惨的，保山潞江坝大中寨 80 多户德昂人家租一箩种（约 30 斤）的田（约 4 亩），须纳正项田租 15 箩，附加小租 5 箩，此外还要为土司服劳役和提供其他实物负担。潞西县（今芒市）三台山勐丹寨的 2 户贫农共 15 口人，种旱谷地 12 亩，产 1750 斤；佃耕水田 7.5 亩，产稻谷 2750 斤，两项共收入 4500 斤。其中纳田租 950 斤，付牛租 1750 斤，各种赋税扣除 525 斤，宗教费用 250 斤，共支出 3475 斤，仅剩 1025 斤，每人平均不到 70 斤。贫农姚滚西，20 世纪 30 年代原住冷水沟，因欠债无力偿还，债主要拴他，后来逃到勐丹入赘，他第一年以 30 箩租金佃得约 5 亩水田，又以 25 箩租金租得一条水牛（用于耕田），总希望挣到一碗饭吃，但天不如人愿，结果是水稻歉收，旱地全无收成，收打完毕仅有 25 箩谷子。刚打完谷子，全家劳动一年全无所得还欠佃主田租 30 箩（约 900 斤）。勐丹这个 27 户人家的村子，每年总有十多户人家在谷子收完打完、交租付息之后就一无所有，德昂人把这种状况叫做"扛着扫帚回家"。还有些人是靠卖工度日，三台山猛莫、早外、南虎三寨共有 76 户德昂人家，其中帮傣族头人、汉族地主和本族头人做长工的就有 49 户，占总户数的64.5%；做短工的 10 户，占总户数的 13.2%。他们一年到头，不是在汉族地主的地里干活，就是在傣族头人的田里耕作。为了取得低微的报酬，鸡鸣出工，天黑归来，疲于奔命。潞西县（今芒市）芒龙山 27 户德昂族，到新中国成立前仅两户还拥有水田 18 亩，其他的人家除租种外，多数人家因缺乏必需的农业生产工具和生产成本，到了连最低限度的生产条件都没有的程度，许多人家只好长年累月地靠砍柴、烧木炭、编簸席和采集竹笋、野菜、野果到市场上出售来维持生活。

交完田租、牛租之后就缺少口粮的德昂人，只好找一天吃一天，但在备耕及青黄不接时，生活就更难度过了，因此只好咬紧牙关向汉族地主、富农或傣族土司头人借贷，俗称"借谷份"或"抬银息"。一般是播种或秋收前借粮，秋收后用新谷偿还，利率高达百分之百。如到期不还则利上加利，当地称之为"牛打滚"，债务人一旦陷入高利贷的泥坑就很难自拔，不要多久就会倾家荡产。保山潞江坝大中寨 80 多户德昂人家有 72 户负债，仅有的 786 亩旱地和一些核桃树也被抵了债，此外每年有 30 余人去帮工抵债。有一户德昂人家原来向土司家借了 90 斤苞谷，帮了三年长工才算还清债务。

以上事实说明，新中国成立前德宏、保山地区德昂族与周围的汉族、傣族同处于一种生产关系，即地主、富农与佃户、帮工的关系中，同属封建地主经济。虽然有的地方还保留村社旱地公有，但这在整个经济体系中已不占主要地位。德昂族和傣族、汉族虽然同处于封建领主、地主经济关系之中，但与其他民族不同的是：地主、富农基本上是汉族、傣族，佃户、帮工基本上都是德昂族；在德昂族中没有地主，勉强称得上富农的也仅有一两户，有的寨子要找一户中农也困难。

（四）农业生产与劳动技术

德昂族在从事劳动方面，原则上是按性别、年龄分工。老年妇女一般料理家务，如照顾孙子（女）、煮饭、喂猪、种菜等。老年男子多从事竹器编织、放牧工作，农忙时也到田地边帮助做些辅助劳动，如搭田棚、守地（防止鸟、兽践踏庄稼）、打谷（脱粒）等。青少年主要是协助大人做田地里的农活或放牧。成年妇女主要从事栽秧、薅草、点种苞谷、采集、纺织及家务劳动。男子从事犁田耙地及较重的农活。"男子不栽秧，女子不犁田"，即是德昂族的传统习俗，直到 20 世纪 40 年代仍然有 90% 的男子不会栽秧，有的男子受汉族的影响开始下田栽秧了，但仍然是极少数。

劳动中使用的工具有犁、耙、板锄、条锄、镰刀、铸铲等。据说在 19 世纪末，潞西市（今芒市）三台山邦宛寨还使用着木锄，原因是铁工具供应不足且价高、农民无钱购买等。犁铧、锄头等铁质生产工具都是从市场上向其他民族购买，竹木工具由自己制作。

在耕作技术上，不论水田还是旱地都是犁耕，间或有因缺牛而用锄挖的，但这种状况不多，而且只能在小面积上进行。耕作工序与单位面积上的耗工量，各地略有区别。一般说来，与傣族同住坝区或与汉族接触较多而且水田也较多的地区，耕作比较细致，并在水田及园地上使用肥料，这比傣族地区还进了一步。旱地作业上，一般都做到了三犁三耙，土质较差的地要五犁五耙，把土碎、草根基本清除干净后下种。产量也根据每块土地的自然条件而有不同，水田与旱地之间差异较大，多数地区的水田产量每亩能达 200 公斤，好田达 300 公斤左右；旱地每亩只能产 100 公斤左右，而且灾害比水田多。所以水田在当地有比较明显的优势。[①]

二　临沧地区德昂族的社会经济

临沧地区镇康县的德昂族，其社会经济结构又有不同，虽然同样在傣族土司统治下，但他们仍保持着自己的一些特点，那就是他们进入私有制社会的时间还不长。到 19 世纪末 20 世纪初，这里还是父系大家庭公社的公有制和个体家庭所有制并存的，个别大家庭甚至延续到 20 世纪 30 年代才消失。

20 世纪 50 年代末至 60 年代初，云南民族调查组在调查时，当地的德昂族清楚地记得 20 世纪初这里还有以下一些大家庭。

邦娃（大寨）：达当家，由四代人 15 个小家庭组成，共有 89 个成员。达康木帅家，由四代人 12 个小家庭组成，共有 46 个成员。刚当达辛团家，

---

① 桑耀华：《德昂族史略》，云南大学出版社、云南人民出版社，2015，第 68~73 页。

由 4 个亲堂兄弟姊妹及其子女组成，有 18 个小家庭 47 个成员。圭栓安家，由 6 个亲堂兄弟姊妹及其子女建立的 7 个小家庭组成，他们是已故祖父母、叔祖父母的后代，而且是在男子娶妻、女子招赘这样的亲属关系下组成，共有 27 个成员。达依万家，有 16 个成员。

下寨：达依曼家，由 10 个小家庭组成，共有 23 个成员。

老板登寨：关岁家，由 6 个兄弟的子女组成 9 个小家庭，有 43 个成员。

火石山寨：达阿万家，由达阿万夫妇、长女夫妇、次女夫妇和他们的子女组成，共有 28 个成员。

这些德昂族的大家庭有以下一些特点。

第一，以血缘为纽带。通常是有血缘关系的三五个或十多个小家庭共居于一幢有若干小房间的大房子之中，也包括非血缘关系的养子或投靠的鳏寡老人。家长由年长者充任，哥哥死后由弟弟继承，或父亲死后由长子继承。家长总管，年长者协助其管理家庭，有一定的分工，人口多的分工就细致一些。如达当家是一个四代同堂大家庭，家长管理着一个有 89 个成员的大家庭。达当家第一代有兄弟 3 个，家长达当总管大家庭的重大事务，生产、出售家畜及粮食等都要和大家庭主要成员协商，征求大家的意见然后做出决定。两个弟弟达地雅、达拉负责粮食和财物的保管。第二代有堂兄弟达依夏、古舍姆、达阿角、来依明等。第三代有达雷及其叔伯兄弟 8 人，达雷农业生产经验丰富，由他领导农业生产。第四代属达当一辈的重孙辈，青少年参加农业劳动，婴幼儿由父母照料。

第二，生产资料公有。土地、农具、籽种、牛、猪、鸡都是大家庭公有，粮食和大宗纺织品由大家庭统筹生产，公共产品由大家庭支配，仅小件物品和银首饰之类归个人所有。

第三，共同消费。大家庭成员的吃饭、穿衣及日常生活所需，由大家庭统一安排。据拥有 89 个成员的达当家的一位第四代成员说，当时大家庭煮一顿饭要"六冬"（约 60 公斤）米，除各自根据需要吃饱之外，下地劳动的要带些饭菜作午餐。到秋收结束或过节时，大家庭要杀猪、宰牛，把所有的家庭成员召回（由于生产基地离村落远，一些主要劳动力平时都吃住在基地）过年（或过节）。在大房子里宽敞的走道上，摆开一长串篾桌，席位按祖辈、父辈、子辈、孙辈排列。吃饭分两批，男子先吃，妇女第二批吃。参加男子吃饭的幼儿由母亲照料。肉食是每人一份。过年时，当家人要给每个男性成员发两套衣服（包括幼儿），给女性发两条裙子。成年妇女都会纺纱织布，上衣由她们自己缝制。年轻姑娘所需的装饰品，由负责采购的人征求她们的意见，分别采购给她们。日常生活所需的草烟、芦子等，由大家庭统一安排生产或到市场上购买，以小家庭为单位，每个家庭平均分得一份。

第四，劳动组织与分工。在劳动生产中，一般是按年龄、性别分工。如以他们的农业劳动项目来说，主要由男女青壮年承担，春耕生产的备耕过程中，男子负责砍草伐木、犁地，到收获时负责堆谷、打谷（脱粒）和运输。妇女则分担整地、播种、锄草、割谷、纺织及家务。老年人因远行困难，多在住宅附近从事一些轻松的劳动。由于大家庭人多，需要的口粮多，每年都要开垦大面积的荒山和森林地，而这些山地往往离家很远。在这种情况下，就得在地边建临时住房，解决吃饭、住宿问题，一般是三年左右地力下降、粮食产出率低时即抛荒。人离去，临时住房随之被抛弃。青壮年多长期住地边，需要时再回家。此外，也存在技术性分工。按习惯，大家庭的家务由成年妇女轮流料理，每年一换班，但那些有料理家务才能的妇女常被家长留用；对于纺织技术高的妇女，被挑选出来专门从事纺纱、织布、制作裙子等。这些留在大家庭里从事纺织和做家务的妇女，她们的工作通常是由家长的妻子来领导。其他有制作银首饰技术的，有打造铁农具技术的，或能做木匠、石匠的，则农忙务农，农闲做手工。

新中国成立前，德宏及保山地区的德昂族历史上也存在过父系大家庭，这在他们的传说中也有反映，但其何时瓦解，因缺乏史料，尚难进一步论述。然而镇康县境内的德昂族的父系大家庭公社却延续到近代，其原因可能有以下几点。

第一，13世纪后，德昂族先民长期受到内外战争的影响，他们为了避免继续遭受战争蹂躏，有的便分散迁移到交通闭塞、很少与外界接触的丛山中。面对着大片的原始森林，仅凭小家小户的力量是难于对付的，况且他们当时的生产力水平低下。在这种情况下尤其需要集体的力量，于是共同生产、共同消费也就有了继续存在的理由，并成为大家庭继续存在的基础。

第二，镇康德昂族的大家庭，特别重视维护公有经济，大家庭成员的劳动成果还牢牢掌握在大家庭领导的手中，对外交换大权也掌握在大家庭手中。家长们对私有经济是抑制的，因此，小家庭的私有经济发展速度相当迟缓，这对延长大家庭的生存期是有利的。

第三，家长的表率作用，如家长对大家庭的生产、生活领导有方，善于处理内部矛盾，能把一大家人团结在自己周围，有较高威望，等等。据调查，存在时间较长、人口较多的大家庭，家长们都不谋私，对消费品的分配也优先满足生产者，有一种至今还被当地德昂族群众称道的"克己"精神。

第四，傣族土司的赋税政策。镇康军弄、南伞等地原隶属于耿马傣族土司，土司在征收他们的赋税时定了六个等级。以民国初期为例：一等户每年缴纳半开（旧时云南银币）20 元，二等户 18 元，三等户 16 元，四等户 14 元，五等户 10 元，六等户即鳏、寡、孤、独者 3 元。如果以一个拥有 10 个小家庭的大家庭为上等户计算，每年负担 20 元，与一个五等户的小家庭负担 10 元比较，那么小家庭的负担比大家庭高得多。有些人家为减少负担，宁愿过大家庭生活也不愿分立门户。①

第四节　新中国成立后的经济发展状况

一　生产方式的巨大变革

由于历史的原因，德昂族社会长期处于封闭、停滞的状态中，直到新中国成立前夕，德昂族社会的发展程度仍然很低，大多数山区还保留着原始公社的残余。而与此同时，德昂族居住的相对分散性又决定了他们不得不与社会经济发展水平不一致的傣、汉、景颇、阿昌、傈僳等民族交错杂居在一起，因此其经济活动不同程度地受到这些民族的影响。再加上内地的经济和文化对之影响甚少，所以德昂族自身的经济发展相当缓慢，始终没有形成独立的经济结构，德昂族群众的生活一度处于极度贫困的状态。

1950 年年初，中国人民解放军进驻德宏、临沧、思茅等地区以后，德昂族人民获得了解放。在中国共产党的民族政策光辉照耀下，彻底废除了

---

① 《德昂族简史》编写组、《德昂族简史》修订本编写组：《德昂族简史》（修订本），民族出版社，2008，第85~90页。

民族压迫制度，进入了各民族平等友爱、共同发展的繁荣新时代。根据德昂族人口不多、居住分散以及政治、经济处于附属地位的特点，党和政府在领导他们进行民主改革时，采用了特殊的政策，其改革方式和当地主体民族一起进行，即散居在哪一个民族聚居区，就和哪一个民族实行同样的改革方式，在改革中适当照顾其特点。在保山、镇康及德宏州坝区居住的德昂族约占本民族人口的 53%，因直接隶属于傣族领主或在汉族地主经济控制之下，他们的政治、经济结构与傣族相同，党和政府在这些地区实行和平协商土地改革。其主要任务是取消封建领主、地主所有制，把田地分给德昂族农民，使之成为土地的真正主人。居住于德宏州潞西、瑞丽、盈江、陇川等县山区和畹町的德昂族，约占本族人口的 47%，他们除受封建土司统治外，还受景颇族山官的压迫和剥削。这类地区荒山较多，旱地可以自由开垦，土地并不十分缺乏，坝区实行和平协商土地改革时，德昂族人民过去典当和出卖给坝区傣族头人和汉族地主的大批水田也已经无偿地收回了。因此，这类地区主要不是分土地给农民的问题，而是要改善德昂族人民在生产、生活上普遍存在的贫困落后状态的问题。所以，党和政府在这类地区采取了"直接向社会主义过渡"的方针，即在党的领导下，认真依靠贫苦农民，团结一切劳动人民，团结和改造一切与群众有联系的民族头人，在国家大力扶持下，通过互助合作、大力发展生产、加强与生产有关的经济文化工作，逐步消灭阶级和原始落后因素，逐步过渡到社会主义。

新中国成立初期的德昂族，其生产方式还是极为落后的，生产力十分低下，基本上处于"靠天吃饭"粗放耕作的原始农业生产状态。以镇康南棒河德昂族聚居区为例，1956 年和平协商土地改革之前，当地德昂族土地虽为傣、汉封建领主所占有，但残存的部族公社对土地的权力并未完全消失。当时，除军弄乡哈里村下寨达当家有 5 亩水田之外，该德昂族居住地几乎没有水田，主要经营旱地，而这些旱地大多数是轮歇地，采用刀耕火种的方式耕种。冬月砍林，次年二三月放火，然后用铲（无铁工具则用竹木尖棍）挖穴点播，每窝玉米下种 3~4 粒，种旱稻则下 7~8 粒，种一季后即抛荒。又因为受父系大家庭残余并户而居习俗的影响，耕作普遍实行三五户联合共耕，实行生产力互补。耕作不计各户土地多寡，统一播种，中耕管理和收割则由各家负责。另一种形式为两户共耕，一户负责犁地播种，一户负责管理收割，平分产量，土地不计报酬。

20世纪50年代以后，南棒河两岸德昂族的生产方式有了巨大的变化，从过去的毁林开荒、刀耕火种，逐步学会科学种田。从1958年开始，镇康县人民委员会就不断派工作组深入德昂族山寨，引导和扶持德昂族兴修水利、开垦水田、传授水稻种植技术，使水稻种植面积逐年扩大。到70年代初，硝厂沟生产队已有水田246亩，而仅哈里一村的水田就发展到505亩，比50年代初增加了100倍。随着农业科技的进步、水稻良种的广泛推广和使用，德昂族也在不断选用产量高、口感好的优质稻种进行种植。1987年，军弄乡哈里下寨的姚老六（乡退休干部）带头试种水稻杂交良种，通过科学的种植和管理，杂交水稻的亩产量达636公斤。如此高的产量在军弄地区农业发展史上还是第一次，在当地村民中产生了强烈的反响，从而有力地调动了德昂族群众种植杂交水稻的积极性。此外，在水稻中耕管理中，德昂族也学会使用化肥和农药，昔日只能用"白水"（不施肥）种庄稼和无抗灾能力的历史已成为过去。同时，随着水稻种植的不断扩大，德昂族毁林开荒的现象已被杜绝，保护天然林的意识已大大增强，这充分反映德昂族传统的生产方式和耕作观念正在发生着巨大的改变。据1999年统计，哈里村公所下辖的5个德昂族自然村，除交公粮外，每年人均拥有粮食383公斤，人均纯收入480元。大部分德昂族的温饱问题已基本上得到了解决，有的农户还走上了富裕之路。

南棒河两岸德昂族农业生产方式的发展变化，是整个德昂族生产、生活方式发展变化的一个缩影。尽管云南大多数德昂族地区的发展比起其他民族地区来，还处于后进状态，但从自身的纵向发展看，德昂族社会的确获得了跨越式的发展进步。而所有这一切，除德昂族人民几十年来的辛勤劳动、艰苦创业外，更主要是党和政府一系列民族政策正确贯彻而取得的成果。

二 多种经营的全面发展

德昂族在历史上就是一个以农业经济为主的民族，因此，其经济的发展主要体现在农业生产活动的变化上。特别是改革开放以来，德昂族社会经济的发展进步已不仅反映在农作物产量的提高和收入的增加上，而且还表现在其产业结构的变化上。随着德昂族生产、生活观念的更新和转变，他们已不满足于守着土地等饭吃，而是越来越注重因地制宜发展经济作物、经济林木、畜牧、养殖等多种经营。虽然目前德昂族地区尚未完全改变单一的产业结构，但多元化的生产、经营格局已初步形成。

（一）广泛种植各种经济作物和经济林木

德昂族群众充分利用优越的气候和地理环境，在技术人员的帮助下，大力种植和发展各种经济作物和经济林木，如茶、甘蔗、咖啡、烟叶、西番莲、香蕉、橡胶、柚木等。这些经济作物和林木，在各地的德昂族农户中都有不同程度的种植。

德昂族善于种茶、制茶，喜好饮浓茶，素有"古老茶农"的美称。茶叶在德昂族的社会生活中有着特殊的意义和广泛的用途。近年来，德昂族扩大了茶园种植面积，提高了制茶技术水平，不仅能生产传统的青茶，也能生产红茶、绿茶，所产茶叶主要用于销售。以三台山德昂族乡为例，1981年全乡茶叶种植面积为393亩，到1999年猛增到3100多亩，可采面积1183亩，产量13000多公斤。乡里为了方便群众销售鲜茶叶以及提高茶叶加工质量和档次，还办起了茶叶加工厂。茶叶已成三台山德昂族重要的经济来源之一。

在德昂族各类经济作物中，甘蔗种植发展最为迅猛，有的地方政府为此还在德昂族聚居区附近建起了制糖厂。甘蔗的加工实现了工业化，甘蔗生产成了当地经济的支柱产业，一部分德昂族靠种植甘蔗脱贫致富。如1999年三台山德昂族乡村民种植了20529亩甘蔗，总产量为73720吨，甘蔗收入占到人均纯收入的75%左右。除此之外，香蕉、西番莲、菠萝、板栗、橡胶、柚木等经济作物和经济林木在宜林荒山区也形成了一定的规模化生产，为当地德昂族带来了可观的经济收入。

（二）大力发展畜牧、养殖业

德昂族所居住的半山地有着丰富的野生可食植物，十分有利于发展畜牧业和养殖业。德昂族传统上主要饲养水牛、黄牛和骡、马。水牛用于耕田，黄牛和骡、马用于驮运。至于鸡、猪等禽畜却很少饲养，尤其是属于"左抵""多列"教派的德昂族禁养、禁食禽畜，家中一般只养一只用于报晓的公鸡。这对德昂族发展家庭副业极为不利，并且直接影响到德昂族群众生活水平的提高。

在民主改革和农业合作化过程中，一批德昂族的先进分子涌现出来。他们带领德昂族群众移风易俗，发展禽畜饲养业。20 世纪 50 年代中期，一些德昂族青年冲破了有碍生产的禁区，开始饲养猪、鸡，此后人们也开始仿效。现在畜牧、养殖业已成为德昂族经济的一个重要组成部分。据 2001 年年末统计，三台山乡 15 个德昂族村寨大牲畜（牛、猪等）出栏数已达 181 头，存栏数达到 1468 头，存栏数中从事农事役使的大牲畜有 769 头，肉产量已达到 16300 公斤；家禽出栏数已达到 6282 只，存栏数达到 8868 只，肉产量达到 9600 公斤，禽蛋产量达到 1900 公斤。由此可见，德昂族已经从不饲养猪、鸡等禽畜到大规模地饲养大牲畜和家禽，畜牧、养殖业得到了长足的发展和进步。

（三）积极参与商品经营活动

新中国成立初期，德昂族从事商业经营活动的规模和范围还很小，商品观念也较为淡薄。进行商品交易主要靠妇女，出售的商品种类较少，一般是自织的背包、麻袋、筒裙布、毯布、茶叶、甘蔗、芭蕉、包谷、猪、鸡、蛋以及山里的野菜、野果等。买进的商品多为铁犁、锄头、刀、盐、火柴、煤油以及编织筒裙布、毯布所需的各色棉线等物。

改革开放以来，德昂族的思想观念发生了深刻的变化，参与商品活动的人逐渐增多。他们广泛从事茶叶、甘蔗、紫胶、橡胶等商品的生产经营活动。妇女们除参加劳动生产外，还抽空采集竹笋、木耳、香菌和野生瓜果到集市出售，有的则完全脱离农业而投身于市场。三台山乡有的德昂族妇女做豌豆粉卖，有的则做小百货生意。镇康县南伞镇白崖村村长刘阿芒的三个女儿分别和汉族、白族小伙子结婚，各自在镇上开设百货商店，从日用小百货到成衣、毛线、儿童玩具、收录机、电视机等均有经营，品种达百余种。不论从经营规模还是从范围看，在当地都是佼佼者，《云南日报》（1998 年 12 月 31 日）还以《德昂三姊妹红了南伞半边天》为标题做了专题报道。作为经商致富的代表，她们的事迹在当地德昂人中产生了很大的反响，起到了明显的示范作用。①

---

① 《德昂族简史》编写组、《德昂族简史》修订本编写组：《德昂族简史》（修订本），民族出版社，2008，第 105～112 页。

第五节　社会生产方式

一　农业生产习俗

德昂族祖先来源于"百濮"，具有非常悠久的历史，有着较发达的狩猎文化与农业生产技术。德昂族传统的农业生产主要包括茶树种植、稻谷种植、棉花种植、竹种植、采集、捕鱼、狩猎等。

（一）茶树种植

我们无法考证德昂族是先有茶的种植，还是先有水稻的种植，根据古歌《达古达楞格莱标》的记述，应当是茶先进入德昂族人的生活。至少，《达古达楞格莱标》为我们证明了茶和德昂族古代的社会生活是密不可分的，且反映了德昂族早期对茶叶的图腾崇拜。

被誉为"古老的茶农"的德昂族，自古以来就与茶结下了不解之缘。种茶的年代已无资料记载，仅有山野里苗壮生长着的一些野茶树和曾在古丝绸之路上最早贩卖茶叶的历史仿佛在诉说着什么。凡有德昂族的地方就有茶山，就有茶文化，德昂族与茶叶的关系远远超出了物质性的范畴，而有着更多的精神方面的内容。历史上德昂族有过几次大的迁徙，但凡是德昂族居住过的地方一般都有大片茶树遗迹留下来。在盈江县德昂族过去的居住地有树龄在千年以上的老茶树，铜壁关附近也有成片的老茶林；芒市江东乡一带有上千年的古茶树；瑞丽市户育乡的雷弄山上，德昂族留下了好几片茶林，现经当地居民修整改造，仍是当地人经济收入的重要来源。

德昂族善于种茶，更善于用茶，如"出生茶""成年茶""集会茶""社交茶""恋爱茶""定亲茶""成亲茶""敬老茶""上房茶""和睦茶""祭祀茶"等。茶成了德昂族成长中不可缺少的一部分，茶俗始终伴随着每个德昂族人的生命历程，究其根源，茶叶对德昂族先民的生活显然有着非同一般的重要性，茶与德昂文化有着悠久的渊源。茶叶是德昂族重要的生产对象，种茶是德昂族重要的生产形态。

（二）稻谷种植

德昂族先民进入农业经济的时代很早，德昂族认为信奉"谷娘"比信奉佛祖还重要。国内德昂族居住在滇西南，自然条件优越，地理位置重要，是古代中国通往印度的"蜀身毒道"（西南丝路）的必经之路，处于这条丝路之上的德昂族先民——濮人进入农业经济的时代很早，《华阳国志》曾记载说这里"土地肥沃，宜五谷"，古代德昂族的农业、手工业曾有过辉煌的时代，大约在西汉时期德昂族先民就在德宏坝区或半山区开垦了许多水田，种植水稻。传说德昂族人还用过大象耕种农田，有铁锄和铁犁，可见其犁耕种植稻谷的时间之早。后来，因为部落战争德昂族被迫迁移山区后，又在山区开辟梯田种植水稻，并充分利用山区的特点，进行旱谷生产。德昂族的耕作技术普遍高于当地其他民族，尤其是水田耕作的精细程度在当时是首屈一指的。水田一般都是两犁两耙，薅一两次草。水田和园地上都使用农肥，这在当时滇西南各民族中是最先进的。德昂族先民耕作技术先进，产量也较高，如今在芒市、遮放等地还留下许多他们的村落和水田的遗址。

德昂族近代的主要生产活动依然是以稻作为主的农耕生产。新中国成立前，德昂族迁居半山半坝地区，改为以旱地耕种为主。德昂族在长期与自然的斗争中，积累了丰富的农业生产经验。德昂族的旱地耕种分为固定耕地和轮耕地，广种薄收。固定耕地多在缓坡、河谷较平地带或居所附近，种玉米、蔬菜等。轮耕地多数为头年种植荞麦、苏子、饭豆等，以增加土壤肥力，次年种植旱谷，第三年复种荞麦、苏子、饭豆等，第四年轮歇，经数年待山地长出灌木杂草后再砍种。当时德昂族人也以雇农的身份耕种坝区土司管辖的水田。

新中国成立后，伴随着国家新的政治制度的建立和党的民族政策的贯彻执行，德昂族摆脱了悲惨的命运，结束了被压迫的历史，开始了崭新的生活。20世纪90年代初开始种植甘蔗、柠檬、橡胶、八角等经济作物，种植面积逐年增加。

（三）棉花、竹种植

许多史料记载德昂族有种植棉花的生产活动，古代德昂族就有产"蚕桑、绵绢、采帛、文绣"的记载，《华阳国志》亦记德昂族先民濮人"尤善于纺织"。汉晋时期德昂先民就以棉花、木棉、苎麻等为原材料，织成幅广近2米、洁白不受污的桐华布，并加以染彩。这种精致的木棉织品深受其他民族的欢迎，商贾们不仅将其运往内地，也运往身毒（印度）。以此推断，德昂族的棉花种植应早在西汉之前。这种纺织技术一直保留至今,新中国成立前德昂族的衣服、裙子、包头巾等多是棉制品,皆为妇女纺织。

今天,德昂族种植棉花的盛况已经找不到痕迹,在瑞丽南桑寨这个已迁离的老寨中还有一株老棉树年年结出很小的棉桃。我们只能从德昂族的纺织和染色手工艺的发展去推测当年棉花种植的繁盛。

德昂族与竹子的关系和茶一样渊源较深,凡是德昂族居所附近都有茂盛的竹丛。德昂族的生活与竹密切相关,建房取材是竹子,生活生产用具也多是竹制的,饮食也离不开竹子,多种植龙竹、金竹、凤尾竹、毛竹、刺竹等。德昂族生活的山区沟箐里还有许多野生竹,竹成为德昂族的一项主要经济收入来源。①

二 古代德昂先民较高的农耕技术及其特点

古代的德昂先民居住的滇西南,有高黎贡山和怒山余脉蜿蜒伸展其间,又有澜沧江、怒江、大盈江穿流过境,构成了许多低山与河谷小盆地。这里雨量充沛,且具"夏无酷暑、冬无飞雪、霜不杀青"的亚热带气候特点,没有四季之分,只有雨季和旱季之别。世世代代生活在这里的德昂人,不知道什么是雪,也从未见过雪是什么样子,以至在他们的语言中,缺少"雪"这个词。这块美丽富饶的土地,不论低山、缓坡还是平川,土壤肥沃,物产丰富,更适宜于农作物的生长。

(一) 先进的农耕技术

古代德昂先民的农业较为发达,农耕技术比较高,其特点在于使用畜力代耕。据樊绰《云南志》"茫蛮条"说:"土俗养象,以耕田。"又说:"象……或捉得人家多养之,以代耕田也。"这说明唐时的茫人使用象耕田,他们早已种植水稻,同时也说明德昂先民使用犁耕技术的时间久远。当时,德昂先民集中的永昌与南诏紧密相连,南诏生产力比较高,使用"二牛三夫"的犁耕法和"蛮治山田,殊为精好"的生产技术,已能种一年两熟的田。德昂先民受其影响,并学习使用。宋时茫人(金齿)已广泛使用铁锄,说明茫人的农业已有相当的发展。所以,才会出现《马可波罗行记》中所

---

① 唐洁:《中国德昂族》,宁夏人民出版社,2012,第49~52页。

写的情况："其俗男子尽武士，除战争、游猎、养鸟之外，不作他事，一切工作皆由妇女为之，辅以战争所获之俘奴而已。"金齿时期，如果没有发达的农业，要供给金齿全部成年男子武器装备及足够的粮食是不可能的。

（二）经济作物的种植

古代德昂先民的农田水利建设水平、经济作物的栽培技术也较高，他们很早就懂得开辟建造水田，垦殖旱地，种植水稻、旱谷、荞子、苞谷和薯类，能够种植茶叶、核桃、甘蔗等经济作物。他们的园地除种蔬菜外，一般都要种几蓬芭蕉、甘蔗，植几株黄果、菠萝蜜、梨、芒果、石榴、番木瓜之类，四季均有鲜菜和水果。这充分说明德昂先民热爱生活、美化生活、极富生命力。同时，也说明德昂人民与边疆各族人民一样，居住地都颇具独特的风格。综上所述，古代德昂先民的农耕特点是较为突出的。一是农业生产力较为发达，较早固定耕地，较早使用畜力代耕、铁锄。二是种植水稻较早。三是劳动产生了较早的分工，一切劳动皆由妇女为之，辅以战争所获之俘奴。①

（三）农耕的季节与生产祭祀

德昂族的先民"濮人"自古以来便与各族人民开垦着滇西南广袤的土地。他们在长期与自然的斗争中积累了丰富的农业生产经验，如对水稻、棉花和麻的种植都总结了一定的生产技能。德昂族以种植旱谷、水稻、玉米为主，其次是甜荞、小麦、瓜豆、甘薯等类杂粮。使用的劳动工具有铁犁、锄头、砍刀、铲、斧头以及带齿和不带齿的镰刀。无论是耕种水田还是旱地，男女的劳动都有一定分工。德昂族因居住在山区或半山区，耕种水田较少，大多数是耕种旱地。旱地分为固定耕地和轮歇耕地（休耕地）两种。耕作时，于每年农历八月除杂草，犁一道，到腊月把灌木树砍倒、晒干，次年三月，就把树枝杂草放火烧掉，充作灰肥。然后再犁一道，即可撒种。如是平地就耙一道，陡坡就挖一道，把土块打碎。谷苗长成后，薅2～3道，就听任其自长，谷穗成熟后割倒，堆于田地，吃一点取一点。近代以来，则将谷粒掼于簸箩内。还有一种耕作方式便是原始的刀耕火种法，每当腊月便将大树砍倒、晒干。次年三月，放火烧掉，以灰作肥，点

---

① 李家英：《德昂族传统文化与现代文明》，云南民族出版社，2000，第52～53页。

穴播种，每窝撒 3~4 粒玉米；旱谷则撒 7~8 粒。出苗、长大后，薅一次草，即待收获。据统计，每耕种 1 箩种（20 千克），从砍树烧光、犁耕、播种到收割、驮运需要 11 道工序，需费人工 79 个，牛工 18 架，若年成较好，每亩播种面积可收获 40 箩左右。如耕种水田，每亩也需要 11 道工序，花人工 58~63 个，牛工 31 架。因田土质地不同、田间管理好坏，产量有所区别。在风调雨顺的年景里，上等田每箩种可收获 70~80 箩稻谷，中等田可收获 60~70 箩稻谷，下等田可收获 30~40 箩谷。

德昂族生产季节是按傣历计算的，每年分四季，共 12 个月，每月 30 日，全年 360 天，按节令进行劳作。

傣历一月即农历十月（约公历十一月），是德昂族人打谷、砍柴、砍伐轮歇地的季节。

傣历二月即农历十一月（约公历十二月），德昂族人在这个季节里扎草排、盖新房、修旧屋、纺织、犁板田。

傣历三月即农历十二月（约公历一月），德昂族人继续犁板田，进行火烧地、驮柴。

傣历四月即农历一月（约公历二月），德昂族人开始修水沟、整秧田，为播种作准备。

傣历五月即农历二月（约公历三月），德昂族人泡水田并开始撒种。

傣历六月即农历三月（约公历四月），德昂族人犁地、肥田。

傣历七月即农历四月（约公历五月），德昂族人开始栽秧、犁旱地、撒旱谷。

傣历八月即农历五月（约公历六月），德昂族人继续栽秧，之后栽苏子、薅旱谷地。

傣历九月即农历六月（约公历七月），德昂族人薅秧、割玉米。

傣历十月即农历七月（约公历八月），德昂族人开始割苏子、割二道玉米。

傣历十一月即农历八月（约公历九月），德昂族人收旱谷、收玉米、挖土、撒豌豆。

傣历十二月即农历九月（约公历十月），德昂族人开始收水稻。

此外，德昂族人还能根据气候的变化来掌握节令，并能观察雀鸟和昆虫活动来预测晴雨，安排农活。例如，观察降雨的方法是听"章达达"鸟鸣叫2天后，"天将降雨山中竹鸡鸣叫"，将要下雨；"飞蚂蚁出洞满天飞舞"，天将下雨；浓云笼罩山峰，天将降雨；等等。天晴的征兆是：云雾飘散，天将晴；彩虹出现，天会晴；雨后，飞蚂蚁飞舞，预示天晴；等等。

德昂族不仅根据季节从事生产劳动，并且根据季节变换进行社交、恋爱、结婚和宗教祭祀等活动。德昂族还用自己的语言唱出每个月的活动。

"正月到五月，是农暇季节，青年男女相互聚会、社交和谈恋爱的时光，小伙子要带上芦笙，小姑娘要准备好草烟。"

五月歌云：五月过后，小伙子就不能串姑娘了，要赶快整秧田、耕地，心情十分不安定。

六月歌云：进入六月后，心要安定下来，男子扛起犁头，女子拿起锄头去山地。

七月歌云：听到山林"斯布布"鸟叫，"尼马"雀叫，大家去撒谷种。

八月歌云：大家要去整秧田、栽秧。

九月歌云：禾苗已经长高，快快去薅秧。

十月歌云：芭蕉花开始结果，谷穗就要打苞，青年人的心又要浮动了。

十一月歌云：稻谷黄，开镰收割庄稼忙，祈求稻谷装满仓。

十二月歌云：家家户户春粑粑，姑娘小伙穿新装，欢欢喜喜过春节。

德昂族家庭按性别长幼来安排农活与家务劳动。一般是男性老人放牧，编织竹器；农忙时帮助劳动或看守山地窝棚，防止野兽、雀鸟践踏谷物。老年妇女春碓、煮饭、带孩子、照料家务。成年男子主要从事砍伐树木、铲地、犁耙、驮运谷物、砍柴等繁重体力劳动。成年妇女从事挖地、薅割、撒种、收谷、打谷、割草、找猪食、种菜、采集及纺织、染色、背水、煮饭等家务劳动。儿童则帮大人做些轻巧的辅助劳动和家务。①

（四）生活用品和竹具

德昂族的炊具有铁三脚架、铁锅、木甑、茶壶、茶杯和土碗等，均在市场购买。

加工粮食的工具有石磨、杵臼和脚碓数种。

---

①　赵纯善、杨毓骧：《德昂族概览》，云南大学出版社，2006，第36~40页。

　　石磨，德昂语称"尼格里"。石磨向汉族购买，自制磨架，一种是磨槽，用一截木头剖成两半，凿成凹状，上放石磨，磨槽长50厘米，宽处能置石磨即可，槽底两端以天然树丫为柱脚；一种用木制成脚架，放上石磨即可。

　　杵臼，德昂语称"木剥"。砍高50～60厘米粗树，凿深10厘米左右、口径15厘米的臼窝。还有一种杵臼，体积较小，只能捣盐巴、辣椒之类。

　　脚碓，由碓架、碓窝组成。舂稻谷时，将稻谷类放于碓窝中，由一人脚踩碓尾，用碓头下落力量舂稻子，直待稻壳舂掉，再用簸箕扬去糠秕，即得大米。凡舂捣粉碎谷物均由妇女承担。20世纪70年代后，邦外寨已架设电线，米面加工工具已逐渐被粉碎机和碾米机所取代。

　　除了以上几种炊具和生活用具外，在德昂族家庭中最常见和使用最广泛的是竹制的生活用具。这是因为德昂族住地产多种竹子。

　　德昂族的生产工具有许多种是用竹制作的。比较简单的有扁担、锄柄。经过编织而成的，有囤粮用的大大小小的囤箩、计量用的量箩、骡马驮运货物的驮箩，还有捕鱼用的鱼笼等。

　　德昂人对竹的使用，最具特色的是在生活用具和炊具方面。德昂人储水、补水、储存干燥食物用的竹筒，都是用长长短短的龙竹做成。吃饭用的篾桌，制作精美；供佛用的桌子，编制得更加精致。其他如竹筷、竹凳、竹饭盒，以及洗脸、洗脚、喂猪的器具都以竹为材料。此外，竹子还给德昂人的生活提供了极大的方便。当在野外劳动时，如果没有炊具，只要在地边砍一节竹子，把米装入竹筒内，加水后放在火上烧烤，生米很快就会煮成熟饭。也可用同样方法烧制竹筒茶。烧饭菜和煮茶的竹筒，用时砍来，用后抛弃。若想反复使用则应注意，一是不能使筒内水干，干了就会破裂；二是选择当年尚未发叶的嫩竹，削去外皮，这种竹筒，有时能用上一年半载，即使外皮烧得很焦，竹皮已薄如纸，只要里面有水它就不会被烧坏。用竹筒煮茶，不仅广泛地用于田棚、地边，有时家中也使用，"竹筒茶"成了德昂人生活中的一个专用词语。

　　在旧社会，穷人家里死了人，无钱购买棺木，德昂人就用龙竹编制竹棺，埋葬死者。

　　竹在德昂人的生产、生活中有如此广泛的用途。所以，他们喜爱竹，家家户户的住宅周围都栽竹。远望他们的村寨，无不修竹成林，茂密苍翠。①

（五）农具制用

农用工具的使用和发展是农耕文明的重要标志。一个民族所使用的农具种类，与其农业结构密切相关。古时期，在刀耕火种的耕作方式之下，德昂族先民使用的农用工具主要用竹和木制成，有木器、竹尖器、木锄、木犁等。农具的进步，伴随着农业的发展。随着旱地精耕细作的发展，德昂族开始使用更加先进的生产工具，铁质农具使用普遍，如生产使用铁犁、耙锄头、弯刀、斧头、镰刀、锯齿镰刀，此外，还有竹制的挑箩、谷箩等。之后，水稻、旱谷等种植面积减少，甘蔗等经济作物种植比重增加，加之现代农具的普及，传统生产工具的使用越来越少。如今三台山德昂族乡的一些村民家中仍然保存着传统的农具，可以追溯德昂族传统的农业文明。

旱地耕作较普遍的情况下，犁和耙是最适合山地耕作的农具。在长期的农耕中，犁和耙是德昂族生产活动中必不可少的工具，此外还有镰刀、弯棍等。

1. 犁和耙

德昂族所使用的犁包括犁头、犁架、牛轭和尾档，材料主要为木、铁、绳子。传统的德昂族社会中，有打制铁器的工艺，犁头一般由德昂族自己打造。现已经没有太多的人会打制，但村民家里还保存传统的犁。犁头是犁地时用来破土的工具，通常用生铁打制而成，形状似圆锥形，圆头的直径在 12 ~ 15 厘米。犁头背面留有一个锥形的孔，用于套在犁架上。犁架由三根木头制成，分别是犁辕、犁底、犁插。犁辕长 130 厘米左右、犁底长 147 厘米左右，犁插长 70 厘米。制作犁的木材通常使用梨树，犁辕和犁底使用的是弯曲的木头，犁插为直的木头。牛轭是耕地时套在牛颈上的曲木，是牛犁地时的重要辅助农具，与犁头配套使用。尾档是套在牛尾与牛轭一起固定犁的辅助工具。

耙是用来翻土、除草、平整土地等的农具，在中国，常见的耙有手推耙和踩耙。德昂族人家曾经也普遍使用耙，手推耙多用于山地，而踩耙适用于坝子中的田地。在三台山乡，村民保留下来的耙主要为手推耙。制作

---

① 云南省民族事务委员会：《德昂族文化大观》，云南民族出版社，1999，第 67 ~ 68 页。

耙所使用材料为木，齿的部分有铁齿、木齿或竹齿。在德昂族家里，收藏的耙用木和竹制作而成。

一种耙形状比较小，也比较轻巧，主要用来耙土、耙堆肥、耙草等。这种耙的齿用木头做成，装齿的木头通常做成长方形，一头凿 11 个齿眼，木头两端各接两根竹棍，用于接在牲口上往前拖，木棍上方，与齿平行，装有一个门字形的手柄，用于耙地时手扶住。另外一种比较大，主要用于碎土、平整地等，形状和上一种相同，不同之处在于齿的材料是竹子。犁和耙通常结合起来使用，耕种前，先用犁翻土，然后用耙将土翻松并加以平整。

2. 镰刀、弯棍等

德昂族在农业活动中普遍使用的农具还有收割农具，以镰刀使用最多，用于割草、割稻等，主要有锯齿镰和柳叶平口镰两种，其中以锯齿镰使用最为普遍。锯齿镰为铁质木柄，用于割谷、割草，镰刀一般重 60 克，长 18 厘米，靠把处略弯曲，中间呈弯月状，有倒锯齿，薄而锋利，使用轻巧。在谷物脱粒时，使用比较简单的弯棍、打把、连枷等，另外，水田较多的时候也曾使用过掼斗。弯棍是用木头制成，打把则是用竹子制成，手持部分为直的，30～35 厘米，前段一个弯钩，约为 10 厘米。打谷时，持住弯棍或打把上下挥动即可。很多民族都使用连枷，德昂族的连枷制作也特别简单，材料通常使用两根竹子。两根竹子一长一短，长的稍微粗一些，约有150 厘米；短的稍微细一点，约有 130 厘米。两根竹子的一头使用一点点的皮革，用绳子将其绑紧。使用连枷时，侧身两手一上一下握住长的一根，旋转着向前甩出那根细的竹子，使其打到晒在院子里的谷子或其他需要脱粒的作物上，反复不停地打之后，粮食就可以脱离而出。掼斗主要用竹子编制而成，为一个有开口且有边缘的竹容器，打谷时，1～2 个人手持割好的稻谷，交替在掼斗边缘掼谷，谷子在边缘不停被摔打之后，自然滑落到容器底部。掼好的谷子，还需要扬谷。扬谷所使用的工具是笋叶扇。顾名思义，笋叶扇用笋壳制扇面，为圆形，四周用竹片绑成形，两根竹片交叉固定在中间，手柄为一根约 30 厘米的竹片。扇谷时，用竹编撮箕将谷子抬起，利用势差倒下去时，一个人用笋叶扇扇风，让夹杂在谷子里的碎草和不饱满的谷粒被风筛选出来。最后，将扇好的谷子用竹编挑篓和背箩装好。

上述德昂族传统的农具，体现了就地取材和简单易操作的特点。在农业科技普及的今天，很多德昂族聚居的村寨已经使用了播种机、收割机等现代农用工具，受地理条件限制居住在山上的一些德昂族人家，仍然使用传统的农具进行农业生产活动，但无论是传统还是现代，都是德昂族农业文明发展历程中的阶段性标志，都彰显着德昂族的特色。[①]

三　采集和渔猎

采集和渔猎是德昂族在农闲时间进行的重要生产活动。男女之间也有明显的分工，一般是妇女采集，男子捕鱼、狩猎。

（一）采集

每当雨季来临，野生植物生长旺盛，德昂族妇女便开始采集。采集方式分个人采集和集体采集两种。采集的种类有水生植物，如水沟中的鱼腥菜、薄荷之类；块根，如野山药（野苕）、茅蕉根、董棕根等；野生植物的叶、茎、果，如野枇杷果、苦子果、栗子果、白刺花、白露花等；还有诸如鸡枞、鸡枞花、木耳、扫帚菌、蘑菇、枇杷菌、香菌等各种各样的菌子以及野竹笋。凡属可食之物均在采集之列。到了近代，这些采集物除自己食用外，还拿到市场出售。至今，逢赶集的日子，仍能从德昂族妇女手中买到新奇的山中珍品。

（二）捕鱼

德昂族男子捕鱼的方式很多，有的用渔笼子捕鱼，有的用渔网捕鱼，还有的用围塘排水的方法捕鱼。

镇康县白岩、硝厂沟寨一带的德昂族人用竹编织渔笼，有喇叭状的，有水壶状的。喇叭状的渔笼，德昂语称"娃格戛"，系用一根粗竹制成，竹节以上剖成细条，四周扎以二三十道竹环，直至笼口，渔笼长2～3米，笼口直径70～80厘米。水壶状的渔笼，德昂语称"格戛"，是用细竹片编织成壶状带椭圆扁形，底座为四方形，能站立，笼高30厘米，腰部宽10厘米，口径长四五厘米，渔笼没有竹盖，两侧有耳，以系藤带，笼底开一小门，高3厘米，宽5厘米，小门内两边各编扎二十多条小竹排棍，鱼若溜进

---

① 王晓艳、莫力、秦莹：《德宏德昂族民间科学技术》，德宏民族出版社，2014，第30～36页。

竹笼，竹排张开，入笼之后竹排关闭，鱼便无法出来。

德昂人的渔网原是用火麻线织成，现改用尼龙绳编织，捕鱼时，将网投入塘中，片刻后鱼入网内，即可将网提出。

此外，若在水沟里发现鱼，即将水沟两头用泥土筑成小坝，再把水排干捕鱼。

德昂族人所捕之鱼，多为自食，极少有出售的。

（三）狩猎

由于德昂族崇信佛教，长期以来在男女老幼思想上形成这样一个观念：人是一条生命，鸟、兽、虫、鱼也是一条生命，弄死任何一条生命都是有罪的。因而，德昂族人极少出猎，即使狩猎，也是为了保护庄稼、农田，防止野兽、雀鸟践踏。在春节期间，也有人结伴上山，群聚围猎，猎具多为弓弩和火药枪。[1]

四　民间手工业

（一）纺织

德昂族妇女能纺织、染色，从她们的祖先濮人就开始了，精美的"桐华布"是濮人妇女的专利，深受滇西南各族人民喜爱。临沧市镇康县德昂人的父系大家庭里就存在过从事纺织的专业队伍。她们用自己种植的棉花和麻，利用背水及下地生产往返途中捻线，在家则用竹木制纺车纺线。若织的布用于做衣服，则先织布后染色，若系织裙子则先将纱线染成所需要的各种颜色，再纺织成有本民族本支系特色的裙子。历史上，各地德昂族妇女把纺织产品作为自给自足的生活用品。如今，德昂族妇女特别是镇康地区的德昂族妇女织的棉布除自用外，多纺织麻布，制成麻袋到市场上出售，而三台山的老年妇女们则把纺织的布匹做成香包、披肩、手提袋等工艺品作为商品进入市场。

德宏和临沧各地的德昂族用棉花、木棉、苎麻等原料进行纺织，也用缅甸进口的洋纱。棉花是自己种的，木棉为野生的，棉桃成熟后，用轧花机轧去棉籽，再用纺纱机或用手搓成线，将线染成彩色的，纺织成布。棉

---

[1]　俞茹：《德昂族文化史》，云南民族出版社，1999，第31~32页。

花纺织的布，较为细腻。大籽棉花纤维较粗，所织之布较为结实。大麻主要是自家种植的，少数采自野生的，工艺过程从割麻到织成布有好几道工序。通常先将麻树砍倒，曝晒于木架上 10 余日，又在池塘浸泡两三天，捞起，剥下外皮，洗净晒干，再用手搓成麻线并绕成线束，用开水烫软，使麻纤维坚韧不易断裂，再用纺线机将麻线绕成纱锭。取出纱锭，放于铁锅中煮 3 个多小时，使麻皮完全脱落。取出后，放进水沟浸泡，冲洗干净后搓揉，使麻线呈洁白色，再用清水洗净，晒干，染成各种色线缠绕于织机上，即可纺成麻布。这种麻布，多半用来缝制精美的披单、挂包或筒帕。而粗麻布的纺织工序比较简单，只要砍下麻秆，趁新鲜剥下麻皮，不必浸泡和曝晒，即搓成麻线，经过煮透后，晒干，便能纺织。德昂族人自织的棉布、麻布等，质地厚实，经久耐磨，色彩具有本民族特色，至今仍深受本民族人民喜爱。

德昂族人的纺织工具主要有轧棉机、绕线机、纺线机、织布机等，均用木料制成。轧棉机是将棉籽压出的手摇机，机头装 3 根压轴，压棉籽时，脚踏机板，一手塞棉花，一手摇转压轴，把棉籽和棉花分开。清除棉籽后，便可把棉花拿去纺线。绕线机，呈工字形，将线绕在上面，绕成一束。纺线机，亦称纺线车，是将棉花或麻线纺成线，架高 50 厘米，底长 70 厘米，架中一端有对纺轮，一端装有纱锭。纺成的线即绕于铁针上，线绕满后，即可脱下。

德昂族的织布方式有腰机织布和座机织布两种。

腰机织布，流行于德宏、镇康一带，织布机是用皮腰带、木梭筒、压线板、竹夹子、纺织棍和竹木搭成的机架组合。织布时，席地而坐，将织布机搭在木架上，每织一幅长 1.66 米、宽约 0.33 米的布，需耗 5 个工。

座机织布，流行于澜沧的德昂族中，他们与当地傣族的织布方式相同，织布机是由机架、机座、木梭、机木棍、脚踏板等组成。

染色在纺织中是一项重要的工序。德昂族的染色方法完全处在利用天然染料的阶段，即主要使用的是植物染料。若染黑线，则将蓝靛叶在水塘中浸泡 30 多天，取出靛叶，挤出墨汁盛于盆中，用时将墨汁倒进铁锅煮透，再将线放进铁锅中煮两三次，即染成黑线；若染蓝色则取蓝靛枝叶，晒干后碾成粉末，放于锅中煮沸，然后将白线或白布放于锅内，反复煮透三次，即染成蓝线或蓝布；染黄色是用野生黄连的根茎熬成黄汁；用栗树皮可染红色；等等。

德昂族的染料都是天然的有色物质，可直接从当地取得，也不需经过复杂的处理就可使用。德昂族人把染色用在衣饰、筒裙上是表达自己的爱好的方式之一，是对美的追求。

新中国成立后，政府针对少数民族的特殊需要，专门制定民族贸易政策，专门扶持一些工厂生产民族织布用的各色棉纱，并组织供应棉布。现在青年一代的德昂族女孩已经很少自己纺线了，在市场上随处都可以买到自己喜爱的棉纱和棉布，裁制成所需的服饰，将自己打扮得漂漂亮亮。但大部分的中老年德昂族人依旧保留这一传统，也有一些年轻人在学习织布，但纺线已经保留不多了。

（二）竹器编制

德昂族男子极擅长编制竹器，这在当地是有口皆碑的。德昂族村寨，大都树林茂密，枝藤繁盛，绿竹成片，这些竹林和树木都是编制竹木藤器的优质原料。竹子在德昂族的社会生活中占有重要地位，如房屋建筑材料及生产、生活用具和捕鱼工具等都是竹制的。

德昂族的竹器编制大体可归纳为以下几种类型。

躺笆类：亦称"篾笆"，大小不定，视其家庭需要而定，并有粗细两种。粗躺笆是用粗竹篾编织成"人"字花纹或平纹，可作竹壁、铺地板、火塘吊板和晒谷物之用；细躺笆则采用细竹篾或藤篾编织，编织工艺较精巧，专门用作铺垫或待宾客乘坐之用。

谷箩类：有盛装粮食的大谷箩和作量器用的小谷箩、背箩、花篮等。谷箩德昂语称"波"，又称囤箩，采用大竹剖成竹片，编织成圆形、椭圆形等，大小不一；有的大谷箩高达 1.5 米，口径在 1 米左右；而小谷箩亦有 1 米余高。作量器用的谷箩有盛装 50 市斤的箩或装 5 市斤的谷箩等。谷箩编织成后，将牛粪、泥巴和切碎的稻草搅拌成稀泥状，涂于谷箩四周，既防虫蛀，又坚实耐用。

背箩、提篮和花篮：多用于背运谷物、柴草、猪草等。背箩的花纹较为细腻，一般箩高 45 厘米，口径 30 多厘米，箩两旁有耳，可以担挑运谷物。提篮，大都用于盛蔬菜瓜果，一般高约 10 厘米，口径约 8 厘米；花篮，编织花纹空隙较大，携带方便，主要背体积较大的玉米棒、南瓜、蔬菜和柴草之类。

家用类：德昂族日常生活所用家具大多数由竹子制成。如吃饭用的篾桌、睡觉用的篾床，还有挂篮、刀壳、茶筒、筷筒、筷子、簸箕、撮箕、筛子、竹凳、饭盒等。篾桌以篾片编制桌面，底座以藤条杆为骨架，高40厘米，宽56厘米左右，桌面有圆形和椭圆形两种，主要吃饭时用。篾床是以木头为骨架，床板是用竹片铺成，上铺一张篾席。其他挂篮、茶筒、簸箕、筛子、饭盒等，均以剖细的竹条或藤篾条编织而成。

渔笼类：无论是长喇叭形或水壶状渔笼及上窄下宽的柱状渔器，皆以竹片编织而成。

除日常生活所用的竹编器皿外，拜佛用的旗幡、盛器、佛台都用竹编制而成，甚至还有竹编佛像。竹器编制是德昂族目前保留、传承得最好的传统手工艺，不管是德宏、保山还是临沧地区的市场上，随处可见的竹编器皿里都有德昂族艺人的智慧在其中。

（三）制陶

早在1000多年以前，德昂人便会制陶，在德宏州陇川县章凤和潞西轩岗等德昂族先民的遗址中都有制陶作坊，另外三台山乡邦外寨至今还保留着一批古代的陶器，其中有土烟斗、土碗、土罐等器物，有的陶器带有青釉和简单的花纹，花纹接近德昂族妇女的腰箍。据调查发现，这些陶制品里主要有生产生活用具、宗教用品、乐器、瓷器和葬具等。有的陶器表面光滑，带青釉，有简单的花纹，纹路由左至右，没有固定的规律，线条粗细不匀。解放初期，不少村寨都能用土法烧制茶罐、土罐、土碗、土烟斗等。20世纪70年代，潞西市茶叶箐的德昂族人民在政府的支持下，建起一座砖瓦厂，以本地黑胶泥和白胶泥做原料，烧制出许多土碗、茶罐和砖瓦，以满足人民需要。

现在成规模的德昂族制陶作坊已经找不到了，但简单的手工制作的水罐、花瓶和小孩子用来玩耍的各种玩具的烧制品工艺依旧保留着，也能随处见得到成品。

（四）制火药

在历史上德昂族男子善于作战和狩猎，枪支和火药几乎是所有的德昂族男子都必备的。因此，制火药基本上是每个德昂族男子都会的本领。制作火药的原料是硝土和老墙土，经熬煮过滤后，待其变成白色结晶，加上硫黄、木炭，舂成粉末，晒干，便成火药。

随着国家对枪支弹药的规范管理，德昂族的火药制作技艺也就随着社会的变化慢慢消失，变成历史了。①

（五）传统雕刻、绘画、剪纸艺术

德昂族是一个心灵手巧、富有创造力的民族，很喜欢用艺术装点自己的生活和宗教活动。但是，长期颠沛流离的生活，日趋贫困的经济状况，使德昂族传统艺术的发展受到了很大影响，有的已随着民族经济的衰落而消失。如德昂族银匠生产的银饰，曾在边疆各民族中享有盛名，但到解放时，德昂族中再也没有从事制银业的人了。当然，德昂族的传统雕刻、绘画、刺绣、剪纸艺术还有所保留、有所发展，有的还在边疆世居民族中有一定的影响。

新中国成立后，德昂族的传统艺术有的失传，也有的有所发展，这是适应时代发展的必然结果。

1. 传统雕刻、绘画艺术

德昂族的雕刻、绘画艺术，主要表现在与生产、生活以及宗教信仰密切联系的有关方面。

德昂族的传统雕刻艺术，有银雕、石雕、木雕等。德昂族特别喜欢银制品，在他们的生活中银制品很多。仅银雕就应用于银制项链、耳坠、手镯、腰箍、烟盒及衣服上的各种筒坠、银泡、银扣等装饰品，图案多是对称的双手、双鸟、双虎、花草之类，制作精细，是具有收藏价值的艺术品。木、石雕多见于释迦牟尼像和佛寺里的土、木浮雕，如"广母"（塔）四周的塔壁、门窗、挂枋、板壁等，以及各种兽类石像群。在这些领域里，都有他们自己的工匠和艺术人才。德昂族的石雕和木雕艺术，多受汉、白、傣民族的影响，也受南传上座部佛教的影响。所以，德昂族的木、石雕内容和风格与大理、保山的雕刻趋于一致，图案多为"二龙抢宝"（或称"二龙

---

① 《当代云南德昂族简史》编辑委员会：《当代云南德昂族简史》，云南人民出版社，2012，第117~120页。

戏珠")、"双凤朝阳"、"凤穿牡丹"、"龙凤呈祥"之类，雕刻的技术水平并不亚于保山、大理等地。一直保持到20世纪60年代的潞西市风平佛寺释迦牟尼大塑像外佛龛上的龙凤花纹浮雕，就是出自德昂族木工技师之手，深得傣族老人赞誉。这些在一定程度上反映了德昂族有较好的艺术修养。同时，众多的图案雕刻也反映出德昂族的神话故事内容，以及浓郁的宗教信仰色彩。除了木、石雕外，妇女的腰箍也体现着德昂族雕刻的艺术，他们在宽窄不一的腰箍或银、藤（竹）圈上刻花、草、动物图案，独具德昂族风格和民族工艺特色，时至今日，德昂族妇女腰箍上的图案一直未改初衷。

德昂族的绘画和雕刻艺术人才，在历史上，有文字记载的、独一无二的要数三台山德昂族乡出冬瓜村的赵开元老人。在老一辈民族工作者的调查资料中，对赵开元有这样一段叙述：三台山出冬瓜德昂族老人赵开元，1958年已七十多岁，他是一位能绘画和雕刻的艺术人才，年轻时在南甸（今梁河）土司碗厂当过学徒，那里有两位从事绘画的汉族师傅，赵开元年轻好学，便向两位师傅学了些绘画知识和技巧，师傅还将《芥子园画传》等送给他。后来附近的一些佛寺都请他去作壁画及横梁、挂枋上的彩画，坝区的一些傣族佛寺也经常请他去作画。因此，赵开元的绘画在当地群众中有一定的影响力。出现在佛寺中的绘画艺术，更多的是讲述佛教的来源、劝人为善的故事或各种动物形象。

新中国成立后，党和各级政府十分重视农民绘画艺术。为了培养农民绘画艺术人才，从1976年开始，镇康县文化部门就对具有绘画艺术天赋的德昂族青年进行有计划的培训，有力地促进了农民绘画艺术的发展。军弄乡哈里村德昂族青年农民王国义，1979年创作的水粉画《支农到山寨》，由地、县推荐到省里参加在昆明由中国美术家协会云南分会、云南省文化厅联合举办的边疆新貌美术作品展览会。1982年，他创作的年画《欢送参军》被推荐到北京，参加由国家民委、中国美术家协会举办的"全国少数民族画展"，获得佳作奖，该作品被民族文化宫民族文物组收藏，后发表于《美术》《民族文化》等刊物。1983年10月，德昂族青年农民王国义、姚正科、姚正荣参加了云南省举办的农民画展，王国义的年画《崩龙族家庭》荣获二等奖，姚正科的画荣获三等奖。王国义、姚正科等人的艺术业绩被载入

《镇康县民族志》一书。

2. 民间传统刺绣、剪纸艺术

德昂族的传统民间刺绣艺术主要表现为妇女的身上饰物，而民间剪纸艺术主要表现为宗教、丧葬祭品。总体上看，德昂族的民间刺绣和剪纸艺术并不太发达。

德昂族妇女从头到脚，都被各种银饰品、各色彩布及图案各异的刺绣品装点着，显得绚丽多姿，光彩耀人。其中德昂族特别喜欢的银，在衣饰中占的比重最大，而比重较小、最花工夫的是刺绣。刺绣不仅凝结着德昂族妇女的勤劳，也是德昂族妇女聪明智慧的结晶。德昂族少女到了十三四岁，就步入交友期。从那时起，她们就要为自己准备新娘装，精心设计图案，认真细心完成刺绣。她们在衣角上，用各色丝线绣上富有浓郁生活气息的各种花卉图案，在裹腿两边镶以绒球和若干条十分精美的刺绣花边。正因为德昂族的刺绣是由妇女自绣自用，才阻碍了刺绣艺术的发展。直至今日，德昂族的刺绣艺术仍停留在原来的水平上。

德昂族的剪纸艺术用于宗教，多见于佛寺中，如佛寺神龛前所挂的琳琅满目的各种帷幔和幡旗上的精致图案。在德昂族的丧葬中也常用剪纸，如亲友前来悼唁时，除携带实物以减轻死者家属的负担外，还要剪各种彩色幡旗献给死者。在送葬时，红、白色的纸剪幡旗也是少不了的，这些习俗一直保留到今天。[1]

五 轻工制作

（一）造纸

新中国成立以前，德昂族人民利用竹子制造棉纸，所生产的棉纸除抄录经书、制作佛幡和自己日常生活所用外，大部分都流入市场，方便边疆的各民族兄弟姐妹。新中国成立后，因自制棉纸成本较高，商店又极易购到各种纸张，故棉纸生产早已停止。德宏三台山德昂族乡有个创建于1958年的社队造纸厂，主要生产手纸和包装纸，后于20世纪80年代末期亏损倒闭。现今只有澜沧上允区芒京、芒那的德昂族人还保留着制造白棉纸的技

---

① 李家英：《德昂族传统文化与现代文明》，云南民族出版社，2000，第 153～157 页。

术，他们除用竹子外还能用家里种的或野生的构树皮造纸。每年农历二月，剥下树皮晒干后，扎成束，然后泡在水沟中；数日后取出，放在铁锅内煮透，加上灶灰，煮炼，用清水洗净，用手揉成小团，用木槌捣成纸浆，再把纸浆放在纱布制成的绷架上，晒干后便成了一张完整的白棉纸。这种白棉纸，可用来写经书、做账册或包装物品。

（二）制茶

德昂族被称为"古老的茶农"，有着历史悠久的制茶习俗。他们采茶制茶原本只是为了自己饮用，长期以来只制青茶，手炒手揉，曝晒。饮用前还得用小罐盛上在火上烤，待烤出香味来，再沏水，此时的茶水不但清香而且味淳。近年来，德昂族的茶园不断扩大，已从满足自己所需发展到商品经济，制茶技术也有显著提高，不仅生产传统的青茶，也能生产红茶、绿茶，所生产的茶叶深受人们喜爱，有的品种还远销省外及国外。2001 年，三台山乡德昂族村寨有茶园 385 亩，当年产茶 4800 公斤，按每公斤 6 元计算，茶叶收入只有 2 万元。2005 年后，德昂族地区逐渐扩大种植规模，改善了制茶技术，不仅生产传统的青茶，也生产红茶、绿茶。三台山乡现有 3 个茶叶加工厂，通过技术挖潜，有些茶商还创制了"勐巴娜"与"龙凤"牌德昂茗茶推向市场。

（三）制糖

很早以前，德昂族就会用玉米秆和甘蔗制糖。其制法是把玉米秆、甘蔗榨出汁，将汁倒入铁锅中熬稠、倒出，待其凝固后，切成方块，即成红糖。多数自食，偶有出售。现今的德昂族善于种植甘蔗，再将甘蔗交予各地糖厂制糖。甘蔗已成为他们的主要经济作物，甚至是龙头产品，许多德昂族地区是靠种植甘蔗脱贫致富的。但是，仍然有许多德昂族人自制红糖食用。1973 年三台山公社仅种植 30 亩甘蔗，到 1989 年已发展到 3754 亩，总产达 8600 吨；2001 年扩大为 21686 亩，甘蔗收入占到人均收入的 75%，15 个德昂族村寨产蔗 17775 吨，仅此一项收入就有 300 多万元。以后几年种植面积逐步扩大，镇康的德昂族还租赁 1 万亩旱地给南伞糖厂用于种植甘蔗。①

---

① 《当代云南德昂族简史》编辑委员会：《当代云南德昂族简史》，云南人民出版社，2012，第 121～122 页。

（四）银匠

德昂族中只有少数人会制银器。他们能用碎银或银元作原料，铸造银烟盒、银烟斗，以及妇女戴的银耳坠、银手镯、银链、银排扣、银项圈和银腰箍等装饰品。

（五）铁匠

德昂族打铁业历史悠久，几乎较大的村寨都有两三家会打铁的农户。铁匠都是祖传的，除犁头尚不能铸造外，已能打制锄头、砍刀、斧头、镰刀、芟刀等农具。打铁工具有风箱、铁锤、铁钳夹、铁砧等。风箱是用1根圆木截断，长约60厘米，将木凿空，两端用木板密封，一端凿有小孔，内放抽轴棍，箱侧插一个送风小筒埋于坑穴，穴放栗炭。打铁时，将炭燃着，拉动抽轴，风从小筒送出，栗炭燃烧，产生高温，将铁烧软取出，打成各种农具。

（六）木匠

德昂族的木匠，能建筑"干栏"竹楼、桥、亭、庙宇等，工具有斧头、砍刀、钻子等。现在已能使用钢锯、凿子、墨斗等工具。除能建筑住宅外，还能制木床、木箱、木椅、木凳、饭桌等家具。少数能工巧匠，还能镂刻佛寺中神龛、门梁、窗棂上的浮雕图案。[①]

（七）石匠

德昂族的石匠不多，个别的村寨也有，石匠能镂刻佛寺门前的石狮和塔上的各种花卉、马鹿、怪兽等石刻，刻工细腻，栩栩如生。[②]

六 集市贸易与度量衡

自元明以来，统一的金齿民族被分割瓦解，近200年间，德昂族居住相当分散，缺少以本民族为主的交易市场。他们出售商品与购买自己所需的物品，都依赖于傣族和汉族地区的集市。他们把自己生产的麻布、麻袋、水果、茶叶、粮食和饲养的家畜、家禽以及采集来的野果、野菜携入市场出售，购回生产和生活所需的犁铧、锄、长刀、盐、棉纱等物品。德宏三

---

① 赵纯善、杨毓骧：《德昂族概览》，云南大学出版社，2006，第52~54页。
② 俞茹：《德昂族文化史》：云南民族出版社，1999，第36页。

台山的德昂族主要到以傣族为主的帕底、遮放、芒市这几个市场。居住在茶叶箐和冷水沟的德昂族则到以汉族为主的猛戛街。镇康、耿马地区的德昂族，则到以汉族、傣族为主的甘棠、南伞、孟定、新街、孟浪等集市。

德昂族饮茶、种茶的历史悠久，人们称他们是"古老的茶农"。明清时期，德宏地区集市上的茶叶也主要是由德昂族提供的。而且市场上出售茶叶的多为老年妇女，傣语里有一个专有名词，把她们称作"咩宁"（茶叶妈妈）。从这里可以窥见德昂族茶叶成为商品的时间早，而且质量好，占了市场很大份额。另外，傣族老人们对德昂族在市场上出售的红糖也是赞赏有加的，德昂族早就种植甘蔗，用土法榨取蔗汁熬制红糖，他们生产的红糖洁净、光泽好，深受边疆各族人民喜爱。

德昂族使用的度量衡与傣族相同。度长短用"肘"和"排"。"肘"，即从大拇指与食指之间的虎口至手拐处，约有43厘米；"排"，两手向左右伸直，从左手中指尖到右手中指尖的距离，约167厘米。量谷物用"箩"和"升"，每"箩"重12.5～15公斤；每"升"为2.5～3公斤。称重量用"矻"和"亢"，一矻为1.5～2公斤，10亢为一矻。秤可以自己制作，选择好秤杆和秤砣（一个石头或一块铁），再用竹篾编一个秤盘；与通用的秤比较一下，定下力点、支点，刻上一些代表亢、矻的记号，再用一物体在原秤和新秤上校正，同一物体在两秤上相等即成。

自19世纪末起，英帝国吞并缅甸，作为它的殖民地，英国商业资本占据缅甸市场，德宏与缅甸毗邻，英国商品也大批进入云南边疆，因此边疆市场上的日用工业品都是英国产品，或是英国资本家在印度、缅甸开设的工厂生产的产品，如棉纱、棉毯、棉布、肥皂、牙刷等，缅甸的货币（卢比）也在我国边民中流通。边疆地区商品经济的发展，促使德昂族和其他民族之间的商品交换也日益频繁。居住坝区和城镇附近的德昂族居民中也出现了农忙务农、农闲贩运小商品的兼营小商贩，畹町附近蛮撒寨的德昂族中，有些人就是从畹町贩运食盐及生活日用品到遮放、芒市出售，再买回布匹、针线等。但就整个德昂族而言，以商业为主或兼做小商贩者仍是稀少的。[1]

---

① 桑耀华：《德昂族史略》，云南大学出版社、云南人民出版社，2015，第84～85页。

七　生产方式变革

千百年来，德昂族的生产，特别是农业生产经历过一个漫长而曲折的发展历程。德昂族的传统农耕文化比较发达，在邻近民族中获得较高的赞誉，主要因古代德昂族先民是较早开发滇西南的民族之一，也是较早接受中原文化的民族之一。其文化较为发达，生产力水平较高，有着较高的水利建设水平和经济作物的栽培技术，劳动中较早出现明确分工，这些构成了德昂族先民较高水平的农耕文化。但在历史的长河中，德昂族先民随着政治权力的逐渐丧失，经济上的繁荣景象一去不复返，而贫困接踵而至。封建土司在政治上对德昂族先民进行压迫，经济上进行剥削。德昂族先民的传统农耕文化也从较为先进走向了较为落后，其特点有以下几条。

一是重新开田垦地。德昂族先民在失去祖祖辈辈生活的故土后，从坝区迁徙到山区、半山区，失去了赖以生存的土地，失去了优越的自然条件，一切都变得如此陌生，如此凄凉，如此艰难。但是，极富生命力的德昂族先民，以坚强的意志面对一切。为了生存，为了发展，他们以顽强的毅力，重新开垦荒山野岭，建造水田，开垦条件较差的旱地。一般来说，德昂人对水田、耕牛的私有观念较深，而对旱地的私有观念极为淡薄，究其原因，水田是固定的，所有权属于自己，而旱地种3年后，一般都放荒，又重新开新地。

二是重新失去赖以生存的土地。德昂族的农耕技术历史悠久，同时经过世世代代的传承教育和实践，农耕技术比当地其他民族高，甚至还超过当地较为先进的民族。由于德昂人耕作精细，注意中耕管理，在一般情况下，产量都比较高，并且很稳定。但是，由于德昂族人民长期以来深受封建土司、山官、头人"三重山"的压迫、剥削，不仅要缴纳各种苛捐杂税，而且还受到债利、地租、牛租、雇工的种种盘剥方式的压迫。因此，他们新开垦的水田几乎全都被典当光。德昂族把他们的这种实际状况概括为："头顶别人的天，脚踏别人的地"，是"压在大石板下的黄芽草，见不着太阳的小德昂"。

三是粗放的农耕种植。德昂族人民重建家园后，随着人口的不断增加，对土地的需求量也在不断地增加。在这种情况下，以耕种旱地为主的德昂人，面对着极端丰富的土地资源：杂草灌木丛生和原始森林下的肥沃土壤。在地广人稀、生产力极为低下的前提下，德昂人开始了"刀耕火种"、轮歇（休耕）种植的历史，过着"播种靠火，生长靠地，收成靠天"的生活。

新中国成立后，德昂族人民也和全国各民族一道翻身做了国家的主人，他们典当和出卖的水田在党和政府的关怀下重新回到自己的手中，仅德宏三台山德昂族乡就收回 2000 多亩。有的村寨占有的田地按人口平均低于附近傣族村寨的，傣族农民出于和德昂族人民的深厚感情，主动划拨一部分田给德昂兄弟耕种，陇川县费哈等寨的 80 多户德昂族，分到 850 亩水田；保山市潞江坝的傣族农民主动拨出 700 多亩水田给大中寨的德昂族农民，并欢迎他们到坝区居住，与傣族村寨做邻居。这充分反映了在中国共产党领导下边疆各民族人民团结友爱的新关系，从此，搬掉了压在德昂族人民头上的大石板，结束了"头顶别人的天，脚踏别人的地""螺蛳肉不能算肉，德昂人不能算人"的悲惨历史，德昂人真正成了国家的主人、土地的主人。在党和政府的大力帮助和扶持下，德昂族在现代农业科技迅猛发展的大环境中，不断解放思想，更新观念，变革生产方式，逐渐走向现代农业、科学种植的新格局。

（一）注重开渠引水建农田，选用良种创高产

为了从根本上改变德昂人"靠天吃饭"的传统耕作观念，确保大旱之年也能获丰收，同时，也从根本上杜绝毁林开荒，保护森林资源，新中国成立后，党和政府十分注重在德昂族地区开展转变传统耕作观念的工作。镇康县从 1958 年开始，就不断派工作组深入德昂族山寨，引导和扶持德昂族兴修水利，改旱地为水田或开垦水田，传授水稻种植、管理技术，使水稻种植面积逐年扩大。随着农业科技的进步，水稻良种的广泛推广和应用，德昂族也在不断选用产量高、口感好的优质稻种进行种植。

同时，随着水稻种植面积的不断扩大，德昂族毁林开荒的现象已杜绝，保护天然森林资源的意识已在德昂族人民中逐渐增长。在水稻中耕管理中，德昂族人民已学会使用化肥和农药技术，昔日只能用"白水"（不施肥）种庄稼和无抗灾能力的历史，已成为德昂人民的过去。人们在农业耕作中的科技意识已向现代化迈进了一大步。在各级党组织和政府的领导下，经过不断改造传统农业土地结构，依靠农业科技进步，粮食产量有大幅度的增长。

（二）注重发展多种经济作物

德昂族人民充分利用优越的气候和地理条件，在技术人员的指导和帮助下，大力种植和发展各种经济作物，如茶树、甘蔗、咖啡、烟叶、西番莲、紫胶、橡胶等。这些经济作物，各地的德昂族农户几乎都不同程度地种植。其中获得长足发展的是甘蔗种植。

（三）注重发展多种经济林木

发展经济林木是一举多得的方略，既可获取丰厚的经济效益又可保持水土不流失，还可改善气候条件，给人以空气新鲜的生活环境。新中国成立以来，不少地区的德昂族在技术人员的指导下，种植特种经济林木，橡胶、柚木、果木等种植已形成一定规模，上了一个档次，橡胶已成为当地的拳头产品，经济收入亦较为可观。

（四）注重发展畜牧、养殖业

德昂族居住的地区一般都有着肥沃的草原资源、丰富的野生可食植物，对于发展畜牧业、养殖业十分有利。德昂族人民在党的支持、帮助下，在繁荣的市场经济活动中，充分利用可利用的资源优势，大力发展畜牧、养殖业，特别是发展生猪、商品牛生产，取得了较可观的经济收入。

（五）利用土地资源，促进经济发展

德昂族地区的土地资源非常丰富，但已开发利用的土地很有限，大多处于闲置撂荒状态，长期无法走出"自然资源极端丰富，人民极端贫困"的怪圈。十一届三中全会后党的"对外开放，对内搞活"方针政策随着时间的推移已日益深入人心，不少山区德昂族的基层领导和群众，再也不愿过捧着"金饭碗"吃国家救济粮的日子了，他们充分发挥农户、集体的机动及闲置土地的作用，引进外资或实行租赁，促进地方经济的发展。如镇康县军弄乡从 1997 年开始，把农户、集体的机动及闲置的可耕土地租赁给单位和个体经营者，发展多种经济作物种植，以带动地方经济的持续发展。他们分别租赁土地 2600 亩给临沧地区供销社和镇康县粮食局，用于种植咖啡、澳洲金果、荔枝等；租赁给镇康县南伞糖厂 1 万亩，用于种植甘蔗。租赁所获的收入，村公所除提 20％的管理费外，其余全付给占地农户，让他们利用有限的资金发展和开辟自己的事业，尽快走出贫困，努力奔向小康。

（六）走向市场，开展多种经营

古代，德昂族先民是一个军事上强大、经济上繁荣的民族，也是接受

中、印文化较早的民族之一，并受到积极的影响，德昂族先民居住区域正好在"丝绸之路""博南古道"两旁，那里有着发达的集市，是商品的重要集散地之一，使德昂族先民较早具有较强的经营意识。德昂族先民很早就懂得把自己生产的茶叶拿到集市上去出售，而且取得了很大的成功，以至银子多得使当地的官府"眼红"。远在古代就有着众多的实例，至今在德昂人民中还广泛流传着相关传说。在"改革开放"的现代，德昂人民沐浴着党的阳光雨露，善于经营的才能，在冲破长期以来受封建土司残酷压迫、剥削而形成的闭关自守、不敢迈出家园半步的思想观念束缚后，再次获得了自由的释放，并在文明经营过程中获得了很大的成功，受到当地群众的"赞誉"。不少德昂族居民投入商海，经营烟、酒、粮、茶、小食品、农药化肥等业务，有的还跑运输、办工厂，甚至把生意做到缅甸，既富了本人，也带动了周围群众共同走向富裕的道路。①

---

① 赵纯善、杨毓骧：《德昂族概览》，云南大学出版社，2006，第57～66页。

第九章
扶贫工作

第一节　贫困的成因

部分德昂族至今仍然处于贫困状态，主要有以下几个方面的原因。

一是生态环境封闭。德昂族聚居的滇西南亚热带山区，高黎贡山和怒山山脉贯穿其中，有良好的气候条件和较丰富的资源优势。全年分干湿两季，冬无严寒，夏无酷暑，雨量充沛，土地肥沃，适宜各种亚热带及温带植物生长，生物多样性特征明显。而且，植被恢复能力强，森林覆盖率较高，土地资源丰富，发展潜力很大。

但是，德昂族地区的生态环境中也存在一些不利于经济发展的因素，主要有：德昂族村寨普遍坐落在海拔 800~1500 米的山区，多山地少平地，多旱地少水田，极易受自然灾害影响，生产很不稳定；亚热带地区雨热同季、干湿分明的气候特征所导致的春夏多雨极易造成洪涝灾害和水土流失，所导致的秋冬季节缺水也极易造成人畜饮水困难与土地资源不能充分利用；等等。

一些德昂族地区虽然有着优越的自然条件，且适宜多种作物生长，可是由于产业结构单一，粮食作物和经济作物的布局和配置不尽合理。一方面种植作物单一，所种作物又不能形成产业优势；另一方面在局部又出现种植品种多、乱、杂的情况，难以形成规模。而群众平时收入只能维持简单的再生产，勉强解决吃饭问题，不可能依靠自身力量拿出资金培育新的优势产业，将土地资源优势转化成经济优势，改变贫困面貌。①

山区的田地比较分散，一般离村寨较远，由于生产半径过大，群众大量的时间被耗费在路途中，实际从事生产劳动的时间并不多，降低了劳动效率，从而导致土地资源得不到充分利用，较高的劳动力投入换来的却是较低的收益回报率。地处边远山区造成的交通运输困难，无疑会增加与外界进行物质交换的运输成本，其结果一方面是当地的劳动产品不能及时转变成商品，或因运输成本加大而在市场上失去竞争力；另一方面是当地群众不得不以较贵的价格购买外地商品，特别是化肥、农药、建筑材料等，这些因交通问题产生的支出直接增加了生产成本，因此造成效益的双重流失。因此，这些不利于经济发展的生态环境因素也正是造成他们生活贫困的主要原因之一。

山区地理位置偏僻，交通不便，信息闭塞，造成德昂族与外部交流和沟通的困难。闭塞的地理环境使得德昂族长期生活在封闭落后的状态中，形成了不愿意与外界交往、不敢到外面闯荡的性格弱点。特别是德昂族生活在其他民族的包围之中，为了使自己不被同化，他们努力保持民族认同感，对其他民族的文化有所戒备或保持一定距离。这种自我封闭使得德昂族的经济社会文化发展相对缓慢，在外部世界快速发展的情况下德昂族的贫困问题就显得突出起来。

二是基础设施落后。新中国成立前，德昂族地区的基础设施薄弱、不完善，基本上没有建立起来，比较好的基础设施就是通过其境的仅19公里的滇缅公路。新中国成立后，特别是改革开放以来，在党和政府的努力下，德昂族地区大力兴建基础设施，取得了一定的成绩，如通过多年的兴建，德宏州三台山乡的4个行政村现已全部通路，16个社通简易公路（晴通雨阻），30个社通了电，5个社解决了饮水困难的问题。新改造的320国道贯穿其境，路面达到一级标准，从乡政府到外面交通比较方便。在德昂族居住的其他地区，村村通电也基本实现。目前，德昂族地区在基础设施建设方面存在的问题，一方面，是乡村道路比较差。如在三台山乡，只有从乡政府到勐丹行政村的12公里公路为弹石路面，能够保证常年通车。而其他

---

① 黄光成：《腰箍的情结——德昂族》，云南人民出版社、云南大学出版社，2013，第83页。

公路全是砂石路或土路，在旱季能够通车，一到雨季就泥泞不堪，车辆行驶非常困难。另一方面，是农田基本建设和水利设施落后。德昂族地区有灌溉条件且稳产、高产的水田很少，水田中干水田（依赖于雨水的"雷响田"）的比例大，这类水田产量很不稳定。旱田多是顺着山坡开垦的，没有多少诸如"坡改梯"式的农田基本建设，在雨水的常年冲刷下，水土流失很严重。

此外，村寨的基础设施建设也极为落后。有近三分之一的德昂族群众仍然住在不避风雨的茅草房内。村寨内道路建设和卫生设施建设都很落后。大部分德昂族村寨的道路都是泥土路，在雨季，人们一出门就要在混合着牲畜粪便的泥水中跋涉，既不方便，也不卫生。近年来，"边疆文化长廊建设"取得一定成效，大部分德昂族村寨都通了广播、电视，但有些偏僻的德昂族村寨能收到的节目较少，效果也较差，还有部分分布在山上的德昂族村寨至今没有解决人畜饮水问题，有的常年喝在屋檐下接的雨水，或者到很远的水库去拉水，浪费了很多劳力，也增加了群众的支出。

基础设施的这种薄弱、不完善状况进一步局限了加工工业和第三产业的发展，使德昂族的经济结构调整等变得十分困难。可以说这已成为影响德昂族总体发展的瓶颈因素。由于受交通等基础设施条件的限制，一些生产项目发展不起来，有的发展起来了也比坝区晚，如种植甘蔗就是首先在糖厂附近的坝区发展，待山区通路后才在公路两边发展。因此，要加快德昂族地区的经济文化发展，必须首先解决交通等基础设施落后的问题。

三是经济基础薄弱。薄弱的经济基础也是造成德昂族生活贫困的主要原因之一。德昂族在历史上长期身受多重压迫、剥削，其中受傣族土司统治的时间最长，而傣族土司制度的经济基础又是封建领主经济，具有封闭性、落后性的特征，加上内地的文明直到清末才真正影响到南甸（今德宏州梁河县）、干崖、盏达（今德宏州盈江县）一带，国外的资本主义也难以渗透到这一地区，因此，长期以来，德昂族的经济和社会发展缓慢，生活贫困不堪。云南农业大学于 2009 年对三台山德昂族乡的调查数据显示：三台山乡人均口粮不足 300 千克的有 667 户 2748 人，占农业人口的 43.2%，其中德昂族 443 户 2134 人，占农业人口的 33.5%；绝对贫困人口年人均经济纯收入在 668 元以下的有 49 户 206 人，绝对贫困人口都是德昂族，占农

业人口的 3.2%；相对贫困人口人均经济纯收入 668～924 元的有 787 户
3476 人，占农业人口的 54.6%，其中德昂族 749 户 3302 人，占农业人口的
51.9%；居住在茅草房、杈杈房和危房的有 402 户 1845 人，占农业户的
28.9%，其中德昂族 295 户 1326 人，占农业户的 20.8%。农民收入低，所
得收入仅够买油盐维持生存，多数群众缺乏财物积累，在农业生产需买籽
种、化肥、农药等物资时，拿不出钱，只能低投入、低产出，广种薄收现
象非常突出。①

四是科技落后。与汉族相比，德昂族的科技处于较为为落后的状态。
由于科技不发达，德昂族生产力水平低下，农业生产的经营管理方式落后，
科学种田的意识淡薄，既不能充分利用新的农业生产技术，也不能充分发
挥农业机械和化肥的作用，以至于粮食平均产量较低，形成了广种薄收、
高劳动投入却低产出的状况。同时，由于科技意识薄弱，接受新知识的能
力较弱，德昂族的生产技术主要是来自于口传身授的一些传统经验，从而
形成了生产结构比较单一的局面。这就使得一些科技含量高、经济效益好
的新项目，在附近的汉族之中搞得红红火火，而德昂族缺乏这方面的生产
经验，始终开展不起来。②

新中国成立前，虽然德昂族已丧失了大部分水田，只能开垦村公地，
但因为缺乏耕牛等农业生产工具和垫支的资金，再加上承受了沉重的赋税
和债务负担，他们往往在辛苦一年后，不但一无所得，而且还欠地租，只
有靠出卖短工或长工为生，甚至只以砍柴、烧炭、编篾席、挖竹笋、采集
野菜的收入糊口，如芒龙山的一部分德昂族人家的佃耕收入根本无法维持
生活，他们只有靠出卖短工度日；另一部分德昂族人家甚至连佃耕都不可
能，只好靠出卖长工或砍柴、制焦炭、编篾席、挖竹笋的收入为生。全村
仅 1 户未负债，其他 26 户均欠地主的债。

新中国成立后，特别是改革开放以来，德昂族的经济有所发展，取得
了一定的成就，但薄弱的经济基础使得他们不可能立即摆脱贫困，不可能

① 李宏：《德昂族地区农村发展状况研究——以三台山德昂族乡为例》，《云南农业大学学报》（社会科学版）2009 年第 8 期。
② 李普者：《芒市三台山德昂族乡扶贫开发现状及对策》，《德宏师范高等专科学校学报》2016 年第 2 期。

在短期内实现经济的迅速发展，因此在生产、生活模式和科技应用上都远远落后于内地发达地区，仍属于"少、边、穷"地区。①

第二节　扶贫历程

贫穷始终是一个困扰德昂族社会的问题，在新中国成立后，党和政府采取了多种措施，帮助德昂族脱贫致富。新中国成立后党和政府在德昂族地区开展的扶贫工作可以分为以下两个阶段。

第一个阶段是新中国成立之初。新中国成立后，党和政府首先派出工作小组深入德昂族地区，帮助德昂族恢复和发展生产。1952年秋，云南省委、保山地委派出工作小组进入德宏地区开展工作。工作小组在德昂族村寨开展了"做好事、交朋友"的工作，给予挣扎在贫困线上的德昂族人民口粮、籽种、农具、耕牛的救济，帮助他们恢复和发展生产。在农业合作化运动中，党和政府主要通过互助合作的方式在德昂族地区开展扶贫工作。1954年，德宏州政府在"直接向社会主义过渡"的地区办起了生产资料完全集体所有的4个合作社，其中有两个合作社就是德昂族合作社，即盈江县小新寨德昂族社和潞西曼良合作社。盈江县小新寨德昂族社的成员都是基本上没有生产资料、生活极端贫困的德昂族农民。政府工作队通过和傣族协商，划出一些坝区土地，并提供农具、籽种、耕牛，让这些德昂族农民从山上下来开田种植水稻，仅一年后，该合作社就自给有余。潞西曼良合作社是以互助组为基础，由景颇、德昂、汉等民族组成；建立一年后，就增收232%。1956年在"和平协商土地改革"的地区建立了南虎寨德昂族合作社，次年就实现了粮食自给。

1958年，德昂族合作社变成了人民公社，社内生产资料归公社所有，办起了集体食堂。人民公社的做法实际上不适应当时德昂族社会的情况，以至于不仅没有起到消除贫困的作用，反而破坏了生产，使当地人民生活更为困难，因此导致大批边民外流。1959年，人民公社、集体食堂被撤销，生产资料归还给社员，包工、包产到队，群众不愿意办的社可以停办。随

①　王铁志：《德昂族经济发展与社会变迁》，民族出版社，2007，第168~173页。

之该地区的生产又得到了恢复和发展，外流边民陆续回归。随着"入社自愿、退社自由"政策的贯彻落实，德昂族地区的合作社发展壮大起来，人民的生活水平有了较大的提高。仅南虎社的人均粮食在 1963 年就达到了 565 公斤，比办社前增长了几倍，还向国家交售了 3340 公斤余粮。

第二个阶段是改革开放以后。1978 年，党的十一届三中全会后，党和政府先后出台了一系列政策、措施，帮助德昂族逐步落实家庭联产承包责任制，推广农业科技，实现科学种田，以此发展生产、脱贫致富。同时还在专门开展的扶贫工作中将德昂族地区列为重点扶贫对象，并在政策和资金等方面给予倾斜。如云南省在"九五"扶贫计划中将三台山乡确定为省里重点扶持的扶贫攻坚乡。据德宏州扶贫办介绍，从 1996 年到 1999 年，各级政府每年投入 50 万元，在三台山乡实施扶贫开发项目 28 个。其中投工 21.7 万个，开挖土石方 1.5 万立方；新修、复修沟 11 条，总长 41.2 公里，新修、复修堤坝 13 座、道路 2 条，长度 25 公里；改造农田 0.14 万亩，新修基本农田 0.35 万亩。同时，为 0.22 万人和 0.1 万头大牲畜改善了饮水条件。新增经济作物 0.12 万亩，林果 0.48 万亩，新增牛、马、羊、猪 3400 头。实用技术培训 0.1 万人。人均产粮从 280 公斤提高到 329 公斤，增长了 17.5%；人均纯收入由 470 元提高到 610 元，增长了 29.8%。解决了 3900 多贫困人口的温饱问题。目前各行政村和自然村都通了电，通了公路。行政村有卫生室，通了程控电话。各行政村都有完全小学，适龄儿童入学率达到 99% 以上，实现了普及六年制义务教育。

近年来，党和政府还利用异地搬迁来解决贫困问题。一部分德昂族村寨地处偏远，交通不便，距田地较远，人畜饮水困难，经济发展缓慢。党和政府组织居住在这些村寨中的德昂族搬迁到交通、水源相对方便，距田地较近的地方，以此推动经济发展、脱贫致富。政府为此共投入 79.6 万元（其中省里拨 59 万元），搬迁了 5 个村寨，共计 64 户、875 人，如 1997 年，在德宏州人大、潞西市委、市政府和三台山乡党委、乡政府的领导下，实施了南虎新寨和冷水沟社的异地搬迁工作。

地方政府还调减了德昂族的粮食税，派出农业技术人员到德昂合作社建立两化（化肥和化学除草）试点，曾以三分之一的价格向村民们提供杂交稻种，也曾无偿补助他们修建新瓦房的一部分费用。目前，德昂族的土地承包合同顺延 30 年，积极完成了"一证一书"的续签换证工作。这些政策、措施的实施和资金的投入使得部分德昂族从缺粮户变成了余粮户，解决了温饱问题，初步摆脱了贫困。①

第三节　新时期扶贫工作进展

云南省德宏傣族景颇族自治州是我国德昂族主要分布地，德宏州近年来对德昂族的扶贫工作较具有代表性。德昂族是德宏州 3 个人口较少民族之一，也是德宏州的直过民族之一。2015 年全州共有德昂族人口 15074 人，主要分布在全州 18 个乡镇，26 个村委会，63 个村民小组。在 63 个村民小组中，纯德昂族村民小组 52 个，杂居村民小组 11 个，具有山区、半山区、沿边、跨境、大杂居、小聚居、村寨多、规模小、远离城镇和交通干线的分布特点。解放初期，德昂族因阶级分化不明显、土地占有不集中、生产力水平低下、社会发展程度低而列入"直过民族"范围。长期以来，在党和政府的关心支持下，通过扶持建设，德昂族村寨发生了翻天覆地的发展变化，在政治、经济、文化、教育、卫生诸方面取得了巨大成就。但因历史、地域等因素制约，德昂族的经济和社会发展总体水平相对落后，普遍存在基础设施建设滞后、生产生活条件差、生产力水平低下、贫困面大、贫困程度深、社会发展程度低、社会发展滞后、劳动者素质低、思想观念陈旧、开放意识淡薄等问题。

一　新时期对德昂族的扶持情况

2005 年上海市委、市政府积极响应中央"关于组织沿海发达地区对口帮扶人口较少民族加快发展"号召，开展对口帮扶云南德昂族发展工作，率先以整村推进方式对德昂族聚居自然村进行重点扶持。根据《关于对口帮扶德昂族发展的合作协议》，德宏州共有 55 个德昂族自然村被列入上海对口帮扶范围。此后十年共投入资金 6020.008 万元（其中上海投入 2626.908 万元、云南省民族宗教事务委员会配套 1549.5 万元、县级整合及群众投工投

---

① 王铁志：《德昂族经济发展与社会变迁》，民族出版社，2007，第 163～173 页。

劳 1843.6 万元），围绕解决德昂族群众基本生产、基本生活、基本教育、基本医疗问题，实施村内道路、人畜饮水、电力、安居工程、农村能源、农田水利、种植、养殖、文化、教育、科技培训等方面的 428 个项目。项目覆盖 16 个乡镇 22 个村委会 55 个德昂族自然村。

2013～2016 年，云南省民族宗教事务委员会启动实施"十县百乡千村万户示范创建工程"，其中投入 960 万元创建了三台山德昂族民族团结进步示范乡、2 个民族团结进步示范村和 4 个民族特色村寨。

2014 年始，云南省政府批准实施《云南省人口较少民族综合保险保障和人口较少民族学生助学补助专项工作方案》，决定在现有保险和教育补助政策的基础上，综合考虑人口较少民族发展的现实需求，新增人身意外伤害保险、农房保险两类保险产品，同时对人口较少民族的高中和大学在读学生给予助学补助。为德宏州 161 个行政村的 1458 个自然村中的包括德昂族在内的所有农户提供农房保险，并为所有人口人身意外伤害保险，并对德宏州的 3 个人口较少民族高中和大学在读学生给予补助，不断提升人口较少民族扶持成效，进一步提升人口较少民族保障水平。

2016 年以来，党中央和国务院根据 56 个少数民族的发展状况，并在充分总结扶持人口较少民族发展工作成绩的同时，提出围绕包括德昂族在内的 9 个"直过民族"实施精准扶贫、精准脱贫工作。一是国家民委已编制完成《扶持人口较少民族发展规划（2016～2020 年）》，目前正在提请国务院批准实施。二是 2016 年 3 月 4 日云南省制定并出台《云南省全面打赢"直过民族"脱贫攻坚战行动计划（2016～2020 年）》（简称《计划》），并以云办发〔2016〕17 号文件印发至县级贯彻实施。《计划》决定用 5 年时间，采取超常规举措，全面打赢针对包括德昂族在内的"直过民族"的脱贫攻坚战，确保"直过民族"聚居区与全国同步全面建成小康社会。5 年中主要着力实施提升能力素质、组织劳务输出、安居工程、培育特色产业、改善基础设施、生态环境保护 6 大工程 25 个项目，到 2020 年，稳定实现"直过民族"贫困人口不愁吃、不愁穿，义务教育、基本医疗和住房安全有保障。"直过民族"聚居区农村常住居民人均可支配收入增幅高于全国平均水平，基本公共服务主要领域指标达到全国平均水平。三是云南省扶贫办正在牵头按民族编制"直过民族"脱贫发展规划，省级相关部门也积极配合继续抓好扶持人口较少民族发展和"直过民族"脱贫发展工作。

二 扶持成效

通过实施德昂族发展项目，德昂族聚居地区的经济社会发展发生了翻天覆地的变化，不仅使古老的德昂山寨旧貌换新颜，改变了德昂族群众落后的生产生活习惯，改善了德昂族群众的居住环境，更为重要的是带动了德昂族群众思想观念的转变，增强了他们的自我发展能力和"造血功能"，产业发展不断得到培植壮大，教育文化、医疗卫生等社会事业不断得到加强，群众增收渠道不断得到拓宽，群众生产生活水平显著提高。

（一）基础设施得到改善，村容村貌明显改观

德昂族大多居住在山区或半山区，自然条件差，道路、交通、通信、农田、水利等基础设施严重滞后。据不完全统计，通过实施发展项目，共硬化村内道路75.2公里、架设输电线路4.5公里、新建1050口沼气池及配套圈厕、架设人畜饮水管道69.15公里、建蓄水池20个、建水利沟渠18.3公里、新建41间文化活动室、建盖606户安居房。通过项目实施，扶持村告别了又黑又暗又矮的茅草房，告别了"晴天一身灰、雨天一身泥"的土路，实现了居住瓦房化、道路水泥化、生活现代化。

（二）增收产业基础进一步夯实，生产生活条件得到改善

多年来，共扶持发展茶叶、澳洲坚果、橡胶、八角、竹子等各类经济作物超11693亩，扶持300多户农户发展庭院经济。扶持农户养殖猪、黄牛等家畜18597头。通过实施项目，调整了单一的产业结构，培育了支柱产业，增强了德昂族群众的商品经济意识，拓宽了经济收入增加渠道。

（三）社会事业不断得到发展

利用"上海市对口帮扶德昂族农村人才培训学校""上海市对口帮扶德昂族青年就业培训基地"，开展农村实用技术和德昂族青年就业技能培训，共有1亿多人次参加培训。购置多媒体教学设备开展远程教育，开展教师、医务技术骨干培训29期，共培训1112人次。培养15名德昂族珠宝玉石加工人才和42名三年制中专班学员。组织上百名德昂族青年到上海、昆明、大理等地进行劳务输出。两省市携手共建德昂族博物馆，建盖和维修了部分学校校舍。这些工作有力促进了当地文化、教育、卫生事业的发展。

（四）农村基层组织凝聚力得到提高，群众自我发展管理能力增强

通过实施帮扶项目，农村基层组织的组织能力得到极大锻炼，凝聚力得到明显加强。同时，广大德昂族群众在参与项目建设活动中获取了知识、获得了收益，提升了自我管理、自我组织、自我服务、自我发展的能力，思发展、谋发展、抢抓机遇、促发展的意识明显增强，摒弃了等、靠、要思想，群众的脱贫步伐进一步加快。

第四节　扶贫过程中存在的问题

首先，有些扶贫未能突出重点，有些扶贫项目像"一阵风"。如到2006年，三台山德昂族乡已投入扶贫资金436.29万元（平均每人690元），但扶贫重点不突出，平均每年仅54.5万元，而且由上级扶贫办、民宗局等多部门多头管理、多头使用，存在"撒胡椒面"式的扶贫情况，无法集中财力解决更大的问题。另外，发展项目是扶贫的好办法之一，但有"一阵风"现象，不少项目虎头蛇尾，甚至有始无终，冷了农民的心，变成"政府要我干"。有的项目缺乏论证或者监督不力，工程上马后半途而废，花了钱未能发挥作用。[1]

其次，上级扶贫资金有限，地方配套经费严重不足。无论是国家扶贫资金还是对口扶贫资金总是有限的，不可能是无限的。另外，由于地方财力有限，地方配套的工作经费不到位，特别是项目启动资金难以按时到位。这就导致项目在实施过程中，进度十分缓慢，项目质量难以保证。如在异地搬迁、整村推进过程中，补助给农户的盖房资金较少，而农户自筹能力弱，因此许多农户的房屋都是墙抬梁的石棉瓦房，房屋潮湿，抗震性能极差。[2]

再次，项目落实难度大。对口帮扶和整村推进模式下项目实施最大的困难主要是资金不能足额到位，由于地方财政困难，如德宏州2008年财政

---

[1]　《当代云南德昂族简史》编辑委员会：《当代云南德昂族简史》，云南人民出版社，2012，第99页。

[2]　李普者：《芒市三台山德昂族乡扶贫开发现状及对策》，《德宏师范高等专科学校学报》2016年第2期。

自给率仅为 24.23%，比全省平均水平低 17.54 个百分点。财政入不敷出，财政支援经济建设、调控经济运行的力度明显不足，难于匹配相应的配套资金，项目管理工作经费严重不足；由于申报项目时间仓促，缺乏调查研究，深度不够，相关数据掌握不详，没有充分考虑到群众自筹困难及建材市场价格波动较大等影响因素，致使有的项目难以实施；项目的后续管理滞后，部分受扶持村出现短期绩效现象，实施成果难以巩固。

最后，基层组织力量薄弱。扶贫资金主要用于公路、教育等社会基础设施项目的建设上，项目选择的局限性大，符合当地生产条件的项目特别是增收项目少；由于是上级决策，主要采取村民小组和村干部上门征求意见的形式，群众多数"不知道做什么"（没有信息）、"不知道怎么做"（没有技术）、"做了以后不知道怎么办"（没有拓展市场渠道的能力），民主参与程度低，管理比较粗放，村民对项目的总体满意度不高；部分群众未真正被发动起来，对扶贫的政策不甚了解，投工投劳不落实，缺乏工作主动性和参与性。①

第五节　扶贫政策建议

一　深化农村产业结构调整，提升传统优势产业，大力扶持新产业

（一）种植业结构调整

一是加强粮食生产，确保人均一亩高产稳产农田，并结合当地气候、土壤等自然优势，推广种植优质高效的粮食作物，落实粮食直补、良种补贴、农机具补贴，使农户增产增收。二是利用丰富的山地资源壮大林、茶、竹产业。三是利用"退耕还林"等政策，发展经济林木，改变山区农村林业整体效益差的状况，大力种植茶叶、西南桦、竹子等，尽快实现生态效益与经济效益"双赢"的格局。实施低效林改造，逐步砍伐无经济价值的杂木，实现林产品的增值。

---

① 杨东萱：《对口帮扶扶贫模式的作用与趋势的思考——以芒市三台山德昂族为例》，《经济研究导刊》2011 年第 3 期。

（二）养殖业结构调整

一是加大对畜牧业发展的资金投入，打造"绿色食品"品牌，利用天然优良牧草建立牛、羊饲养基地，突出抓好加快牛、羊等草食畜禽养殖发展工作，提高其在畜牧业产中的比重，走高产、优质、高效的路子，提高畜牧业生产的科技含量，发展名特优畜牧产品。二是按政府引导、企业行动、带动农民滚动发展的思路，把培育壮大以畜牧产品加工为重点的龙头企业作为推动畜牧产业化的突破口，围绕产业发展重点扶持当地一批竞争力强、带动作用大的畜牧龙头企业，创立品牌。积极创造条件，引进外地龙头企业，以"公司＋基地＋农户"的发展模式，加快畜牧业发展步伐，推进畜牧产业化发展，带动农民增收。三是建立健全防疫体系，提高产品质量。

（三）大力发展乡镇企业

一是利用资源优势，大力发展乡镇企业，充分利用丰富的木材资源，建立木材产销一体化企业。二是以龙头企业牵头，建立农副产品的生产基地，实行"生产－加工－销售"一条龙，拉长农业产业链，提升农产品的附加值。三是积极鼓励引导农民创办乡镇企业，活跃农村市场。

（四）发展民族特色旅游业

一是根据"建设云南民族文化大省"的发展思路，大力培育发展民族旅游业。二是保护和利用德昂族村寨周围的自然资源，保护德昂族民居传统特色，开展民俗风情、民族文化、农家风味、农业观光、生产旅游等特色项目的开发，由旅游观光向休闲、度假方向发展。三是挖掘整理德昂族传统民间文化艺术资源，展示和宣传民族传统文化，扩大本民族的影响。①

二　加强基础设施建设

加强基础设施建设，应主要包括以下几点。一是农田水利基础工程。重点是改造高中稳产田和旱地节水灌溉工程，从而使当地农民粮食生产有较好的保障。推广优良品种，根据当地的气候条件和旱地多的特点，建议引进红河、绿春、江城、墨江等县哈尼族陆稻，解决群众缺粮的问题。二

---

① 李宏：《德昂族地区农村发展状况研究——以三台山德昂族乡为例》，《云南农业大学学报》
（社会科学版）2009 年第 8 期。

是道路基础设施建设。将原来的弹石路改造为柏油路、水泥路，将原来的砂石路和土路改造为弹石路或直接改造为柏油路、水泥路。建设农业生产用道路，让农用车辆、摩托车直接进入生产作业点，便于把农产品运出来，节约农民从村寨到生产作业点的时间。三是完成农村电网改造。原则是在现有的基础上改造，做到家家户户通电、用得起电，全面实现农村电气化。四是建设"五小工程"（小水池、小水塘、小水沟、小水窖、小水利），解决人畜饮水问题。德昂族聚居地由于地处喀斯特地貌环境中，雨季雨水虽多，但缺水；现在大部分德昂族村寨没有从根本上解决人畜饮水问题，"五小工程"建设势在必行。[①]

三　高度重视扶贫开发项目的可持续性

在新时期的扶贫开发进程中，应借鉴国内外先进的发展理念和现代的扶贫项目管理方法，在扶贫管理中全面推行参与式村级规划，努力提高扶贫项目决策的民主化和科学化水平，提高项目受益人尤其是妇女等弱势群体对项目决策和实施管理的参与度，建立健全扶贫项目的后续管理机制。在扶贫项目设计之初，应考虑项目活动自身的造血功能和可持续发展能力，充分考虑项目受益人对项目活动的后续管理能力。一是资金的筹措和使用制度化，各级管理组织要制定相关规章制度和实施细则。二是明确项目的产权问题，实现"谁投资，谁受益"。例如，项目后续管理所需要的资金、技术从何而来？能否设立专项资金对已扶持的人口较少民族聚居自然村进行"拾遗补阙"式的继续扶持，巩固好"整村推进"成果，确保对口帮扶项目充分发挥效益？

四　建立整村推进扶贫规划的调整纠错机制

扶贫规划制定得好不好，需要在实践中加以验证。如果在实践中，有些分项目效果并不理想，就需要对扶贫规划进一步论证，对效果不佳的项目进行调整显得非常重要，如德宏在 2000 年编制上报的人口较少民族规划中存在漏统情况，致使有人口比例占 20% 以上的阿昌族聚居的 11 个村委会

---

① 李普者：《芒市三台山德昂族乡扶贫开发现状及对策》，《德宏师范高等专科学校学报》2016年第 2 期。

30 个村民小组未列入国家扶持范围。而如何使这个过程顺利进行，规划的调整纠错机制必不可少。①

五　制定科学的扶持政策瞄准机制

目前对人口较少民族的扶持是以民族来认定的，上述扶持模式客观上强化了民族意识、民族差别。对人口较少民族的扶持应考虑到扶持政策对民族关系的调适，以有利于和谐民族关系的构建。在云南，人口较少民族往往与其他民族交错杂居，贫困程度也与周边民族差不多。建议在不减弱对人口较少民族扶持力度的同时，对同区域内相同贫困程度的群体也加大扶持力度，把小区域扶贫与民族扶贫有机结合起来。对散杂居地区的特困群体的扶持，应制定科学的评价体系，以贫困程度作为相关扶持政策的依据，而不是以民族成分来作为是否享受扶持政策的依据。

六　调整对人口较少民族扶持政策的绩效评估模式

前一阶段的扶持中，对扶持政策效益的评价，更多关注于单一经济发展指标及对经济发展的带动作用，重视基础设施、产业扶持等对社会发展有显性作用的因素，而对文化建设的扶持力度不够，忽视扶持政策的宏观社会效益评估。这一问题在我国经济结构性调整和经济增长方式转变的背景下，显得日益突出。云南人口较少民族大部分都分布在边境一线，只重视政策的经济效益而忽视政策的宏观社会效益，与我国的文化安全战略不相符合。因此，对人口较少民族扶持政策效益的评估必须扩展与延伸到对宏观效益的评估，从宏观层面评估其对人口较少民族社会综合协调发展的作用。考虑到云南的人口较少民族多分布于边境一线，宏观社会效益与微观经济效益相比较不仅涵盖了个体、局部的利益，而且体现了国家安全方面的利益。因此，人口较少民族扶持政策的宏观社会效益对于我国西南边疆安全和边疆稳定具有重要意义。②

---

① 杨东萱：《对口帮扶扶贫模式的作用与趋势的思考——以芒市三台山德昂族为例》，《经济研究导刊》2011 年第 3 期。

② 李晓斌、杨晓兰：《扶持人口较少民族政策实践的效果及存在的问题——以云南德昂族为例》，《中南民族大学学报》（人文社会科学版）2010 年第 11 期。

参考文献

《当代云南德昂族简史》编辑委员会：《当代云南德昂族简史》，云南人民出版社，2012。

党秀云、周晓丽：《南桑村调查：德昂族》，中国经济出版社，2010。

《德昂族简史》编写组：《德昂族简史》，云南教育出版社，1986。

《德昂族简史》编写组、《德昂族简史》修订本编写组：《德昂族简史》（修订本），民族出版社，2008。

丁菊英：《德昂族的传统文化》，云南大学出版社，2012。

黄光成：《德昂族文化传承中的困境》，《民族艺术研究》2004年第6期。

黄光成：《腰箍的情结——德昂族》，云南人民出版社、云南大学出版社，2013。

黄光成：《中国人口较少民族丛书·德昂族》，中国民族摄影艺术出版社，2007。

李宏：《德昂族地区农村发展状况研究——以三台山德昂族乡为例》，《云南农业大学学报》（社会科学版）2009年第8期。

李佳妍：《民族文化变迁背景下的德昂族历史档案保护研究》，《兰台世界》2016年第16期。

李家英：《德昂族传统文化与现代文明》，云南民族出版社，2000。

李普者：《芒市三台山德昂族乡扶贫开发现状及对策》，《德宏师范高等专科学校学报》2016年第2期。

李全敏：《认同、关系与不同——中缅边境一个孟高棉语群有关茶叶的社会生活》，云南大学出版社，2011。

李晓斌、杨晓兰：《扶持人口较少民族政策实践的效果及存在的问题——

以云南德昂族为例》，《中南民族大学学报》（人文社会科学版）2010 年第
11 期。

李旭：《德昂族传统龙阳文化的传承与保护》，《玉溪师范学院学报》
2014 年第 5 期。

桑耀华：《德昂族史略》，云南大学出版社、云南人民出版社，2015。

唐洁：《中国德昂族》，宁夏人民出版社，2012。

腾二召：《古老的茶农——中国德昂族社会发展变迁史》，云南民族出
版社，2006。

王铁志：《德昂族经济发展与社会变迁》，民族出版社，2007。

王晓艳、莫力、秦莹：《德宏德昂族民间科学技术》，德宏民族出版
社，2014。

魏国彬：《德昂族艺术的文化阐释——以保山市潞江坝白寨为例》，云
南大学出版社，2014。

杨东萱：《对口帮扶扶贫模式的作用与趋势的思考——以芒市三台山德
昂族为例》，《经济研究导刊》2011 年第 3 期。

杨忠德：《德昂族文学概论》，《德宏文艺》2013 年第 24 期。

俞茹：《德昂族文化史》，云南民族出版社，1999。

云南省编辑组、《中国少数民族社会历史调查资料丛刊》修订编辑委员
会：《德昂族社会历史调查》，民族出版社，2009。

云南省民族事务委员会：《德昂族文化大观》，云南民族出版社，1999。

赵纯善、杨毓骧：《德昂族概览》，云南大学出版社，2006。

赵家祥：《德昂族历史文化研究》，德宏民族出版社，2008。

周灿、赵志刚、钟小勇：《德昂族民间文化概论》，云南民族出版社，2014。

图书在版编目（CIP）数据

德昂族文化与社会变迁／姜科编. -- 北京：社会
科学文献出版社，2017.5
ISBN 978 - 7 - 5201 - 0540 - 8

Ⅰ.①德… Ⅱ.①姜… Ⅲ.①德昂族 - 民族文化 - 研
究 - 云南②德昂族 - 社会变迁 - 研究 - 云南 Ⅳ.
①K286.4

中国版本图书馆 CIP 数据核字（2017）第 051997 号

德昂族文化与社会变迁

编　　者／姜　科

出　版　人／谢寿光
项目统筹／谢蕊芬
责任编辑／杨　阳　任晓霞

出　　　版／社会科学文献出版社·社会学编辑部（010）59367159
　　　　　　地址：北京市北三环中路甲 29 号院华龙大厦　邮编：100029
　　　　　　网址：www.ssap.com.cn
发　　　行／市场营销中心（010）59367081　59367018
印　　　装／北京季蜂印刷有限公司

规　　　格／开本：787mm × 1092mm　1/16
　　　　　　印张：16.25　字数：258 千字
版　　　次／2017 年 5 月第 1 版　2017 年 5 月第 1 次印刷
书　　　号／ISBN 978 - 7 - 5201 - 0540 - 8
定　　　价／79.00 元

本书如有印装质量问题，请与读者服务中心（010 - 59367028）联系